U0936892

江苏省“青蓝工程”优秀青年骨干教师项目基金资助

江苏省高等教育教改研究课题(2013JSJG400)项目基金资助

Shejiao Liyi yu Goutong Yishu

社交礼仪与沟通艺术

韦 宏 / 著

全国百佳出版社 · 江西人民出版社

图书在版编目(CIP)数据

社交礼仪与沟通艺术 / 韦宏著.– 南昌:江西人民出版社,2013.11

ISBN 978-7-210-06213-4

Ⅰ.①社…　Ⅱ.①韦…　Ⅲ.①心理交往 – 礼仪 – 通俗读物　Ⅳ.①C912.1–49

中国版本图书馆 CIP 数据核字(2013)第 230285 号

社交礼仪与沟通艺术

作者:韦宏

出版:江西人民出版社

发行:各地新华书店

地址:江西省南昌市三经路 47 号附 1 号

学术出版中心电话:0791–86898330

发行部电话:0791–86898893

邮编:330006

网址:www.jxpph.com

E–mail:swswpublic@sina.com　web@jxpph.com

2013 年 11 月第 1 版　2013 年 11 月第 1 次印刷

开本:787 毫米 × 1092 毫米　1/ 16

印张:17

字数:300 千字

ISBN 978–7–210–06213–4

定价:30.00 元

承印厂:南昌市彩艺印刷有限公司

赣版权登字 –01–2013–386

序

中国自古就以“礼仪之邦”著称于世，中华文明素称“礼乐文明”。综观中国历史，礼不仅是中国文化的主体，而且是华夏文明的标志。“中国有礼仪之大，故称夏；有章服之美，谓之华。”礼是儒学的核心，从孔子的“不学礼，无以立”，到孟子的“以仁存心，以礼存心”，再到荀子的“人无礼则不生，事无礼则不成，国无礼则不宁”，我们可以感受到礼在古人修身、齐家、治国、平天下方面的重要作用。

礼和仪是人类物质丰富的产物，是和风俗一起从人们的生活中不断发展完善起来的。有人必有俗，有俗必有礼。俗只是普通的生活习惯，它约束着人们日常生活中的行为。而礼则上升到一个比较高的层面，主要注重的是对人们内心精神的一种约束。没有礼就没有仪。人类最初的“礼”都是与对鬼神或者祖先顶礼膜拜相联系的，其中既有隆重庄严的形式，即规范的行为，又有诚敬的心理，所以礼是建立在诚敬心理之上的一种自觉的行为规范。而这些规范后来固定下来也就是“仪”，礼和仪是分不开的。

作为“礼仪之邦”的炎黄子孙，理应都是有礼之人。而说到“礼”，就离不开沟通的艺术。“礼”正是体现在与人的交往沟通之中。每一个人，不论何种身份，只要生活在这个世界，就需要与人沟通。我们与亲人之间，与朋友之间，与同事之间，与上司之间，与客户之间……无不需要通过沟通来与人交往。沟通可以增进彼此的感情和友谊，沟通可以消除彼此的误会与不快，沟通可以传递赞美与关爱，沟通可以加深信任促进合作……沟通无处不在。

在文明发展的社会，社交礼仪与沟通艺术渗透到每个人的工作与生活的细节。

每个人都渴望成功,拥有鲜花和掌声的人生是精彩的,但是通往成功的道路不是平坦的。有人用学历去铺路,有人用汗水去铺路,有人用关系去铺路……成功的原因有很多,在这里我要说的是:成功首先要会做人,社交礼仪与沟通艺术教会你怎样做人。可以说礼仪形象与沟通技巧既是人才的核心职业素质,也是我们广结善缘、家庭成功、生活快乐的基石。

讲礼仪重沟通,是人际交往的法则。礼,就是尊敬。在生活里要会尊重长辈、爱人、孩子和朋友,在工作中要会尊重领导、同事、下属、客户。会和所有人有效沟通,让所有人都了解你理解你并认可你。这样,成功还遥远吗?

从某种角度说,每个人都有学习社交礼仪与沟通艺术的需要。有时候并不是你不愿意去尊重别人,只是不知道如何尊重;有时候并不是你不想和他人“有话好好说”,只是沟通的方式不妥而已。所以,希望您通过本书能够了解礼仪的真谛、沟通的技巧,并且运用在自己的工作与生活中。但愿我们能在通往事业家庭成功的道路上享受到鲜花和掌声带来的喜悦。

礼仪与沟通都是艺术,艺术就会带给我们审美情趣。这也是我一直研究与传授相关知识的原因之一。学生学习与实践这门知识的过程都是轻松愉快的,并且在学习的过程中逐渐感悟到它对自己的帮助,于是把“学习知识”内化为“意识习惯”。我非常乐见学生在学习过程中的转变,许多学生在毕业工作之后更会感受到这门知识的作用。这也是我出版此书的原动力。基于自己长期的研究,加上对工作生活中现实案例的观察、积累,我把《社交礼仪与沟通艺术》一书呈现在大家面前。如果轻松的阅读能够给您的工作和生活带来更多的方便,这就是我最大的欣慰。

本书在书写过程中吸收了一些专家学者的观点,在此表示诚挚的谢意。由于本人水平有限,书中难免有不足之处,期待读者朋友的批评和指正。

作者

2013 年 10 月于苏州

目录

CHAPTER 1 第一章 不学礼,无以立

我国历史上第一位礼仪专家孔子在《论语》最后一章说:“不学礼,无以立。”说明一个人只有学习礼仪,养成高尚的道德品质,才能在社会上立足。

礼仪是人们在长期的生活中约定俗成的行为规范，它伴随着人类文明的产生而产生,伴随着人类文明的发展而发展。礼仪是人类文明和进步的重要标志,体现了时代的风格与道德文化,有着极其丰富的内涵。

第一节　华夏民族,礼仪之邦

一、礼仪的起源

中国是四大文明古国之一,自古就以“礼仪之邦”著称于世。《左转·定公十年》疏云:“中国有礼仪之大,故称夏;有章服之美,谓之华。”显然,中国历来就是“衣冠上国”“礼仪之邦”,通过华美的独具中华精神特质的服饰体现出自己精深的礼仪文化。

礼是什么？礼的起源在哪里呢？礼是怎样产生的？

“礼也者,合于天时,设于地财,顺于鬼神,合于人心,理万物者也。”《礼记·礼器》认为,符合自然运行的时序,契合于山川土地的高下形势,顺应鬼神,又合于人心,而且可治理万事万物的则为礼。可见,“礼”既可以规范人的思想精神,也可以规范人的行为本质。

每个人按礼的精神来自我约束和处事待人,整个社会就会和谐融洽。《荀子·礼论》中说:“礼起于何也?曰:人生而有欲,欲而不得则不能无求,求而无度量分界则不能不争,争则乱,乱则穷。先王恶其乱也,故制礼仪以分之,以养人之欲,给人之求,使欲必不穷乎物,物必不屈于欲。两者相持而长,是礼之所起也。故礼者,养也。”

礼是人类社会发展到一定阶段,物质比较丰富后的产物。人们不再把生存当作第一威胁,并且在长期的生产和生活过程中人与人之间开始有了一些共同的生活习惯。这种习惯经过长期使用形成规范,最后一些习惯就形成为风俗,而另外一些习惯就形成为礼。

(一)礼俗同源

有人必有俗,有俗必有礼。“俗,习也。”俗就是生活习惯。人们在各自特定的环境中生活,久而久之,就形成了各自的习俗。

原始社会早期,人类穴居野处,赤身裸体,为了遮挡烈日、防虫咬等,便以树叶保护身体;为了猎获野兽,便用兽皮把自己伪装成猎物的模样。当人们的羞耻心、道德感形成之后,用树叶兽皮遮身就更普遍了。大家都这样做了,于是穿衣服就成了一种规范,也就是成了一种习俗。再后来,人们产生了审美观念,人类也就开始了修饰自己的仪容和穿着打扮的历史;不仅要穿衣,还要佩戴一些饰物,也就踏上了礼仪之路。人类不仅外表上按照一定的标准去修饰,内心也形成了一种较为固定的审美程式,因此可以说礼源于生活。

人类社会的发展史既是物质发展的历史,也是人类思想发展的历史。礼和俗都源于生活,都是从人们的生活习惯当中规范出来的。俗只是普通的生活习惯,它约束着人们日常生活中的行为。而礼则上升到一个比较高的层面,主要注重的是对人们内心精神上的一种约束,约束人们的行为就属于精神的约束。

(二)礼源于原始信仰

礼源于自然界,是古人敬天畏神的观点和认识的一种反映。

在人类的早期,生产力低下,人类认识自然改造自然的能力很差,对大自然中的许多现象都无法解释,许多的自然灾害无法避免,许多的灾难无法解决,于是认为“万物皆有灵”,从而产生了对自然界和自然力量的敬畏与崇拜,即自然崇拜。于是人们开始祭祀、崇拜、赞颂神灵,期望以自己的虔诚感动神灵,为人类赐福,消灾解难。这些心理有了一定程度的普及之后,人们在祭祀、祈福的过程中,开始有了共同的形式。这些形式被固定下来,就形成了“礼”。就这样,在祭祀的活动中,原始的礼便产生了。

继自然崇拜之后，人类社会出现的另一种原始崇拜形式是祖先崇拜，即相信祖先的灵魂不灭，并且成为超自然的一部分，子孙可以通过对祖先的祭祀等途径，得到祖先的赐福与保佑。祖先崇拜是华夏民族最重要的崇拜。中国古代的祖先崇拜对古代文化具有广泛而深远的影响。

人类最初的"礼"都是与对鬼神或者祖先顶礼膜拜相联系的，其中既有隆重庄严的形式，即规范的行为，又有诚敬的心理，所以可以说礼是建立在诚敬心理之上的一种自觉的行为规范，而这些规范后来固定下来也就是"仪"，礼和仪是分不开的。礼仪是人类物质丰富的产物，是和风俗一起从人们的生活中不断发展完善起来的。

二、礼是人类文明的标志

《礼记·冠义》："凡人之所以为人者，礼仪也。"《礼记·曲礼》说："鹦鹉能言，不离飞鸟。猩猩能言，不离禽兽。今人而无礼，虽能言，不亦禽兽之心乎？夫唯禽兽无礼，故父子聚麀。是故圣人作，为礼以教人，知自别于禽兽。"由此，我们可以说，人与动物的根本区别不是语言的有无，而是礼。礼成了文明与野蛮的区别，礼也成为族群与族群、国家与国家、人与人之间的区别。中国被称作礼仪之邦，说明中国人首先是重视品德与修养的。

三、礼学专著——"三礼"

《周礼》《仪礼》和《礼记》，合称为"三礼"。《三礼》是古代礼乐文化的理论形态，对礼法、礼义作了最权威的记载和解释，对历代礼制的影响最为深远。

（一）《周礼》

《周礼》又称《周官》，讲官制和政治制度，分天官、地官、春官、夏官、秋官、冬官六个部分。今天我们所能见到的《周礼》中《冬官》篇已经不存在了，是用《考工记》补入其中的。在《周礼》之中，自王以下，分设六官，各官有分属，又有合作，各官再各有下属，形成一个以王为最高统治者的人数逐渐增多、地位逐渐降低的一个金字塔式的管制系统。这个系统为以后各王朝的官制建立奠定了基础。《周礼》主要阐述的是官制，但是涉及的内容非常广泛，凡是邦国建制、政教文法、礼乐兵刑、赋税度支、膳食衣饰、寝庙车马、农商医卜、工艺制作和各种名物、典章，无所不包，可谓博大精深，是中华民族宝贵的精神财富。

（二）《仪礼》

《仪礼》记述有关冠、婚、丧、祭、乡、射、朝、聘等礼仪制度。在宗教意识不甚发达的古代中国，祭祀等原始宗教仪式并未像其他一些民族那样发展成为正式的宗教，而是很快转化为礼仪、制度形式来约束世道人心。一百多卷的《仪礼》便是一部详细的礼仪制度章程。中国历代王朝很重视礼制。每个王朝的建立，都要物色一些精于礼学的专家，来制定一整套礼仪。《仪礼》是儒家传习最早的一部书。以前人们说这书是周公姬旦写的，不大可信。《史记》和《汉书》都认为出于孔子。《仪礼》作为一部上古的经典，具有很高的学术价值。此书材料来源甚古，内容也比较可靠，而且涉及面广，从冠婚飨射到朝聘丧葬，无所不备，犹如一幅古代社会生活的长卷，是研究古代社会生活的重要史料之一。《仪礼》中的许多礼仪，是儒家精心研究的结晶，有许多思想至今都没有过时。对于这一宝贵的历史文化遗产，我们应该保持必要的尊重，并以科学的态度加以总结，为建设今天文明的社会所用。

（三）《礼记》

在“三礼”之中，地位最高流传最广的一部是《礼记》。《礼记》是一部秦汉以前儒家有关各种礼仪制度的论著选集，其中既有礼仪制度的记述，又有关于礼的理论及其伦理道德、学术思想的论述；既有对《仪礼》的解释，又有对孔子和弟子之间问答的记录；还有修身做人的准则等等。书中不仅记载了许多生活中实用性较强的礼仪细节，还包括天地鬼神、社会人事、历史自然、典籍制度等方面的知识，最为关键的是详尽地论述了各种典礼的意义和制礼的精神，极其透彻地宣扬了儒家的“礼治”思想，为封建统治者提供了极为丰富的礼治理论，其中《大学》《中庸》《礼运》等篇有较丰富的哲学思想。

四、礼仪的含义

礼仪是指人们在各种社会交往中所形成的，用以美化自身、敬重他人的行为规范和准则，具体表现为礼貌、礼节、仪表、仪式等。

为了更完整、更准确地理解“礼仪”这一概念，我们可以站在不同的角度上对礼仪这一概念作不同的表述。

从个人修养的角度来看，礼仪可以说是一个人的内在修养和素质的外在表现，也就是说素质体现于对礼仪的认知和应用。

从道德的角度来看，礼仪可以被界定为为人处世的行为规范或标准做法、行为准则。

从交际的角度来看，礼仪可以说是人际交往中适用的一种交际方式或交际方法，也可以说是一种艺术。

从民俗的角度来看，礼仪既可以说是人际交往中必须遵守的律己敬人的习惯形式，也可以说是人际交往中约定俗成的对人尊重、友好的习惯做法。简而言之，礼仪是待人接物的一种惯例。

从传播的角度来看，礼仪可以说是一种在人际交往中进行相互沟通的技巧。

从审美的角度来看，礼仪可以说是一种形式美，它是人的心灵美的必然的外化。

了解上述各种对礼仪的解释，可以进一步加深对礼仪的理解，并且更为准确地把握礼仪。

五、与礼仪相关的概念

生活中我们经常听到一些与礼仪相关的词语，比如礼貌、礼节、仪表、仪式等等。那么，怎样理解这些词语的含义呢？

（一）礼貌

礼貌是人们在相互交往过程中表示敬重和友好的规范行为。它体现了时代的风格与道德水准，侧重于表现人的品质与素养。

（二）礼节

礼节是人们在交往过程中相互表示敬意、问候、祝愿的惯用形式。礼节是礼貌的具体表现方式，它与礼貌之间的相互关系是：没有礼节，就无所谓礼貌；有了礼貌，就必然伴有具体的礼节。

（三）仪表

仪表是人的外表，包括容貌、姿态、风度、服饰和个人卫生等，是礼仪的重要组成部分。

（四）仪式

仪式是礼的秩序形式，即为表示敬意或隆重，而在一定场合举行的、具有专门程序的规范化的活动，如签字仪式、奠基仪式等。

总之，礼貌、礼节、仪表、仪式等都是礼仪的具体表现形式。礼貌是礼的行为规范，礼节是礼的惯用形式，仪表是礼的重要组成部分，仪式是礼的较隆重的秩序形式，它们是互相联系的。遵守礼仪就必须在思想上有正确的认识，在外表上注意仪容仪态，对待他人有敬重之意。只有在各种不同的场合遵循礼仪规范，才能更好、更全面地表达对他人的敬重和友好，才能在人际交往中取得成功。

六、礼仪的作用

孔子认为,礼仪是一个人"修身、养性、持家、立业、治国、平天下"的基础。礼仪是普通人修身养性、持家立业的基础,是一个领导者治理好国家、管理好企业的基础。"人无礼则不生,事无礼则不成,国无礼则不守。"作为指导人们言行举止规范的礼仪,已逐渐受到社会各界的普遍重视,因为它有着非常重要的作用,既有利于个人,也有利于社会。因此,要学礼用礼,以礼待人。

礼仪的作用主要表现在以下几个方面:

(一)有利于提高人们的自身修养

在人际交往中,礼仪是衡量一个人文明程度的准绳,它不仅反映一个人的交际能力,而且还反映一个人的气质风度、道德修养和精神风貌。因此,在这个意义上,礼仪可以说就是教养。通过一个人对礼仪运用的程度, 可以了解一个人教养的好坏、文明的程度和道德水平的高低。因此,学习和运用礼仪,有利于从仪表仪容、举止谈吐等方面更好地塑造个人形象,提高个人的修养。

(二)有利于改善人们的人际关系

在日常生活和工作中,礼仪能够调节人际关系,从一定意义上说,礼仪是人际关系和谐发展的调节器。在现代生活中,人们相互之间的关系比较复杂,礼仪有利于使冲突各方保持冷静,缓和和避免不必要的矛盾与冲突。人们在交往时按礼仪规范去做,有利于加强人们之间互相尊重,建立友好合作的关系。

古人云:"世事洞明皆学问,人情练达即文章。"这句话其实就是讲人际交往的重要性。运用礼仪,除了可以使个人在交际活动中充满自信、胸有成竹外,还能够帮助人们规范彼此的交际行为,更好地向他人表达自己的尊重、友好与敬意,增进彼此之间的了解与信任。如果人们都能够自觉主动地遵守礼仪规范,按照礼仪规范约束自己,就能建立互相尊重、彼此信任的关系,更好地取得交际的成功,造就和谐、完美的人际关系。

(三)有利于提高整体形象

人是社会中的个体,个人的教养反映其素质,而素质又体现于生活中的每一个细节。一个人、一个集体、一个国家的礼仪水准如何,往往反映着这个人、这个集体、这个国家的文明程度和整体素质。随着社会的发展,企业能否在激烈的竞争中保持优势地位,不断地发展壮大,最重要的因素是如何树立和保持良好的企业形象。其中员工的素质是影响企业形象的主要因素, 每一位员工的礼仪修养无疑会起着十分重要的作用,人们往往从某一个职工、某一件小事情上来衡量一个企业的可信度和管理水平。

正因为礼仪对于每一个人每一个组织都很重要，所以我在给我的学生进行礼仪知识训练的时候，一定要学生们完成一项作业，那就是：我的礼仪形象设计。在这份作业中，我要求学生首先思考大学生形象来自于哪些要素，然后剖析自己的优势与空白，进行针对性的设计，并且把自己设计的内容展示给同学与老师看，由大家一起来评价其客观性与可行性。如果是高年级的学生，我还要求大家把未来职业形象设计融入进去。

经过这项任务的训练之后，我们的学生即便不是改头换面，起码也对自己的礼仪知识、礼仪践行进行了填充，增强了礼仪意识，感知了礼仪的作用。学生感知到其中的奥妙和魅力后，就会体会到：礼仪——形象的灵魂，沟通的钥匙，知礼行礼是悦人又悦己的幸福。

其实不仅我们炎黄子孙重视“礼文化”的教育，很多民族对礼仪都是孜孜以求，这在各民族的语言文字中就可见一斑。我们来欣赏一下现代英语中的“礼仪”：

1.Etiquette：礼仪、礼节，还可以译为“规矩、成规”。有“约定俗成的规范礼仪”之义，这是对应汉语“礼仪”的基本词。

2.Protocol：原意为“草案、草约；议定书、备忘录”等，引申为“礼仪、外交礼节”，如“礼宾司”译为“the Protocol Department”。

3.Courtesy：礼貌、谦恭、殷勤，还可以理解为“好意、礼遇”。此外，表示恭敬、礼让之类的“礼貌礼节”亦可译为 courtesy。

4.Manners：礼貌、举止、风度，指仪表仪态方面表现出的礼貌。

5.Politesse：有礼貌、有教养、斯文、优雅，指在气质、内涵方面显示出来的礼貌。

6.Civility：礼仪、礼貌、客气之意，指接受教育、开化后形成的文明礼仪教养。

7.Ceremony：典礼、仪式，引申为礼仪、礼节，主要指国家、团体较为隆重、正式的庆典及其相应的礼仪、礼节。

8.Rite：仪式、典礼、礼拜、习俗、惯例，亦可理解为民间习俗、宗教仪式等方面的礼仪。

9.Present：礼物、赠送品、礼品，亦有介绍、引见、赠送、呈现之别义。可译为送礼、赠礼的“礼”，不能直译或理解为礼仪、礼节、礼貌。

10.Gift：赠品、礼物，不能直译为礼仪、礼节或礼貌。

第二节 礼仪无小事

礼仪无小事，举手投足之间就可以看出一个人的道德修养和所具有的礼仪礼节水平。现代企业形象至上,而企业的形象又是由员工的形象来展示的。礼仪就是形象的灵魂。因此于组织于个人,礼仪都不是小事。

一、小处不可随便

传说有人把于右任先生写的“不可随处小便”重新组合装裱,于是就有了“小处不可随便”的典故。其实“小处不可随便”是中国人自古以来的一条处世原则。古语道:“战战栗栗,日谨一日。人不踬于山,或踬于垤。”告诫人们时时提防被小土堆绊倒,这或许是“小处不可随便”的最古老的典故。

不光是中国,外国人也有差不多的观念。针眼大的窟窿斗大的风,小处随便的人往往不受欢迎,在某些特殊的场合甚至会造成致命的后果。这方面最典型的例子大概是 18 世纪的法国公爵奥古斯丁。1786 年,法国国王路易十六的王后玛丽·安东尼到巴黎戏剧院看戏,全场起立鼓掌。放荡不羁的奥古斯丁为了引起王后的注意,面向王后吹了两声很响的口哨。当时吹口哨被视为严重的调戏行为,国王大怒,把奥古斯丁投入监狱。而奥古斯丁入狱后似乎就被遗忘了,既无审讯,也未判刑,就日复一日地关着。后因时局变化,也曾有过两次出狱的机会,但阴差阳错,终究还是无人问津。直到 1836 年,老态龙钟的奥古斯丁才被释放,当时已经 72 岁。两声口哨换来 50 年的牢狱之灾,实在是天大的代价。

与此相反，一滴水可以折射太阳的光辉，小处端正的人往往能取得人们的信任。法国有个银行大王,名字叫恰科。但他年纪轻时并不顺利,52 次应聘均遭拒绝。第 53 次他又来到了那家最好的银行,直接找到董事长,希望通过面试,让董事长了解和接纳自己,可是没谈上几句就又被拒绝了。恰科既有些失意,又有些气愤,但表情还能保持平静,礼貌地说完“再见”,转过身,低头往外走去。忽然,他看见地上有一枚大头针,横在离门口不远的地方。他知道大头针虽小,弄不好也能对人造成伤害,就弯腰把它捡了起来。第二天,他出乎意料地接到了这家银行的录用通知。原来,他捡大头针的举动被董事长看见了。从这个不经意的小小动作中,董事长发现了他品格中闪光的东西。这样精细的人,是很适合做银行职员的。于是,董事长改变主意决定聘用他。恰科也因此得到了施展才华的机会,走向了成功之路。

青年是社会的希望，前程远大，在踏入社会的头几步，“小处不可随便”尤其重要。但是“小处”又实在太多，几乎布满了人生的时时处处，数不胜数，防不胜防，乍一看，完全做到似乎很难很难。不过，许多貌似很难的事情，只要抓住了要领就能化难为易，做人的诀窍就是修身养性，固其根本。别人的教诲固然重要，最关键的还是自己塑造自己。只有自觉养成诚实守信、善良宽厚、尊重别人、热爱自然、遵守规则等好习惯，进而内化为人格，使自己成为大写的人，“小处”再多，也会像夏夜雨后的星空一样，不必点燃擦拭自能光辉灿烂、晶莹剔透，成为人见人爱的景观。

我经常在上课的时候提醒学生们，课上手机铃声响起、吃零食、上课迟到早退等现象，也许并不是什么了不起的大是大非问题，尤其在校园里，老师对待自己的学生总是宽容谅解的，可是积少成多养成习惯，未来踏上工作岗位，可能就会是影响前程的大问题，甚至会因“以小见大”而失去成功的机会。年轻的学生们未来有很多未知数，应该于细节之处培养良好的习惯，学会做一个大写的人。

一个朋友跟我说过他的一段经历：

一次，我在电梯里，站在四个陌生人的身后。根据衣着和言谈，很容易判断出四个人的组合模式：两个是总公司的领导，一个是分公司的领导，另一个是女秘书。

这个分公司的领导衣着得体，穿藏青日式小腰身西装和米色长裤，风衣搭在小臂上，他同时说着地道的上海话和流利的英语，分别与身旁的上司和秘书小姐低语。我只是默默看在眼里，这是一群在被外来文化同化的过程中成长起来的上海人。

可是出人意料的是，我最后对这个男人非常失望。他们的楼层到了，电梯门开，他立刻很有风度地伸出手去，用自己的胳膊挡住门，好让他的上司先他而过，而不至于被门夹到。可是他竟然把他的女同事落在了后面，她险些撞到门上，幸好反应敏捷，飞快地闪了出去，她的“啊呦”的惊呼声在即将关合的门的缝隙中飘进了我的耳朵。

我觉得这番景象令人十分失望。带着悲哀的心，我进入了自己的办公室。脱下外套的时候，我发现原先挂外套的那个墙头已经被另一件衣服抢占了。那是件咖啡色呢子男士长大衣，式样似乎已经过时，比较难看，想不起来曾经见谁穿过，因而也猜不出是谁的。我于是有些不高兴，以为是某位同事要抢我的“风水宝地”，在思量中，还是把外套挂了上去，靠在那件陌生大衣的外面。后来才知道，那件大衣属于一位从总公司过来短期出差的人，大家叫他小王，他后来也感觉到自己已经不小心侵犯了别人的地方，于是，他每次总是小心翼翼地把我的衣服拿下来，把自己的挂进去，再把我的重新挂到上面，然后还仔细地整理一下我的衣领，却不在意自己的衣领被压到。我坐在远处，偷偷看他做这些事情，慢慢地就对他羡慕了起来。他走的那天，和大家道别，就穿着那件我一度认为过时而难看的大衣，大衣居然被他穿得很有形，绝对是下一年的时尚款式。

礼仪无小事，举手投足就可以看出一个人的礼仪修养，可以发现不同的人的身上折射出的修养水平的差距。

某公司的何先生年轻肯干，点子又多，很快引起了总经理的注意，拟把他提拔为营销部经理。为了慎重起见，决定再进行一次考察。恰巧总经理要去省城出差，需要带两名助手，总经理选择了公关部杜经理和何先生。何先生也很珍惜这次机会，想找机会好好表现一下。

出发前，由于司机小王乘火车先行到省城安排一些事情尚未回来，所以，他们临时改为搭乘董事长驾驶的轿车一同前往。上车时，何先生很麻利地打开前车门，坐在驾车的董事长身边的位置上。董事长看了他一眼，但何先生并没在意。

上路后，董事长驾车很少说话，总经理好像也没有兴致，似乎在闭目养神。何先生寻了一个话题："董事长驾车的技术不错，有机会也教教我们，如果都自己会开车，办事效率肯定更高。"董事长专注地开车，不置可否，其他人均无反应。何先生感到没趣，便也不再说话。一路上，除了董事长向总经理问了几件事，总经理简单地作答后，车内再无人说话。到达省城后，何先生悄悄地问杜经理："董事长和总经理好像都有点不太高兴？"杜经理告诉他原委，他才恍然大悟："噢，原来如此。"

会后，从省城返回，车子改由司机小王驾驶，杜经理还有些事要处理，需要在省城多住一天，同车返回的还是四人。何先生想这次不能再犯类似的错误了，于是，他打开车门，请总经理上车，总经理坚持要与董事长坐在后排。何先生诚恳地说："总经理您如果不坐前排，就是不肯原谅来的时候我的失礼之处。"一再坚持让总经理坐在前排才肯上车。

回到公司，同事们知道何先生这次是同董事长、总经理一道出差，猜测肯定要提拔他，都纷纷向他祝贺，然而提拔之事却一直没有提及。

何先生非常想表达对领导的尊重，可是由于对基本的礼仪缺乏了解和掌握，所以出错，却又不知道错在哪里，当然给工作和晋升带来不利的后果。

讲礼仪不是一个人的问题，更不是小问题，是一个家庭修养的体现，是一个民族修养的体现。当你走出家门，肩上就扛着家庭的荣辱；当你走出校门，肩上就扛着学校的荣辱；当你走出国门，肩上就扛着国家的荣辱。每一个人都要从身边小事做起,成为一个有礼之人,把"礼仪之邦"的"礼乐文明"发扬光大。

二、礼仪体现细节,细节展示素质,细节决定成败

日常生活中的小事在许多人眼里是非原则的细小事情，也因此可能被看得无足轻重。但是,成功和失败都是从非常细小的地方开始,细节具有不可忽视的魅力,存在于我们生活的每个角落。我们说过的每一句话,做过的每一件事,一言一行都是由细节构筑。细节决定成败,正如古语所说"勿以善小而不为,勿以恶小而为之"。举止文明,处事得体,方可"有礼走遍天下"。

《林肯传》中有这样一则故事:一天,林肯总统与一位南方的绅士乘坐马车外出,途中遇到一个老年黑人深深地向他鞠躬。林肯点头微笑,并摘帽还礼。同行的绅士问道:"为什么您要向黑鬼摘帽?"林肯回答说:"因为我不愿意在礼貌上不如任何人。"可见林肯深受美国人民的喜爱是有道理的。

礼仪是个人素质的综合体现,得体的衣着、文明的举止、优雅的谈吐等是一个人有礼貌的表现,而且是一个人自信、热情、积极的精神状态的反映。

注意细节问题,容易与别人取得共识,便于沟通,避免周折。

有家五星级酒店开业,准备到高校招聘10名工作人员。由于待遇优厚,报名者极为踊跃。经过第一轮初选,留下20人进入第二轮复试。刷掉谁呢?无论身材还是气质,或是学识,她们都不相上下,要做出取舍看来比较困难。

复选开始了。人事经理和助手坐在办公室里,应聘者陆续而入。该提的问题第一轮已提得差不多了,这次是些很轻松的话题,似乎并无实质性内容。只是有一点,在应聘者出门之前,人事经理会很随意地请她泡一杯茶。屋子里有热水瓶,应聘者都照着做了。

没多久结果公布了,10名幸运者脱颖而出。那些落选者很纳闷,不服气,去问人事经理。那位先生很客气地告诉她们,真正的考试在那杯茶上。在泡茶的时候,她们不是忘了放茶叶,就是开水倒得太多,或者端起茶杯时把手指压在杯沿上,有的甚至还蘸到了茶水。

他认为,能泡好一杯茶,处理其他事情也会得体一些。

现代人越来越重视礼仪,知礼、懂礼、行礼是一个人素质的体现。一个细微的动作,都可以体现全部的素养,正所谓滴水藏海。

三、礼仪的原则

明确礼仪的原则,才能正确地运用礼仪,用礼仪来规范自己的行为。

(一)敬人原则

孔子云:“礼者,敬人也。”敬人原则是礼仪尊敬他人这一核心思想的体现。运用礼仪是对他人友好、尊敬的体现,同时也是自己获得交际成功的通行证。“敬人者人恒敬之,爱人者人恒爱之”、“人敬我一尺,我敬人一丈”,礼仪借助这样的机制而得以生生不息。敬人原则就是要求人们在交际活动中,与交往对象不仅要互谦互让、互尊互敬、友好相待、和睦共处,更要将对交往对象的重视、恭敬、友好放在第一位。当然,礼待他人也是一种自重,不应以伪善取悦于人,更不可富贵骄人。尊敬人还要做到入乡随俗,尊重他人的喜好与禁忌。

(二)遵守原则

礼仪是人们在社会交往中的行为规范和准则,因此,人们必须自觉、自愿地遵守礼仪,以礼仪规范指导和约束自己的言谈举止。任何人,不论年龄长幼、身份高低、职位大小,都有自觉遵守和应用礼仪的义务,否则就会遭到公众的指责和疏远,交际就难以成功。

(三)自律原则

礼仪往来强调了礼仪的互动性,礼仪规范也体现了对交往双方的要求。而礼仪的自律性原则重点强调了交往个体要自我要求、自我约束、自我控制、自我对照、自我反省、自我检点。在人际交往中,行动上不要出格、仪态上不要失态、言语上不要失礼。《论语·颜渊》中强调人要自我约束,“非礼勿视,非礼勿听,非礼勿言,非礼勿动”。

(四)宽容原则

宽容是一种美德,是对交往对象的人生观、价值观及个性差异等给予充分的理解和尊重。在人际交往中,人与人的思想感情可以沟通,但是由于个人经历、文化、修养等因素而导致的差异不可能消除,这就需要求同存异、相互包容。宽容原则要求人们在交际活动中运用礼仪时,既要严于律己,更要宽于待人。要多容忍他人、多体谅他人、多理解他人,千万不要求全责备、斤斤计较、过分苛求、咄咄逼人。

(五)适度原则

适度原则要求运用礼仪时,为了保证交际的成功,必须掌握技巧,把握好分寸,做到适度得体。例如在一般交往时,既要彬彬有礼,又不能低三下四,既要热情大方,又不能轻浮谄谀,要自尊但不要自负,要坦诚但不要粗鲁,要信人但不要轻信,要活泼但不能轻浮。在接待服务时,既要热情友好、谦虚谨慎、尊重客人、殷勤接待,又要自尊自爱、端庄稳重、平等公正、不卑不亢。当然，要真正做到恰到好处、恰如其分，必须勤学多练、积极实践。

（六）平等原则

平等原则要求对待任何交往对象都必须一视同仁，给予同等程度的礼遇。不能因交往对象之间在年龄、性别、种族、文化、职业、身份、地位、财富以及与自己的关系亲疏远近等方面有所不同而区别对待，给予不同的礼遇。在交往中，平等表现为不骄狂、不自以为是、不厚此薄彼，更不傲视一切、目中无人，不能以貌取人，或以职业、地位、权势压人，而是应该处处时时平等谦虚待人。唯有此，才能结交更多的朋友。

（七）真诚原则

礼仪讲究“诚于中，形于外”（《礼记·大学》），心中有“礼”，然后言行才有“礼”。人际交往的品德因素中，真诚是最基本最重要的一项。真诚原则要求运用礼仪时，务必以诚相待、言行一致、表里如一。只有如此，在运用礼仪时所表达的对交往对象的尊敬与友好，才会更好地被对方所理解和接受。口是心非、言行不一、弄虚作假，只能蒙混一时，不利于良好人际关系的营造和个人形象及组织形象的塑造。

（八）从俗原则

礼源于俗，礼与俗有密不可分的关系。《礼记·曲礼上》指出“入境而问禁，入国而问俗，入门而问讳”，这是古代人们交往时应遵循的一个原则，同样适用于现代社会。不同国家、不同民族文化背景不同，礼仪习俗亦不同，这就要求人们了解并遵守这些习俗，做到入境问俗、入乡随俗，切不可自以为是、唯我独尊，尤其是在国际交往中，必须主动了解并适应礼仪的差异，为国际交流和合作奠定基础。

四、礼仪就在你我的身边

有人说：“生活里最重要的是有礼貌，它是最高的智慧，比一切学识都重要。”礼仪的重要性已经为越来越多的人所认识。在与人交往时需要注意自己的服饰打扮、言谈举止，这是个人基本礼仪；在一般性的交际应酬活动中，要遵守一定的礼仪规则，这是交际礼仪；在商务交流活动中要严格遵守商务礼仪要求；而如果是国家公务员，在执行国家公务时还应遵守政务礼仪；如果与外国人交流，还需懂得涉外礼仪。

由此可见，礼仪就在你我的身边，普礼教育势在必行。有人可能会说，我们在校读书时都会学习思想品德和法律方面的知识，懂得如何约束自己的行为。礼仪、道德与法律都是人们应当遵行的规范,它们之间相辅相成相互渗透,但是又各有其作用。道德教育不能完全取代礼仪教育。比如,服饰打扮不得体,就不能归咎于道德水平问题,而是仪表礼仪知识不足所致。一般而言,有意伤害他人的言行属于道德问题,而无意中对他人造成伤害的言行往往是礼仪素养的问题。例如,诚心诚意送一些礼物给朋友,殊不知其中的某种礼品却属于对方习俗的禁忌,会令人尴尬和不安。这显然是由于缺乏礼仪知识造成的,而非道德问题。

礼仪体现在人们日常生活的一言一行、一举一动中,礼仪在规范自身行为的同时有利于高尚的道德情操的培养。

普法教育也不能取代普礼教育。法制教育的目的是使人们不敢破坏业已形成的某种社会关系,而礼仪教育则是为了改善社会关系和人际关系;法治偏重法律和制度,而礼治则强调人的素质和教养;法治严峻,而礼制较为温馨。只有把两者有机结合起来,才能让社会控制机制健全。

洛克说:“礼仪的目的与作用使得本来的顽梗变得柔顺,使人们的气质变得温和,使他敬重别人,和别人合得来。”礼仪就在每一个人的身边,不学礼,真的无以立!在“礼仪之邦”的国度,我们更要重视礼仪的教育与学习实践,让礼仪之风温暖每一个炎黄子孙的心灵。

CHAPTER 2 第二章

设计美的形象

在人类历史的发展进程中，人们从来没有像今天如此强调形象的价值与魅力。人类正在步入一个形象制胜的时代。

无论是资深的政治家,还是初出茅庐的大学生,无论是面对媒体的社会知名人士,还是为生计而奔波的凡夫俗子,都存在着设计个人形象的问题。美好的个人形象,对人际交往和事业成功大有裨益。爱美之心,人皆有之。一个人的形象是一份特殊的资产,美好的形象更是无价之宝。成功的80%在于显示自己的形象。根据自身条件与特点,塑造令人赏心悦目的形象,是社交礼仪之基础。

第一节 仪表美,悦人者悦己

成功的交往一般从良好的第一印象开始，就如同在爱情中有个非常优美的词语来形容第一印象的神奇,那就是“一见钟情”。而第一印象的形成往往取决于对方的仪表所传递出的信息。因此,当今世界流行个人形象包装。许多公众人物在重要活动前要请专家为自己进行形象设计打扮。形象美,并不是年轻人的专利,也不是拥有良好先天遗传因素的人的特权。形象美,是男女老幼都可以努力实现的快乐财富。

虽然我们常说“人不可貌相”,可是试想,人们在第一次见到你或是对你不太了解的时候,怎么能一眼看出你的能力多大、价值几何？先入为主的第一印象就给你贴上了一个标签，再次与你相遇或交往时，就会对你有惯性的看法。如果一个人的形象给我们留下了较好的印象，即使后来看到他的某些缺点，我们往往也会主动寻找理由来为他解释。

你永远没有第二次机会给人留下美好的第一印象。

日本的著名企业家松下幸之助从前不修边幅，企业也不注重形象，因此企业发展缓慢。一天理发时，理发师不客气地批评他不注重仪表，说："你是公司的代表，却这样不注重衣冠，别人会怎么想，连人都这样邋遢，他的公司会好吗？"从此，松下幸之助一改过去的习惯，开始注意自己在公众面前的仪表仪态，生意也随之兴旺起来。现在，松下电器的各类产品享誉天下，与松下幸之助长期率先垂范，要求员工懂礼貌、讲礼节是分不开的。

当你以美观得体的仪表出现在公众场合时，你就是在告诉所有的人：我是多么的开心与自信。你的开心与自信会感染周围的人，谁不爱赏心悦目的愉悦感受？爱美之心，人皆有之。当你发现自己今天光彩照人的时候，你的内心会不愉悦吗？仪表美，悦人者悦己。

一、仪表的含义

仪表，指人的外表，包括人的形体、容貌、健康状况、姿态、举止、服饰、气质、风度等方面。古人对仪表的理解，不仅涵盖仪容、仪态，还包括与之相对应的某些内在素质。

《管子·形势解》云："法度者，万民之仪表也。"在这里，仪表所指是表率。《宋使·杨承信传》云："承信身长八尺，善仪表，善持论，且多艺能。"这里的仪表指外表、容貌。概言之，一个人的仪表美是其形体美、容貌及服饰美、语言美、行为举止姿态美等各种美的有机综合，是内在美和外在美的统一，是静态美和动态美的结合，是自然美和社会美的综合。

仪表美不仅是一种外在表现，更重要的是能反映出人的思想修养、精神风貌，是人内在美与外在美的有机统一。一个人仪表整洁，举止得体，就是为自己的内在素质披上了一件漂亮的外衣。因此，注重仪表礼仪是塑造形象的必修内容。

二、仪表美的内涵

（一）仪表美的外在形式和内在本质

人的仪表美必然有一定的外在表现形式，如人的形体美是由美的法则决定的，要求人体各部分比例匀称、线条优美、五官端正，服饰符合当时社会的审美观念，并且能够体现人的自然美等。同时,人的仪表美又有其内在的本质,那就是美的人体必须充分体现蓬勃向上的生命力,面部表情和体态变化所表现出的应是人丰富多彩的内心世界。因此,要实现人的仪表美,必须是外在形式和内在本质这两方面的和谐统一。抽象的、内在本质的美必须借助具体的、外在的美的形象才能体现。对于人的仪表美的要求,也正是基于这个道理,应让内在之美通过外在的、具体的形象美展现出来。

此外,仪表美无论何时都不应仅仅是物质躯体的外壳,它能从一个侧面反映出一个人的思想修养、精神风貌。心灵美与仪表美不是对立的,而是相互联系不可分割的。只有它们互为表里、相得益彰,才是最完美的,否则只能是绣花枕头,虽金玉其外,但是败絮其中。

美国总统罗斯福不仅相貌平平,而且嗓音沙哑、鼓眼,还有一副暴露在外、参差不齐的丑牙,可罗斯福却成为美国人民最喜爱的总统之一。他就是一个"巧妙利用自己缺陷"的人。

他首先把自己的沙哑声练成一种独特的很具有感染力的声音,然后努力练习讲话和表演能力。他还积极参加游泳、骑马、赛球等剧烈运动,锻炼自己的意志和体魄。除此之外,他还培养自己的耐性、和善等优良品性。

通过这些努力,他终于成为一个自信自强、精力超众、强健愉快、善辩而幽默的大交际家。

(二)仪表美的自然属性和社会属性

仪表美是以美的人体作为基础的,人体美是自然美的最高形式。马雅可夫斯基说:"世界上没有更美丽的衣裳,像结实的肌肉与新鲜的皮肤一样。"古往今来的造型艺术家和美学家以不同的方式方法对人体美的奥秘进行了长期不断的探索,对人体美确定了若干的基本标准,这都是仪表美自然属性的表现。但是,仪表美的本质属性是社会属性,对仪表美的评价在不同的时代、社会、国家、民族和阶级中是不同的,其客观标准是生活在不同社会形态下的人们,用直观的方式,带有个人强烈的主观色彩去把握的。同时,自然美是通过社会美来体现的。

(三)仪表美的整体性要求

仪表美必须符合整体性原则。仪表的各个组成要素之间相互联系、相互影响,共同构成一个人的仪表。只要其中一个要素不美,就会影响到整体的美,影响到其他要素美的体现。同时,单个要素的美不一定构成整体的美,只有各个要素相协调、相配合才能真正给人以美的感受。

（四）仪表美是在具体的交际空间、时间中展现的

仪表美存在于人与人的社会交往过程中，应符合特定空间和时间条件下的审美要求。例如，商务工作者由于其工作性质、承担角色的要求，必然对其形体、穿着打扮、举止等有相应的规定，并且在不同场合有不同的要求和规范。不能脱离具体的交际环境来抽象地谈仪表美。

三、形体与形象

形体与形象密不可分，经过自己的努力训练可以改善身体，进而改变形象。

（一）把握形体美的原则

体型主要是指身体各部分之间的比例。体型美的总原则就是身体各部分之间的比例恰当。人们会觉得侏儒外形不美，而同样身高的小孩子却很可爱，原因之一在于侏儒的头、身躯、四肢之间的比例不协调。一般来说，体型大体合乎比例就好。

达·芬奇提出，人体各部分之间的比例，应合乎黄金分割律，即人的头长是身高的七分之一，肩宽为身高的四分之一，跪时身长减少四分之一，卧时身长减少十分之一，两腋的宽度与臀部的宽度相等，大腿正面的宽度应等于脸的宽度，两眼间的距离应等于一只眼的长度，耳朵的长度应等于鼻子的长度等等。这些比例，体现了人体美的自然规律。

（二）塑造健美的形体

爱美是人的天性。每个人都愿意自己的形体是健美的。形体美以匀称的体态和优美的线条，达到以形动人的效果。我们可以通过基本体操、基本功训练、基本形态控制以及舞蹈等方式进行系统、科学的训练，改善自己的形体。通过持之以恒的形体训练，可以弥补先天的不足，促进人体均衡发展，使之逐渐符合人体美的标准。

1.基本体操

通过基本体操练习，增强身体各个部位的灵敏性和协调性，为塑造形体美打下良好的基础。

2.基本功训练

通过基本功训练，可以加强腿部、腰部、背部的力量以及身体各部位的柔韧性，为提高形体基本素质及其身体的控制能力创造条件。

腿部练习

重点是加强髋关节、膝关节、踝关节的坚固性和灵活性，以提高站立姿态的腿部支撑能力和优美的程度。腿部训练的内容有勾脚、绷脚、压腿和踢腿练习。动作要

求:保持紧臀、立腰、立背、挺胸、立颈、微抬头的姿态,双腿保持伸直。

髋关节练习

髋部柔韧性的练习是形体训练的基本功练习之一，主要是增强整体的柔韧性和协调性。髋部练习的内容可分为坐、躺姿态的练习。动作要求:坐姿时,练习者保持头正、挺胸、立腰、立背、头向上顶的形态;脚底相对,屈膝坐在地毯上,双手抓住踝关节,向前作压胯动作。躺姿时,练习者上体仰卧,髋关节放松,经他人的帮助,进行开胯的练习。

腰背练习

腰背力量的强弱和柔韧性的好坏，直接关系到站立正确姿势的形成及姿态优美的程度。腰、背力量强,立腰、直背能力也强。练习的方法很多,主要是以腰背向后、向前、向侧用力弯曲,每一组练习都要求练习者在动作过程中保持挺胸、抬头,用力协调,这样才能达到增强腰背力量的目的。

腹部力量练习

腹部力量的强弱决定一个人形体控制能力的好坏和形体的优美程度。腹部练习的方法多种多样,练习仰卧举腿、仰卧起坐、两头翘等动作。练习者要用腹肌力量控制完成练习动作。

手臂、肩、胸部练习

肩和胸部动作是上体姿态优美的关键,练习者应加强力量和柔韧的训练,才能进一步提高肩和胸部的控制能力,使上体形态更加完美。练习内容有压肩、拱胸、手臂波浪等动作,每种练习都要求练习者保持抬头、挺胸、直背的形态来完成动作。

3.基本形态控制练习

通过对身体各部位基本形态的训练，可使人体在各种情况下都能保持良好的身体形态,进一步提高身体动作的灵活性、协调性,增强形体动作的规范性。

4.舞蹈

舞蹈是通过身体的动作来表现一定内容情节的练习。形体训练中的舞蹈以基础动作和基本舞步为主要内容,发展身体的柔韧性、稳定性、灵活性、协调性和力量等形体素质,提高人们的节奏感以及对音乐的理解能力和形体的表达能力,陶冶情操,促进优美形态的形成。

四、服饰礼仪

服饰是人形体的外延,主要包括各类服装和饰品。俗话说“佛靠金装,人靠衣装”，在人际交往中，服装被视为人的“第二肌肤”，既可以遮体御寒，发挥多种实用性功能，又可以美化人体，扬长避短，展示个性，发挥多种装饰性功能。不仅如此，在正式场合，它还具有反映社会分工，体现地位、身份差异的社会性功能。因此，在社交场合，一个人穿戴什么样的服饰，直接关系到别人对其个人形象的评价。正如意大利著名影星索菲亚·罗兰所说：“你的服装往往表明你是哪一类人物，它们代表着你的个性。一个和你会面的人往往自觉不自觉地根据你的衣着来判断你的为人。”世界著名的服装心理学家高莱说：“着装是自我的镜子。”

列夫·托尔斯泰的《安娜·卡列尼娜》有这样一段情节：在安娜和渥伦斯基相识的舞会上，安娜穿着全黑的天鹅绒长裙，长裙上镶着威尼斯花边，闪亮的边饰把黑色点缀得既美丽安详，又神秘幽深，这同安娜那张富有个性的脸庞十分相称。当安娜出现在舞会的门口，吸引了在场所有人的视线。吉蒂看到安娜的装束后，也强烈地感受到安娜比自己美。安娜的黑色长裙在轻淡柔曼的裙海中显得高贵典雅，与众不同，也与安娜藐视世俗的个性融为一体。

（一）服饰礼仪的原则

我们在与人交往中，代表着个人形象和组织形象，应该了解服饰选择的基本常识。选择服装时根据自身特点及特定场合的需要，应遵循一定的服饰礼仪原则，为自己选择一套得体和谐的服装。服饰礼仪原则包括以下几方面：

1.个性原则

个性原则是指在社交场合树立个人形象的要求。正如世间每一片树叶都不会完全相同一样，每一个人都有自己的个性。人人都希望自己以一个独立的人的形象被社会接纳与承认，而服饰打扮可以帮助人们达到这个目标。一个人所穿的服装往往能传达出性格、爱好、心理状态等多方面的信息，不同的人由于身材、年龄、性格、职业、文化素养等不同，自然就会有不同的个性特点，所以服装选择首先应考虑自身特点，把握形体尺寸，力求做到“量体裁衣”，扬长避短；保持并创造自己独有的风格，突出长处，符合个性要求，选择能与个性融为一体的服装，这样才会展示个性，尽显个人风采，保持自我，以区别于他人。切勿穷追时髦，随波逐流，使得个人着装千人一面，毫无特色可言。只有当服饰与个性协调时，才能更好地发挥其效应，塑造出自己的最佳形象和礼仪风貌。

人们追求服装的个性美，追求服装的多样性。人们在选择服装时往往有一个突出的目的，那就是唤起他人对自己的美感。要通过服装的美在芸芸众生中突出自己，就必须懂得和做到：服装的美贵在有个性。个性是带有倾向性的、本质上比较稳定的心理特征的总和,包括外在和内在。服装与外貌相符,只是"形"的和谐,只是服装美的表层内容,服装美从更高的层次讲,必须和一个人的气质、性格相符,才会使人顿然生辉,才能上升到"形和神"的和谐,才能产生与众不同的魅力。服装美的最高境界就是外在美与内在美的统一。我们时常会说服装是文化的表征、服装是思想的形象,可能会听到有人评论他人穿衣打扮"俗不可耐"或"很有品位"。因此,只有加强个人的文化思想修养,提高对美的感知力,才能使服装达到美妙的境界。

2.适用交际目的原则

在社会交往过程中,能正确理解并充分利用服饰的社会功能,对于人际交往的有效与顺利是非常重要的,即在与他人交往过程中,选择合适的服饰有助于缩短彼此间的距离,协调彼此间的关系,从而使对方接受自己,达到交际的目的。

美国行为学家迈克尔·阿盖尔曾经做过一个实验:他以不同的衣着打扮出现在某城市的同一地方。当他西装革履、风度翩翩地出现时,向他问路、问时间的人大都属于彬彬有礼的绅士阶层;而当他破衣烂衫、蓬头垢面地出现时,接近他的多半是流浪汉、无业游民。这个实验表明了人们总是习惯通过服饰来判别自己可交往的对象。如果一个人的穿着与其交往对象格格不入的话, 就会很容易拉大彼此间的距离,并使相互间的沟通出现障碍。因此,如果你想让他人接受你,你就得首先让他人接受你的服饰。如果你的穿着不能为他人所接受,那么你的言行举止乃至你的一切也都可能很难为他人所接受。因此,从某种角度讲,穿衣打扮不仅仅是个人的事,而且与他人密切相关。人们可以通过合适的服饰让他人了解自己、认识自己,最后接受自己。正因为穿衣打扮主要不是为自己,所以不管一个人是否喜欢打扮,都不能忽视自己的衣着装扮。也正因为如此,人们在选择自己的服饰时,不仅要考虑自己的喜好,更重要的还要考虑社会的风尚及交往对象的情况,最终使得自身的着装符合社会交往目的。

3.TPO 原则

总的来说,着装要规范、得体,就要牢记并严守 TPO 原则。TPO 原则是有关服饰礼仪的基本原则之一。其中的 T、P、O 三个字母,分别是英文时间(Time)、地点(Place)、目的(Object)这三个单词的第一个字母。它的含义是:要求人们在选择服装、考虑其具体款式时,首先应当兼顾时间、地点、目的,并力求自己的着装及其具体款式与着装的时间、地点、目的协调一致,做到和谐般配。

(1)时间原则。

时间包括每一天的早间、日间和晚间三个时间段,也包括每年春、夏、秋、冬四个季节的交替以及不同的时期、时代。因此，人们在着装时应考虑到时间层面，做到随时更衣。比如，冬天要穿保暖、御寒的冬装，夏天要穿通气、吸汗、凉爽的夏装。

在通常情况下，人们早间在家中和户外的活动居多，无论外出跑步做操，还是在家里盥洗用餐，着装都应以方便、随意为宜，如可以选择运动服、便装、休闲服等，这样会透出几分轻松温馨之感。

日间是工作时间，着装要根据自己的工作性质特点，总体上以庄重大方为原则。如果安排有社交活动或公关活动，则应以典雅端庄为基本着装格调。

晚间的宴请、舞会、音乐会等正式社交活动居多，人们的交往空间距离相对会缩小，服饰给予人们视觉与心理上的感受程度相对增强。因此，晚间参加社交活动着装要讲究一些，礼仪要求也要严格一些，以晚礼服为宜，形成高雅大方的礼仪形象。

(2)地点原则。

从地点上讲，置身在室内或室外，驻足于闹市或乡村，停留在国内或国外，身处于单位或家中，在这些变化不同的地点，着装的款式理当有所不同，切不可以不变应万变，即特定的环境应配以与之相适应、相协调的服饰，以获得视觉与心理上的和谐感。例如，穿泳装出现在海滨浴场，是人们司空见惯的，但若是穿着它去上班、逛街，则必令人哗然；西装革履地步入金碧辉煌的高级酒店会产生一种人境两相宜的效果，而若出现在大排档，便会出现极不协调、反差强烈的不好效果；在静谧肃穆的办公室里着一套随意性极强的休闲装，穿一双拖鞋，或者在绿草茵茵的运动场着一身挺括的西装，穿一双皮鞋，都会因环境的特点与服饰的特性不协调而显得人境两不宜。

(3)目的原则。

从目的上讲，人们的着装往往体现出其一定的意愿，即自己对着装留给他人的印象如何，是有一定预期的。着装应适应自己扮演的社会角色。服装的款式在表现服装的目的性方面发挥着一定的作用，这是因为服饰是一种特殊意义的交际语言，能够传达特定的信息。服饰语言不仅表现自我形象，而且是一种文化价值观的显现，特别是在涉外交往中，服装、饰品则是一个民族的生活方式和精神面貌的折射。因此，要根据不同的交际目的和具体的交际对象的需要来选择不同的服装。比如，一个人身着款式庄重的服装前去应聘新职、洽谈生意，说明他郑重其事、渴望成功。而在这类场合，若身着便装、不拘小节，则表示自视甚高，对求职、生意的重视远远不及对其本人的重视。

（二）男士服饰礼仪

1.男士西装的穿着

西装以庄重、挺拔、美观而流行于世，成为世界公认的男士正装，一般由衬衫、外套、领带、长裤和配套的鞋袜组成。西装穿着比较讲究，否则就会不伦不类。

西装的衬衫一般选用硬领尖角式的，领口挺直，下摆塞进裤腰。衬衫的领口稍高于西装的领口。配领带时，衬衫所有的扣子都系上，不能将袖子卷起。不系领带时，最上面扣子不要扣。

西装的外套穿着挺拔，尽量不要有褶皱。双排扣西装比较庄重，一般要把扣子系好，不宜敞开。单排两粒扣或三粒扣的西装是传统规范的式样，其扣法很有讲究，两粒扣的可以全扣或都不扣或只系上面一粒，三粒扣的以扣好上面两粒扣为佳，只扣中间一粒扣也可，全都扣或不扣也未尝不可，切忌只扣最下面一粒，也不宜只扣下面两粒。西装外套上的口袋只是装饰性的，一般不装东西，保持平整。有些场合，左胸的口袋可以插鲜花或手帕做装饰或标记。西装裤长以达到皮鞋后跟上线为宜，裤线笔直悬垂。

穿着西装，领带起画龙点睛的作用。领带的色彩宜选择与西装和衬衫协调搭配。领带的打法选择与其材质和长短相适宜，上面宽的一片比窄的一片略长，其长度以大箭头垂到腰带下沿处为宜。

“西装革履”表示西装穿着一定要搭配色彩相近的皮鞋。黑色皮鞋可配多种颜色的西装。袜子的色彩应与皮鞋相同或接近。男士切忌穿白袜子配黑皮鞋。

2.男士穿着的“三个三”原则

男子在社交场合选择的服饰，要讲究“三个三”原则。

“三色原则”。即西服套装、衬衫、领带、腰带、鞋袜一般不应超过三种颜色，同一色系算一种颜色，比如深蓝、浅蓝就是一种颜色。这是因为从视觉上讲，服装的颜色超过了三种以上就会显得杂乱无章。

“三一定律”。鞋子、腰带、公文包以黑色为首选。

“三大禁忌”。西服左边袖子上的商标不拆、穿着浅色（尤其是白色）的袜子、穿夹克打领带。

（三）饰品

饰品是仪表的点缀，点缀得好就是画龙点睛，点缀得不好就是画蛇添足。饰品佩戴以简单协调为原则，与服装款式和本人性别、职业、气质相适应，同时佩戴的多件饰物力求花色、质地是同一系列，避免过于花哨。

饰品中以戒指最具有明显的象征性,在社交活动中不可乱戴,以免让人误会而闹出笑话。戒指通常戴在左手上,戴在不同手指上有特定的含义:戴在食指上,表示还未恋爱,正在求偶;戴在中指上,表示已有心上人,正在恋爱中;戴在无名指上,表示已结婚或已正式订婚;戴在小指上,则表示不想婚恋。某些国家,未婚少女可将戒指戴在右手中指上;而修女习惯把戒指戴在右手无名指上,意味着"把爱献给了上帝"。

(四)服饰礼仪禁忌

第一,忌过分鲜艳。

第二,忌过分杂乱。

第三,忌过分短小。

第四,忌过分透视。

第五,忌过分暴露。

第六,忌过分紧身。

五、仪容礼仪

仪容是指人的容貌,是个人仪表的重要组成部分,是一个人精神面貌的外在体现。良好的仪容给人以整洁、端庄的印象,既能体现自身素养,又能表示对他人的尊重。

(一)发式

头发整洁、发型大方是个人礼仪对发式的最基本要求。整洁大方的发式易给人留下神清气爽的印象,而披头散发则会给人以萎靡不振的感觉。一般来说,发式本身是无所谓美丑的,无论男女,只要一个人所选的发式与自己的脸型、肤色、体型相匹配,与自己的气质、职业、身份相吻合时就能显现真正的美。男士要注意经常理发,头发不宜过长,前不遮眉,侧不盖耳,后不过肩,不留鬓角。相对于男士,女士的发型选择空间要大一些,但必须考虑自身的年龄、脸型和体型等个体因素,还要因时间、因场合做适当的打理。发式只是仪表美的一部分,它还应该与人的面容、服饰相协调统一。

(二)化妆

俗话说"三分长相,七分打扮",天生丽质当然令人羡慕,但大多数人不可避免地存在这样或那样的缺陷。先天条件虽然无法选择,但却可以通过修饰来扬长避短。

我在给学生训练仪表礼仪时，一般都会指导女孩子们学会化妆的基本原则和步骤，一来是因为未来她们的工作会需要化妆，因为现代企业形象至上，员工的形象代表企业的形象；二来可以让学生们感受到彩妆带来的神奇效果，去发现“原来我也可以如此美丽”，增强自信和对未来的信心。我也经常会说她们就是一块未经雕琢的美玉，告诉她们以下这个“点石成金”的故事：

陈黎萍的名字，对于很多人来说还比较陌生，但在航空界，陈黎萍则是个名人。作为国航乘务中心美容形体科的首任科长和唯一的一任科长，是她创立了国航乘务员的美容化妆和形体训练课，也是由她开始了中国空中小姐化妆美容与形体的正规训练。

2001 年 4 月，某民航学院航空运输专业的系领导驱车来到北京，请陈黎萍前去授课。其实这一切的背后有着一个尴尬的数字：那一届一百多名“准空姐”毕业生，只有十多人被各航空公司挑走，剩下的毕业生成了“嫁不出去的姑娘”。

陈黎萍的训练课是在阶梯教室进行的。年轻姑娘们质朴的装束告诉她，姑娘们还不懂化妆，衣服颜色的搭配、发型也不甚理想，神采气质更欠锤炼。但从她们的面容和形体看，她们是一块块还没有完全雕琢的“美玉”，青春靓丽的风采并没有充分展现出来。陈黎萍围绕如何包装自己以及空中小姐应具有的气质进行了精心的传授。奇迹真的发生了，姑娘们在陈黎萍的指导下一下子变得靓丽起来，很快大部分姑娘被航空公司选走。

北京武警总医院钦佩陈黎萍形象设计的魔力，请她为全院护士进行形象设计并对她们进行训练。因为院领导在一段时间内发现，本院的护士虽然着装都很整齐，但却没有清爽亲和的感觉，缺少那么一点“精气神”。经过陈黎萍的培训，护士的形象变了样，院领导发自内心地笑了。

1.化妆的原则

美化原则

化妆一方面要突出脸部最美的部分，使其显得更加美丽动人；另一方面要掩盖或矫正缺陷或不足的部分。

自然原则

生活淡妆给人以大方、悦目、清新的感觉，最适合在家或平时上班时使用；浓妆给人以庄重、高贵的印象，常出现在晚宴、婚宴、演出等特殊的社交场合。

无论淡妆、浓妆，切忌厚厚地抹上一层，而要显得自然真实。可以运用化妆技巧，通过熟练的化妆手段，使用各种合适的化妆品来获得自然而美丽的化妆效果。

协调原则

化妆要因人、因时、因地而异，切忌强求一律，应表现出个性美，避免“千人一妆”。在化妆前，要根据自身脸部(包括眉、眼、鼻、颊、唇)特征，进行具有个性美的整体设计；同时还要根据不同场合、不同年龄、不同身份制订不同的方案。

2.化妆的步骤

在未涂敷底色之前，必须将面部皮肤的不洁之物除去，才能开始化妆。除去面部油污的方法一般有油洗和水洗两种。如果条件允许，最好是油洗，即选用洗面霜、清洁霜这类皮肤清洁剂洗面，它既能除去面部油污，使面部洁净，又能保护皮肤，免除肥皂等碱性物质对皮肤的不良刺激。清洁皮肤后进行润肤，让皮肤得到充分的滋润。做好这些准备工作之后，就可以开始化妆了。

打粉底

先用少量粉底涂在脸上，再用棉球或海绵将粉底仔细地抹匀，一直抹到鬓边，以免出现痕迹。然后用少许油质眼影膏打底，它能将眼影粉的颜色表现得更加纯正；颧骨上也可用少许油质眼影膏打底，用指尖在颧骨上轻轻抹匀。如果要遮盖眼睛上部的黑圈或面部的瑕疵，可先涂上遮瑕膏，并用海绵抹匀。但应注意，千万不要涂到眼下细柔的皮肤上。

画眼线

化妆中画眼线的技巧不易掌握，画不好会使眼线深浅不一，弯弯曲曲，所以要认真仔细地练习。眼线笔应以软性为宜，用专门的卷笔刀将笔尖削好，在靠近眼睑处由眼角向眼尾描画。以东方人的肤色和眼睛的颜色来考虑，深灰色和棕色更适宜。画眼线的一种方法是：以 5 毫米为一段，往返渐进，直到眼尾；另一种方法是用眼线笔作点描，然后用海绵尖的小棒将这些小点连成一条有晕影的线条。描画时，眼线笔应倾斜地行进，尽量靠笔的侧面着色。

施眼影

眼影是指化妆时涂于眼睛周围的化妆品。眼影的颜色色彩丰富，较为常用的有棕色、灰色、蓝色、绿色、紫色、橙色、桃红及代表亮色的米色、灰白色、白色等。每一种颜色还有深浅之分。用什么颜色、怎样用，应根据个人的情况加以选择。从色调上讲，眼影色分为三种颜色，即阴影色、明亮色和强调色，它可包括涂在眼睛周围的全部颜色。

① 颜色。眼影可分阴影色、明亮色、强调色三种。

阴影色，是一种收敛色，涂在希望显得窄小、深凹或应该有阴影的部位。一般包括暗灰、暗褐、棕灰、深蓝、深蓝灰、紫灰、深棕等颜色。

明亮色，也是突出色，涂在希望显得高、突出、丰润的地方，用来表现强光效果。明亮色一般是发白的，包括米色、灰白、白色、淡黄、淡粉和带珠光（荧光）的颜色。

强调色，任何颜色都可以作为强调色。顾名思义，强调色的真正使命是吸引人们的注意力，好像在说："眼睛就在这里！"使之成为引人注目的焦点。强调色的运用，关键在于色彩的比例搭配。如果几种颜色同时使用，明亮度、面积基本相等，就很难分辨什么是强调色。如果在紫色眼影的铺垫下，在双眼睑中涂上一点金色眼影，这无疑是加强眼睛魅力的强调色。另外，在选择强调色时，要考虑自己的服饰和唇色，与之相协调。

② 眼影用色及其涂染位置的选择。眼影色具有化妆品中最丰富而全面的色彩系列。眼影的不同颜色组合及晕染在不同的位置上，可以创造出变幻多端、美不胜收的眼周形状和光彩。眼影色比较常用的有灰、蓝、绿、紫、橙、桃红、白等色。一般而言，棕色常用来做基础眼影，抹在眉头到鼻梁侧沟鼻影部分及眼窝近眼尾的一半处，以表现眼周立体感。灰色也能起类似作用。蓝色、绿色、紫色是发挥眼妆效果的重点，涂在眼周、眼尾，可使眼睛更具神采。绿色表现青春活力，并给人以爽快的感觉；紫色表现清朗、雅净、严肃，并显得温和优雅；而蓝色则表现沉静、秀丽、清澄，富于朝气，是人们喜爱的常用色。此外，诸如红、蓝、灰三色往往给人以漂亮和时髦的感觉，桃红色增添妩媚动人的风姿，紫罗兰色给人以成熟的魅力。桃红、粉红也常用来染眼周、眼尾，以表现温柔可爱。在眼皮中部，眼弓骨一带，宜用明色调，如橙、黄、桃红等色。微亮的桃红、橙色有时可涂满整个上眼皮，双眼皮中间有时也可以施以鲜亮的明亮色。白色同金色、银色一样，都具有高光点染的作用。眼影用色最好与口红及服装的色彩相配合，以收到和谐的整体效果。

③ 眼影的基本晕染位置。眼影的涂抹部位不同，产生的效果也不尽相同，可以根据眼睛特点及自己的爱好来决定，但不应偏离一般的应用规则。

第一，涂于眼睑沟内或眼周。眼睑沟即双眼皮皱褶内。在眼睑沟内或眼周涂上深色眼影，有扩大和强调眼睛轮廓的效果，并且显得深邃。在眼睑沟内或眼周涂上浅色眼影，双眼皮的形象更加明确，显得自然和谐。

第二，涂于眼睑。眼睑即通常所说的眼皮。从上眼睑缘至眉毛下沿全部涂上与肤色或胭脂色和谐的眼影，可以在整个脸部形成一个有韵律的统一完整的色调。在上眼睑边缘涂深色眼影，逐渐过渡至眉毛下沿，由深到浅，强调了眉眼部的凹凸结构，并可使眼睛显得饱满而有立体感。

第三，涂于眼角。有些时候，在内眼角上涂深色眼影，能与鼻侧影自然融合，强化鼻梁的挺直感与内眼角的形象。在外眼角涂上深色眼影，有时可改变眼睛的外形，使眼睛结构清高明确。但要注意眼睛的特点，如眼距过宽，就不宜在外眼角涂深色眼影。

以上是对眼睛某一局部涂染眼影的说明，但就眼影晕染位置的总体设计来说，一般应在眼周、眼尾处涂深色调或中色调眼影，在眼凹陷处涂深色调或中色调眼影，在眼皮中央和眉弓骨下方涂浅色或明亮色。涂抹时要浓淡适中，切忌涂满，自然晕染，不着痕迹，所谓“眼要自然不着痕”，以求表现眼周围的自然立体感和眼皮的自然柔美感。

④ 晕染眼影的基本方法和步骤。

在粉底的基础上施眼影，不要直接涂于眼皮上。单眼皮从眼线以上，双眼皮从褶皱以上，开始涂眼影色，以暗色调为主，加强立体感。接近眉毛处涂眼明色，大多是浅色，形成立体的眼型。用眼影刷进行涂抹、晕染。

第一，以眼影棒沾较深颜色的眼影，沿着睫毛边缘，于眼尾往眼头方向约 1/4 处重复涂抹晕染。

第二，以眼尾为原点，由睫毛边朝眼窝的方向慢慢涂抹，眼影宽度约 1/4，配合眼球的弧度才能画出自然妆。

第三，将眼影晕淡之后，用眼影棒在眼窝凹陷处和眼头、眼尾之间来回涂抹，自然强调出眼睑凹陷处的阴影。

第四，用眼影棒沾明亮色系的眼影，以眼头为起点，由睫毛边缘朝眼窝涂抹，然后与眼窝及近眼尾处的眼影相互重叠，层次感更强。

第五，眉骨可用眼影刷沾明亮色系的眼影，左右刷抹，直到眼窝全部刷满为止，中间勿留空隙。

描眉形

眉形的修饰技巧很重要，可以说能让一个人脱胎换骨，而且直接影响到整个妆容的造型与风格。像眉毛的粗细，就会使你整个人看起来是柔媚或是有个性，也深深影响到与人互动时的第一印象。商界人士需要注意的是：最好不要绣眉和文眉，只需根据自己眉毛的大致线条，处理一下多余的杂毛即可，具体参考以下几点：

① 轻梳眉毛。拿出一支螺旋状的眉刷（长得很像睫毛膏的刷头），顺着眉毛生长的方向，从眉头到眉峰的上方，再从眉峰到眉尾的下方，慢慢梳顺。

② 修剪眉毛。拿出小剪刀，把眉峰到眉尾过长的眉毛通通修剪干净，不过拿剪

刀的时候一定要小心一点，别弄伤了自己。还应修剪杂毛，没办法修剪的地方用镊子从根部开始沿着眉毛的走向一根一根地拔除。较细的余毛用镊子拔掉。

③ 画出自然型。用刷子在眉头的位置刷上适量的眉粉，颜色尽量选择较浅、较明亮的眉粉为主，增加浓度。

④ 延伸尾端。继续使用眉粉，眉毛的长度，以嘴角到眼角再延伸至眉尾的线为基准，超过或不足都会让人觉得比较奇怪。

⑤ 均色。在画出眉尾之后，再拿出眉笔将眉毛中间有颜色不连接或不均匀的地方补满，让眉色更均匀。

⑥ 刷理整齐。拿出眉刷，将眉毛由上往下刷，但是要轻轻地，不要把刚刚画的眉毛通通都弄花了，稍微整理一下眉毛。

⑦ 再次修剪。已经画好的眉毛，更可以看出来哪些眉毛是多余的，此时再拿出剪刀来把多余的眉毛修剪掉。

⑧ 清除多余的眉毛。拿出眉毛专用的小夹子，将不属于眉毛的周遭小毛全都拔除，有点痛，但是相对而言，拔掉的眉毛不太容易再长出来。

⑨ 整理。拿出有颜色的染眉膏，在刚刚画好、修好的眉毛上轻轻刷一遍，不但可以定型、改色，还可让眉毛更立体。

⑩ 再次梳顺。完成以上这些步骤之后，再次梳顺眉毛，不要因为毛膏而产生的纠结现象破坏了刚才的努力。

刷睫毛膏

美丽的眼睛如果缺少修长浓密的睫毛，会像没有纱幔的窗户，显得过于直白，缺少韵味。如果想让睫毛于片刻间浓密卷翘，当然少不了睫毛膏的帮助了。目前市场上可供选用的睫毛膏种类很多，如浓密、滋养、防水等，功能各不相同，无论选用哪一款，掌握使用上的技巧非常重要。

① 在打开睫毛膏时，不要将睫毛刷直接拉出来，而是要将睫毛刷慢慢拉出来，在开口处旋转一下，将多余的睫毛液去掉。

② 涂睫毛膏时不要将睫毛刷从睫毛中间开始涂起，而是用睫毛刷从睫毛根部由内往外涂。

③ 若选用有凹面的睫毛膏，如卷翘睫毛膏，在涂睫毛时，要用睫毛刷的凹面由内往外刷，再用其凸面在眼尾处由内往外刷。

上腮红

如果说眼妆是脸部彩妆的焦点，口红是化妆包里不可或缺的要件，那么，腮红就是修饰脸型、美化肤色的最佳工具。下面介绍腮红的6种画法。

① 颊侧腮红。如果觉得自己的脸型太圆润,不妨试试以颊侧腮红画法来修饰,可让脸蛋看起来较为瘦长。颊侧腮红的技巧是:选择较深色的腮红,如砖红、深褐色,刷在脸颊的外围,也就是耳际到颊骨的位置,范围可略微向内延伸到颧骨的下方,会让脸型看起来更立体。

② 圆形腮红。这是最常见也是最简单的腮红画法。只要对着镜子微笑,在两颊凸起的笑肌位置,以画圆的方式刷上腮红即可。色彩选择娇嫩的粉红或温暖的蜜桃、粉橘皆可,不过这款腮红的妆效比较甜美可爱,成熟女士尤其是商务女士就不适宜这种带点孩子气的腮红画法。

③ 扇形腮红。这款腮红的面积较大,不仅能修饰脸型,而且能烘托出好气色。腮红的位置是太阳穴、笑肌、耳朵下方三者构成的扇形。注意刷腮红时的方向,要从颊侧往两颊中央上色,才能让最深的腮红颜色落在颊侧的位置,达到修饰脸型的目的。

④ 斜长腮红。这款腮红又称为飞霞妆,两颊就像被晚霞渐层晕染般。腮红的画法,从颧骨下方往太阳穴位置上色,腮红的颜色挑选紫红或玫瑰色会更加吸引人。如果脸型瘦长的人想让脸蛋看起来丰润一点,也可运用这款腮红技巧,将腮红的范围加大,延伸到耳际,并使用粉红或蜜桃上色。

⑤ 双色腮红。结合扇形腮红和斜长腮红的双重画法。先在两颊刷上深色的扇形腮红,再于扇形的上方重叠浅色的斜长腮红,就能达到修饰大圆脸,同时增添气色的美肤效果。

⑥ 晒伤腮红。如果想使自己的肤色有在太阳下晒过的健康柑橘色,不妨尝试这款充满阳光感的腮红画法。挑选带有亮泽感的金棕色腮红,淡淡地打在鼻翼两侧的位置即可。如果想让妆效更立体,可从鼻峰推往两颊上色,让腮红横跨整个脸部中央,就能创造仿佛刚受过阳光洗礼的度假妆感。

涂唇彩

唇是面部最灵活的部分,光滑红润的双唇会让你精神焕发。“眼取其神,唇取其色。”柔和圆润的唇型线条,富有曲线美,给人以安静、温柔的感觉;锋利的唇型线条,呈现直线美,显示出敏锐干练;小巧的唇型,会显得聪慧秀美;而厚实的唇型,会让人感到直率热情。

标准的唇型是下唇比上唇厚1厘米至2厘米。要想获得完美的唇型,一般要做到以下7步:先用唇线笔在上唇定出唇峰,左右一定要平衡;然后画出一个优美的“V”字来;再用唇线笔在下唇定出唇谷;从唇峰向嘴角勾勒出唇型;从嘴角向唇谷画出连线；最后，用唇刷蘸上唇彩，先在唇的中部涂上足够唇彩；再从唇的中部向外抹开，唇的边缘要涂得很薄。直接涂抹唇彩时，描画唇线能防止唇彩溢开，也可不画唇线，显得自然清晰。

喷香水

香水，是液体的宝石。在古代社会，香水只为贵族女性专有；在现代社会，香水也开始走向千千万万普通的女性。因成分不同，香水的香味及其在肌肤上的持久性也因人而异。香水的浓度视香精浓度而定。一般常见的香水可分为4种：一是香精。它是香水中最为持久的一种，也是香精浓度最高的一种，一般香精浓度超过20%。这种香水在平时上班及居家时不宜使用，只有在出席大型的宴会且有很大的空间供香水散发时，才可以使用。二是精纯香水。它是一种浓度较低的香水，香精浓度是15%~20%。这类香水的香味可以持续5个小时至6个小时，非常适合上班、游玩时使用。三是香水，也被称为“古龙水”。它的浓度为7%~15%。这类香水使用起来非常清雅，无论男士还是女士都能展示个人魅力。四是香浴及香体产品，这些产品大多是一些香水皂、香粉、香乳及香浴乳，它们能提供柔和而微微的香氛。如果使用香水之前先擦上这样的产品，香水的香味将会更加持久。它们的香精浓度为1%~3%。

擦拭香水的部位和方法对发挥香水的香味是很重要的。对于香水的使用，我们不妨听听专家卡洛尔·德纳芙的话：“香水的使用讲求贴合自然、贴合环境，用得好会让别人对你产生好感。反之，则会让人感觉粗俗、缺乏品位。”

① 擦香水的禁忌。

最大的禁忌就是抹太多。

不要同时重叠使用不同的香水。香水有语言、有品性，每一种香水都有自己独特的品位。因此，切勿重叠使用不同的香水，这样就无法表现出香水本身的特质了。

流汗时不可直接在肌肤上使用香水。

由于香水经紫外线照射会产生斑痕，故在直接接触阳光的地方不要涂抹香水。

不可将香水喷洒于白色衣物上面，以免留下污渍。

香水不要碰到珠宝、金、银制品。如果要穿戴珠宝、金、银饰品时，最好是先喷好香水再戴，否则会使之褪色、损伤，尤其是珍珠类，很容易受到带有化学成分的物质影响而改变品质。

② 擦香水的部位。

耳后：耳朵后面的体温很高，非常适合抹香水，而且可避免紫外线的照射。

脖子：一般脖子周围不擦香水，但是由于头发可遮住紫外线的照射，故在脖子后面可安心喷洒香水。

手腕:较常涂抹香水的地方。抹于手腕内侧脉搏跳动的地方,脉搏的跳动会带动香味的散发。

膝关节:擦于关节内侧静脉上,也可使用于与关节同样高度的裙子内侧,随着裙摆的摆动及双脚的移动可散发出淡淡的香气。

脚踝:擦在脚踝内侧,走路时会散发香味。

③ 香水的擦法。

高明的擦法是使香气纤细婉约，用手指或喷头会使香气的效果南辕北辙。因此,在此推荐以下几种方法:

浓烈香水选择用喷式。将喷雾的距离大概控制在离身体一条胳臂长,然后在香雾里待上 2 秒至 3 秒钟,就能沾取柔和的香气了。即使有什么特别状况,也别朝耳后和颈背猛喷,慌张的时候很容易弄糟,何况太过强烈的香气,只会带来反效果。

用手腕转印香水。以香奈尔为首的好几家香水厂商都提倡采用这种用法。先沾在一只手腕上,然后再移往另一只手腕,再从手腕移至耳后,然后擦在所有的部位上,也就是说,擦在手腕上温热后,接着有计划地移往其他适当的部位。这样香气不会一下子猛扑,急着出门时用这个方法擦香水最为便利了。不过,千万记得不要用摩擦的方式,而是用转印的方式,也就是说两个手腕不要互相摩擦,这样是会破坏香水分子的。

少量多处。擦香水的基本要求中最基本的就是少量多处。平均而薄淡的香气才是擦香水的高明方法。

在头发上抹香水宜用手指梳理。有人说效果令人惊奇的就是在头发上抹香水。但可别一下子把喷头往上一喷,这样的香气太直接、不够婉约。最好的方法就是用手指从内侧梳起。切记从内侧,这可是一个大窍门。擦完全身时,凭着指上留的残香便绰绰有余;或者把距离拉远喷在手上,再像抹发油似的抓一抓就行了。

使用沾式香水,香水盖的内侧必须擦干净。如果你是用手沾上香水盖的内部,一定要用清洁的布擦干净。接触肌肤的部分会在不知不觉中受到污染,如果就这样盖回瓶子,香水会自己产生变化,对香水的质地与保存是一个很大的伤害。

用无名指擦抹。在敏感的眼部四周上粉底霜的时候,常听人说最好用自己的无名指推匀,因为其他的手指力量太强了,而无名指最温柔。香水也一样,必须依赖无名指使香气柔和、苏醒。

修正补妆

检查化妆的效果，进行必要的调整、补充、修饰和矫正，一次全套的化妆就彻底完成了。化妆后两个小时左右，一般也需要检查妆容的效果，如果有流汗、皮肤分泌油脂等，也需要进行修正补妆。

需要特别说明的是：不论是化妆还是补妆，都应当避免当众进行，同时尽量避免与他人在工作岗位上探讨化妆问题。现代企业一般会要求女性员工“淡妆上岗”，也就是保持一定的社交距离时，彩妆的痕迹不是十分明显。我们需要的是把美展现给周围的人，让人赏心悦目心情愉悦，而不是要告诉别人“我今天化妆了”。对于年轻的女孩子们来说，也许用一句话来形容你们的美会很合适，那就是“清水出芙蓉，天然去雕饰”。

（三）男士美容

上面我们介绍的主要是女士的化妆步骤。实际上，每一位职业男士都希望自己获得上司的信任和公众的好评，更愿意获得同性的尊重和异性的好感。要做到这一点，适当的修饰和装扮也是必不可少的。男士美容的原则很简单，只要做到清洁整齐、精神抖擞就好。而要做到这一点，每天花上一点时间就够了。

男士美容一般包括四项内容，即洁肤、润肤、美发（这点和女士一致）和剃须。

1.洁肤

在清洁方面，男子由于生理因素和活动量大，皮肤比女性粗糙，毛孔大，表皮容易角质化。此外，男性的汗腺和油脂分泌量多，在室外工作的机会多，皮肤上的灰尘和污垢积聚较多，所以，清洁皮肤至关重要。男性也应该每天使用洁面乳清洁面部肌肤。洁面乳可以有效去除污垢，也不像香皂会刺激皮肤。

2.护肤

空调房里空气干燥，容易令皮肤表面的水分流失；经常风尘仆仆的出差，也会让肌肤老化松弛、缺乏光泽，滋润是唯一的解决方法。滋润皮肤应选择适合自己皮肤特质的护肤品，不可过于油腻，也不要香味太大。

3.剃须

男士在进行商务活动的时候，要每天进行剃须修面，以保持面部的清洁感。经常剃须可以让面部清洁、容光焕发。男子剃须的程序为：首先，清洁皮肤。剃须前应洗净脸部。如果脸部或胡须上有污物，剃须时可能会因为剃须刀挫伤皮肤而引起皮肤感染。其次，软化胡须。先用毛巾热敷胡须，或用剃须膏或皂液均匀地涂抹在胡须上，以利于减少对胡须的刺激。接下来就是正式剃须阶段了。剃须时应紧绷皮肤，减少剃须刀的阻力。剃须的顺序是:从左到右,从下到上,先顺着毛孔剃刮,再顺毛孔逆刮,然后再顺刮一次。最后,就是保养了。剃须后的护理相当重要,因为剃须刀不可避免地会对皮肤有刺激和损伤。正确的做法是:剃须后用热毛巾再敷几分钟,然后涂擦剃须后护肤品。

4.美发

关于美发的相关内容,前面已经介绍过,这里就不赘述了。

此外,还有一点尤其要引起商务男士的重视,就是男士在商务活动中经常会接触到香烟、酒这样有刺激性气味的物品,所以必须注意随时保持口气的清新。

第二节 仪态美,举手投足间尽显魅力

优雅、大方、自然的仪态,本身就是一种礼仪。中华民族是一个非常注重仪态修养的民族。与仪表美相比,仪态美是一种全方位的深层次的美。培根说过:“相貌的美高于色泽的美,而秀雅合适的动作的美又高于相貌的美。”因为仪态比相貌更能表现出人的气质与风度。

《史记》卷四十九记载:汉武帝既宠尹婕妤,又爱邢夫人。为防止女人之间因妒忌而成仇,汉武帝令二夫人不得相见。尹婕妤羡慕邢夫人的高贵美貌,恳请皇上让她见邢夫人一面。皇帝答应了。数十宫女拥着一位夫人款款而至,汉武帝向尹婕妤微微一笑,点了点头。尹婕妤看了之后即说:“她不是邢夫人。”汉武帝怪而问道:“为什么?”“看她的形貌仪态,不足以当夫人,配不上皇上。”汉武帝又招来一位穿旧衣的女人,且没有宫女随护。尹婕妤即说:“这才是邢夫人本人。”并低头哭起来,伤怜自己不如邢夫人美丽有质。原来,先前那位夫人是一名宫女装扮的。

可见,一个人的气质、风度和教养不仅仅是靠服饰装扮就能提高的,更不是靠人拥捧就有的,而是在一颦一笑、举手投足中自然体现出来的。有些人也许能快速积累财富,但不能随便拥有风度。

神态举止是人的内心世界的表露,具体表现在人的表情和举止上。仪态美,举手投足间尽显魅力。我们着重从微笑、眼神和动作体态等方面来品味仪态美的魅力。

美国著名的老资格政治公关专家——罗杰·艾尔斯,为美国总统竞选人服务了二十多个春秋,美国人称之为“利用媒介塑造形象的奇才”。

1968年,当尼克松同约翰逊竞争白宫宝座时,艾尔斯精心指导尼克松在一次电视竞选演讲中克服自卑心理,在赢得竞选方面取得了连尼克松也想不到的奇效。

1984 年，里根参加总统的竞选。起初公众对他的印象不佳，觉得他年龄大，又当过演员，有轻浮、年迈无力之感。但他在政治公关顾问艾尔斯的协助下，在竞选讲演时注意配合适当的服饰、发型与姿势，表现得庄重、经验丰富，样子看上去也非常健康。精心的准备改变了公众对他的不佳印象，结果取得了成功。

1988 年竞选，在 8 月份以前，美国民主党总统候选人杜卡斯基猛烈攻击布什是里根的影子，嘲笑他没有独立的政见与主张。当时布什的形象是灰溜溜的，全美的舆论都称赞杜卡斯基，在民意测验中，布什落后杜卡斯基十多个百分点。于是布什请来了被美国人称为“利用媒介塑造形象的奇才”罗杰·艾尔斯。艾尔斯从公共关系的角度指出了布什的两个毛病：

一是讲演不能引人入胜，比较呆板；

二是姿态动作不美，风格不佳，缺乏独立和新颖的魅力。

这些缺点导致公众觉得他摆脱不了里根的影子的印象。艾尔斯帮助布什着重纠正尖细的声音、生硬的手势和不够灵活的手臂摆动的动作，并让布什讲话时要果断、自信，体现出强烈的自我表现意识，这样言谈举止才能成为千万人瞩目的中心。在 1988 年 8 月举行的共和党新奥尔良全国代表大会上，布什做了生动的、有吸引力的接受提名讲演，这几乎成了同杜卡斯基较量的转折点。经过以后一系列的争夺，布什获得了胜利。

美国心理学家艾伯特·梅拉比安通过实验得出一个公式：

信息的总效果=7%的书面语言+38%的音调+55%的面部表情

可见，面部表情在交往中起着非常重要的作用。能够巧妙地使用自己的面部表情的人，才是善于塑造交际形象的人。接下来我们着重从面部表情的微笑、眼神和动作体态等方面来品味仪态美的魅力。

一、微笑

微笑是一个人最漂亮的表情。它是通用的世界语，表示了理解，体现了宽容，传递了友谊，代表了赞美和祝愿。

面部表情是人心理状态的外在表现，有时能发挥言语难以表达的作用。在交往活动中，既能缩短人与人之间的心理距离，又能创造出交流和沟通的良好氛围的表情的，就是：你轻轻启动双唇，送给别人一个亲切、温馨、发自内心的微笑！微笑在交往活动中传递出的温馨友好的感情，像磁铁一样吸引着你的交往对象，让对方感到愉快轻松。比如你在餐厅吃饭，服务员胸前别着一枚带有笑脸的胸牌，配以他（她）

亲切的微笑,多半会让你用餐愉快。

我们在日常交往和职业活动中,应避免不苟言笑、笑口难开的表情。自然的微笑可以打破僵局,轻松的微笑可以淡化矛盾,坦然的微笑可以消除误解。友好的微笑是真诚的,绝不是似笑非笑,也不是皮笑肉不笑,更不是苦笑或笑里藏刀。笑是天生的,人不需要学习如何去笑,但却要学习何时笑,即要选择合适的时间、场合、对象等。只要心中有微笑,我们就能耕耘心田,结交更多的朋友,走向成功的彼岸。

以下是我们可以尝试的微笑的养成训练方法:

(一)情绪记忆法

多回忆美好往事,即使遇到不如意、悲伤、辛酸的事情,也要提醒自己保持笑容。

(二)他人诱导法

面对镜子,听他人讲笑话,同时纠正笑姿。镜中的自己要保持正确的站姿或坐姿,微笑是轻快自然的,切忌矫揉造作的皮笑肉不笑。

(三)发生训练法

面对镜子,深呼吸,然后慢慢吐气,并将嘴角向两侧对称牵动,往耳根部提拉,发出“一”或“七”的声音。

(四)携带卡片法

经常在自己的皮夹中放一张写有“微笑”二字的卡片,随时随地提醒自己保持微笑。

只要养成每天微笑的习惯,你的脸就会天天露出美妙的笑脸。看一看如下两则故事。

十二次微笑

飞机起飞前,一位乘客请求空姐给他倒一杯水吃药。空姐很有礼貌地说:“先生,为了您的安全,请稍等片刻,等飞机进入平稳飞行后,我会立刻把水给您送过来,好吗?”

五分钟后,飞机早已进入平稳飞行状态。突然,乘客服务铃急促地响了起来,空姐猛然意识到:糟了,由于太忙,她忘记给那位乘客倒水了。当空姐来到客舱,看见按响服务铃的果然是刚才那位乘客,她小心翼翼地把水送到那位乘客眼前,面带微笑地说:“先生,实在对不起,由于我的疏忽,延误了您吃药的时间,我感到非常抱歉。”这位乘客抬起左手,指着手表说道:“怎么回事,有你这样服务的吗?你看看,都过了多久了?”空姐手里端着水,心里感到很委屈,但是,无论她怎么解释,这位挑剔的乘客都不肯原谅她的疏忽。

接下来的飞行途中，为了弥补自己的过失，每次去客舱给乘客服务时，空姐都会特意走到那位乘客面前，面带微笑地询问他是否需要水或者别的什么帮助。然而，那位乘客余怒未消，摆出一副不合作的样子，并不理会空姐。

临到目的地前，那位乘客要求空姐把留言本给他送过去，很显然，他要投诉这名空姐。此时，空姐心里很委屈，但是仍然不失职业道德，显得非常有礼貌，而且面带微笑地说道："先生，请允许我再次向您表示真诚的歉意，无论您提出什么意见，我都会欣然接受您的批评！"那位乘客脸色一紧，嘴巴准备说什么，可是没有开口，他接过留言本，开始在本子上写了起来。

等到飞机安全降落，所有的乘客陆续离开后，空姐本以为这下完了。没想到，等她打开留言本，却惊奇地发现，那位乘客在本子上写下的并不是投诉信，相反，这是一封热情洋溢的表扬信。

是什么使得这位挑剔的乘客最终放弃了投诉呢？在信中，空姐读到这样一句话："在整个过程中，你表现出的真诚的歉意，特别是你的十二次微笑深深打动了我，使我最终决定将投诉信写成表扬信！你的服务质量很高，下次如果有机会，我还将乘坐你们的这趟航班。"

微笑——友好的信号

有一则颇令人回味的故事。在西班牙内战时，一位国际纵队的普通军官不幸被俘，并被投进了森冷的单人监牢。

在即将被处死的前夜，他搜遍全身只发现半截皱巴巴的香烟，很想吸上几口，以缓解临死前的恐惧，可是他发现自己没有火。在他再三请求之下，铁窗外那个木偶似的士兵总算毫无表情地掏出火柴，划着火。当四目相对时，军官不由得向士兵送上了一丝微笑。令人惊奇的是，那士兵在几秒钟的发愣后，嘴角也不太自然地上翘了，最后竟也露出了微笑。后来两人开始了交谈，谈到了各自的故乡，谈到了各自的妻子和孩子，甚至还相互传看了珍藏的与家人的合影。

当曙色渐明，军官眼泪纵横，那士兵竟然动了感情，并悄悄地放走了他。

微笑，沟通了两颗心灵，挽救了一条生命。

二、眼神

目光是最富表现力的一种体态语言，所以会有"眉目传情""眉开眼笑""目不转睛""横眉冷对""愁眉不展"等词语，所以一首老歌《你的眼神》才会经久流传。"眼睛是心灵的窗口，不会隐瞒更不会说谎，愤怒飞溅火花，哀伤倾斜泪雨，它给笑声镀上一层明亮的闪光。”

（一）正确把握和解读眼神

眼睛在生活中是人们了解客观世界的重要器官，同时也是反映主观内心世界的一面镜子，是人类五感（视觉、听觉、嗅觉、味觉和触觉）中最敏感的，它约占感觉领域的 70%，而且人们普遍对目光语具有一定的解读能力。任何人一旦读懂目光语，眼神的变化将是无穷无尽的。把握和理解眼神可以从看的时间、角度、集中的精力、内含的情感等几方面来观察。

1.看的时间

看的时间长，表示重视；反之则表示不太重视。

2.看的角度

从行为者与交际对象的位置来说，有平视、斜视、仰视、俯视之分。

3.集中的精力

全神贯注，表示注意力集中；目光游移不定，则表示注意力不集中。

4.内含的情感

内含的情感是指眼睛周围面部肌肉的运动、眼皮开合的程度以及瞳孔的某些变化所反映的内心情感。眼睛周围肌肉的运动较放松，表情就较柔和，反之就较生硬。眼皮的开合：瞪大眼睛表示惊愕、愤怒；眯着眼睛表示快乐欣赏；眨眼表示调皮、不解等。瞳孔的变化：当人们看到有趣的或心中喜爱的东西时，瞳孔就会扩大，而看到不喜欢的或厌恶的东西时，瞳孔就会缩小。

（二）运用恰当的眼神

视线的接触是人际间最能传神的非语言交往，眼神传递的思想感情是最自然、最诚实的。一个眼神，可以让人基本观察出他的情绪是兴奋还是忧伤，是惊恐还是沉思。如目光炯炯有神，则体现自信、精明强干；目光暗淡无光，则体现信心不足、无能。在交往中眼神应以尊重友好、理解为佳，那种闪烁不定、满不在乎或有意眉来眼去的眼神，都会造成一种交际障碍。因此，把握恰当的眼神在塑造交际形象中有非常重要的作用。眼神的表现形式应与交谈的场合、内容相适应，与交流双方之间的关系相适应，才不会在交往中失礼。眼神的运用可以从以下几点注意把握：

1.眼神要与场合相适应

在正式场合，尤其是会见、谈判场合，眼睛不可东张西望，左顾右盼，以免给人一种缺乏诚意的印象。在空间较大的社交场合，通过互视、微笑、点头，可以解决因距离远而造成打招呼困难的问题，使交往气氛融洽。

2.眼神要与交往对象相适应

如果双方关系十分密切或亲密，如亲人、恋人，相互长时间地注视交谈才是适宜的。对于初次相识或关系一般的异性，长时间地盯着对方，在许多文化背景中都是失礼行为。正面上下打量人更是一种轻蔑和挑衅的表示。所以，我们在一般的社会交往中，不要以过分好奇的目光打量对方，同样也不喜欢对方过于直露地凝视自己。在社会交往中，彼此之间的目光接触还因地位和自信程度不同而有所不同。往往是地位高的、自信程度高的人容易不停地凝视对方。比如在长辈面前，目光应略向下，以显示恭敬、虔诚。

在人际交往中，目光语言的整体要求是：友善、理解和尊重。人与人之间交往时，目光应正视，让人感到你是理性、自信和坦率的；视线接触的时间，除关系十分亲近的人外，一般以连续注视对方1秒至2秒为宜；视线停留在对方的双眼与嘴部之间的区域，以示态度的真诚。切忌眼神闪烁不定，东张西望，心不在焉，不时地看手表，注意对方的生理缺陷，出现斜视、瞟视等不庄重的眼神。对女士来说，交谈中牵动眉眼、频繁眨眼、挤眉弄眼，都是有失文雅、很不得体的表现。

（三）眼神的训练方法

为了能使自己的眼神灵活、晶亮，富于感染力，我们可以尝试眼神的训练方法：

1.眼睛扩大的训练

眼睛的大小是有限的，只有在自身生理条件允许的情况下充分地将眼睛扩大，才能体现出较好的眼神。这种练习主要是起眉绷眼皮练习：上下眼皮是眼睛的两扇大门，通过尽力将额肌上提，带动两眼角尾部向上挑起，上下蹦起眼皮，使“两扇门”最大限度地打开。练习绷眼皮可使眼睛扩大，同时也为亮眼练习打下基础。

2.眼睛光亮的训练

在眼睛扩大练习的前提下，只有眼睛晶亮闪光，才具有较好的表现力。这一练习主要是进行眼睛光泽的练习，训练眼神的高度集中。当人在凝思时，眼神没有焦点，就显得松弛无力，因此眼球也就黯然无光；视线焦点集中时，眼睛处于一种紧张状态，显得大而有力，这时眼珠的玻璃体和晶体感光度强，眼睛就闪光发亮。练习眼神的集中，可将两眼平视镜中自己的一只眼，睁大眼睛凝视。初练时，眼睛无功夫，会出现流眼泪、眨眼睛等现象。但通过凝视训练，眼睛有了一定的功夫后，就不会再出现这种现象了。

3.眼睛灵活度的训练

眼神的训练，不仅要将眼睛练得大而亮，而且要将眼睛训练灵活，使眼睛具有动人的灵活美。可先做有目标练习,再做无目标训练,即在两眼的左右上下用红布或其他显眼的东西固定在一个点上(目标不要超过视线范围),眼球作左右横线转动、上下竖线的移动或圆圈的运动。练习时头部不动,只用眼睛随目标运动。眼睛转动时,仍要保持绷眼皮状态。初练时,速度可慢一点,随着眼功夫的增长可逐渐加快速度。当眼睛练得有一定的灵活性时,就可以进行无目标练习,让眼睛自然地运动。

眼神配合面部微笑和得体的体态举止,才能真正体现出仪态美的魅力。

三、举止

举止反映一个人的性格、心理、感情、素养和气质。个人的修养正是通过一举一动表现出来的。

一个人如果有出众的姿色、时髦的衣着,但是没有得体的行为美,就无所谓美了。动态的举止带给人们的是全方位的美的展示。

(一)举止的基本要求

行为举止首先要表达出尊重他人之意,“礼者敬人也”。举止要彬彬有礼,避免惊吓或伤害他人,行为大方得体,态度不卑不亢。坐姿、站姿、走姿都应优雅、从容。说话时避免唾沫四溅,看报时也应避免沾唾沫翻书页;不能冲着别人打哈欠、伸懒腰、剪指甲、挖耳朵或鼻孔、揉眼、搔头发或搔痒、吐烟圈或从鼻孔内向外喷烟;避免随意脱下上衣、摘下领带或领带歪戴、挽起袖子等动作;禁忌随便模仿残疾人的缺陷或一般人的缺陷。体态语中的禁忌不一而足,我们必须努力克服不良的习惯,避免出现让人讨厌的行为动作。

(二)把握举止的分寸

行为举止要注意分寸,把握不好就可能显得做作、虚假、别扭。我们需要注意举止的三个要素:情境、角色、距离。举止随着情境的变化而变化,举止与角色相适应,举止有社交距离。

(三)坐姿、站姿、走姿、蹲姿的基本要求

1.坐姿

无论在工作、学习还是生活中都离不开坐。坐,作为一种举止,有美与丑、优雅与粗俗之分。优美的坐姿是端正、优雅、自然、大方的。男士入座时要轻,至少要坐满椅子的三分之二,后背轻靠椅背,双膝自然并拢或略微分开。身体可稍向前倾,表示尊重和谦虚;女士入座前应用手背扶裙,坐下后将裙角收拢,双膝并拢,双脚同时向左或向右放,如长时间端坐可将两腿交叉叠放。男士和女士入座后,都要上体自然

坐直，双肩平正放松，两手放在双膝上，或两手相握放在腿上，也可以小臂平放在椅子或沙发扶手上，或两臂屈放在桌上，掌心向下。

2.站姿

站姿要带给人以美感，女士应是亭亭玉立，男士应是刚劲挺拔、稳健大方。在正式场合，男士的站姿要身体直立，抬头挺胸，两腿并拢，脚掌分开呈“V”形，双手放在两侧裤缝处或相握放于腹前。服务业的男士站姿是身体立直，挺胸抬头，两脚分开，略与肩宽，双手在身后交叉半握拳。在正式的场合，女士的站姿要身体直立，挺胸抬头，双膝并拢，双脚并拢或两脚尖向外略展开，手臂自然下垂，手心微贴裤缝，或双手在腹前交叉半握拳。

3.走姿

最能体现出一个人的精神面貌和动态美的姿态就是走姿。优美的行走姿态可以使人看上去气度不凡。因此，注意走姿的练习是非常必要的。

男士的步态要体现稳健有力的阳刚之气，女士的步态要能表现出轻盈自然的柔美之气。在工作场合，行走时要抬头挺胸收腹，上身挺直，双肩平稳，眼睛平视，双臂自然摆动，给人以镇定自信和自然大方的气度。切忌弯腰驼背、晃动双肩或扭动身体，更不能内八字或外八字走路。

4.蹲姿

在日常生活工作中，难免会有拾起地上的物品或取低处物品的时候，很多人习惯弯腰翘臀捡起或拿起物品，这种姿势在公众场合并不是雅观之举。恰当地采用正确的蹲姿，会告诉别人：你是一个受过良好教育的人。

当我们要下蹲取物时，上身尽量保持正直，臀部向下，女士要将双腿靠紧。姿态要自然大方庄重，避免不雅的状态出现。

当然，在日常的工作生活中，除了坐姿、站姿、走姿、蹲姿之外，还有其他动作需要注意。不经意间，一举手一投足，都在告诉别人你是否受过良好教育。相信没有人会愿意给别人留下不美好的印象。

仪态礼仪小知识 1　适当的距离

一位心理学家曾经做过这样一个实验：在一个刚刚开门的大阅览室里，里面只有一位读者，心理学家进去后直接坐在他的旁边，很快这位读者就起身走到别的地方去了。试验测试了 80 人次，试验的结果是在一个空旷的阅览室里，没有一个人能够忍受一个陌生人紧挨自己坐下，大多数人会很快离开到别处就座，有人则干脆明确表示："你想干什么？"这个实验说明了人与人之间需要保持一定的空间距离，当这个距离有人侵入时，就会感到不舒服、不安全，甚至恼怒起来。

心理学家发现，在拥挤的环境中，每个人的个人空间是0.6平方米~0.8平方米；而在不拥挤的环境中，每个人的个人空间会扩大到1平方米。每个人都有属于自己的个人空间。在商务交往中，公关与商务人员应该与交往对象拉开适当的距离，以免造成尴尬的局面。

1.私人距离

私人距离是指小于0.5米的距离，这个距离只允许情感上联系高度密切的人进入，其他人特别是陌生人进入则会令人恐慌，感觉受到侵犯，心跳加速，戒备心理增强。在这个距离，同性朋友中往往仅限于知心朋友，彼此十分熟悉，无话不谈；在异性之间，仅限于夫妻和恋人。在商务交往中，不小心进入别人的私人距离是很不礼貌的，会引起对方的反感，但是为了与被交往对象制造相识机会的跳舞除外。

私人距离的大小受到文化、性别、环境、个性的影响。不同的文化会有不同的私人距离，美国人、英国人等由于崇尚自由和绅士风度，私人距离较远；而阿拉伯人认为闻朋友的气味是对朋友的尊重，私人距离往往较近。女性之间的私人距离比男性之间的私人距离短，所以女士们经常喜欢靠得很近进行交谈。从个性上来说，外向的人较内向的人私人距离更短，容易让人近距离接触。在拥挤的环境中，人的私人距离会短一些。当人与亲属、朋友相处时，私人距离要比处于陌生环境时短。

2.常规距离

常规距离也称交际距离，是指0.5米~1.5米之间的距离，在这个距离内交往一般彼此有安全感。由于这个距离正好可以进行交谈和握手、递送名片等，所以公关与商务人员在商务场合与交往对象进行交谈时，一般采取常规距离，利于交流。

3.礼仪距离

礼仪距离也称尊重距离，是指1.5米~3米之间的距离，在这个距离内交往表示对交往对象的尊重，比较适合长辈和晚辈、上级和下级之间的交往。如果空间不够，可以用桌子等来拉开距离。如企业或国家领导人之间的谈判、人员招聘时的面谈、教师组织学生论文答辩等，都要隔一张桌子或保持一定距离，这样就增加了一种庄重的气氛。在礼仪距离内，不能有直接的身体接触，需要交谈双方充分运用目光进行交流，如果一方感受不到对方的目光，就会认为被忽视、被拒绝了。

4.公共距离

公共距离也称有距离的距离，是指3米以上的距离。在这个距离内交往，人们会感到非常陌生和安全，当事人可以对处于这个范围的任何人视而不见，不与之交往。公共距离比较适合公共场合中的陌生人、演讲者或授课者与听众等。在商务活动中，为了达到不同的目的往往采用不同的距离，如当经理要训斥下属或分配工作时，一般会隔着办公桌与下属交流；但是当经理要和下属进行谈心时会并排坐在沙发上，以常规距离相处，以示平易近人，营造和谐的气氛。

仪态礼仪小知识2　标准的体语

语言是商务交往中必不可少的交流工具，但是仅仅有语言交流是不够的，人们还需要借助体语来传情达意。体语就是运用某些肢体动作表达某种含义。当人们语言不同、运用语言不方便或需要加强语气时，往往使用体语。在公关与商务交往中，运用体语一定要注意其特定含义，由于文化背景不同，同样一个手势在不同国家或不同地区可能有不同的含义，所以公关与商务人员一定要了解并正确运用常见的体语，以便于交往。

1.手势语

(1)握紧拳头，冲着空中伸出大拇指。

★ 在中国，被普遍使用，表示夸奖和赞许，含有好、棒、了不起、高明、顶呱呱、登峰造极、妙等多种意思。

★ 在巴西，表示很好。

★ 在日本，表示男人、“老爷子”、“您的父亲”、最高。

★ 在韩国，表示首领、父亲、部长和队长。

★ 在斯里兰卡、澳大利亚、英国、墨西哥、荷兰等国，表示祈祷幸运。

★ 在法国、美国、印度，则在拦路搭车时横向伸出使用这个手势。

★ 在尼日利亚，表示对来自远方友人的问候。

★ 在孟加拉国，这个手势是十分令人讨厌的。

(2)握紧拳头，向下伸出大拇指。

★ 在西方，表示坏或差。

★ 在中国，表示在下面、向下。

(3)向上伸食指。

★ 在中国，表示数时，可以是指一个、一次、一份、一碗等，也可以在特定的场合表示十、一百、一千等整数。

★ 在日本、韩国、菲律宾、印度尼西亚、斯里兰卡、沙特阿拉伯、墨西哥，表示只有一次的意思。

★ 在美国，表示让人稍等或呼唤服务员时使用。

★ 在新加坡，表示最重要。

★ 在突尼斯，表示请求提出问题。

★ 在法国，学生只有使用这个手势，老师才会让他回答问题。

★ 在马来西亚，表示顺序上的第一。

★ 在缅甸，表示请求别人帮忙或摆脱别人和某件事情。

★ 在澳大利亚，在酒吧、饭店表示“请来一杯啤酒”。

(4)伸出中指，在任何国家都表示不好的事情。

(5)向上伸小指。

★ 在中国，有很多含义，表示小、微不足道、最差的等级或名次，还可以表示轻蔑。

★ 在日本，表示女人、好孩子、恋人、情人。

★ 在韩国，表示妻子、女朋友。

★ 在菲律宾，表示小个子、年轻或指对方是小人物。

★ 在泰国和沙特阿拉伯，表示朋友、交朋友。

★ 在缅甸和印度，表示想去厕所。

★ 在美国，表示懦弱的男人或打赌。

★ 在日本，伸出小拇指，并做出某种弯钩状，是想让你也用小拇指同他们拉勾，以表示某种许诺。

(6)大拇指和食指接触形成一个圈，其他三个手指伸开，这是“OK”手势。

★ 在美国、欧洲，这个手势普遍适用，表示很好，是赞扬和允诺的意思，在学生中更为流行；在中国，近些年也经常使用这个手势。

★ 在法国南部、希腊、撒丁岛等地，这个手势表示“零”和“一钱不值”。

★ 在日本，表示钱。如果日本人做出这种手势，你若点头，对方会认为你将答应给他一笔现金。

★ 在巴西，这个动作被认为是下流低俗的。

(7)伸出食指和中指，拇指与无名指和小指对接，形成“V”字。

★ 在中国，表示数目“2”，若把手臂平放，表示剪刀。

★ 在英国，这一手势有两个含义，若手掌朝着对方是表示胜利，若手背朝着对方则表示侮辱、奚落或者在嘲笑对方，上下快速移动可以加强语气。

★ 在英国以外的所有国家，均表示胜利。

(8)其他的手势语。

俄罗斯人把手指贴在嘴上，表示“别讲话”。进餐时，把手指放在喉咙上，表示“酒足饭饱了”“不能再吃了”；而希腊和意大利南部的人在表示这个意思时则用手指摸胡须。在西班牙和法国，伸出三个手指贴在双唇上，并发出亲吻的声音，表示“真漂亮”“真精彩”，常用来赞美女士。在美国，用食指轻拍额头表示“妙不可言”。

2.与头部有关的体语

(1)点头和摇头。

★ 在大多数国家点头均表示“是”“同意”“赞赏”。左右摇头，一般表示不同意对方的意见，表情严肃地使劲摇头，则表示极大的不满和强烈的否定。

★ 在意大利那不勒斯、希腊、土耳其的部分地区、南斯拉夫、马耳他、塞浦路斯和地中海沿岸的一些阿拉伯国家，表示否定的动作不是摇头，而是把头向后一仰；表示强调的否定，则用手指敲敲下巴来配合。

★ 在保加利亚、印度、尼泊尔、阿尔巴尼亚、伊朗、孟加拉、斯里兰卡等国家，是典型的“点头不算摇头算”，即点头和摇头的含义与其他国家正好相反。

(2)挑眉毛。

★ 在汤加，表示“可以”“我同意”。

★ 在秘鲁，表示“钱”“请付款”。

★ 在美国，表示见到漂亮女士。

★ 在菲律宾，打招呼时用以相互问候。

(3)眨眼。

★ 在台湾地区，向别人眨眼是很不礼貌的。

★ 在澳大利亚，即使是很友好地向妇女眨眼，也被认为是很失礼的行为。

(4)拉眼皮。

★ 在意大利，表示提醒别人警惕或表示自己警惕。

★ 在英国，表示他们干的某件事被人看穿。

★ 在拉美，表示殷勤、客气。

(5)揪耳朵。

★ 在印度,揪住自己的耳朵表示忏悔或真诚。

★ 在巴西,用大拇指和食指揪住自己的耳朵表示喜欢什么东西。

★ 在中国,表示碰到什么难题或难事。

(6)敲鼻子。

★ 在英国,表示秘密。

★ 在意大利,表示友好地提醒别人注意。

(7)摸腮。

★ 在意大利,用食指按腮并转动表示赞赏。

★ 在希腊、西班牙,表示看到漂亮的东西。

★ 在南斯拉夫,表示成功。

★ 在中国,表示在思考问题。

(8)弹下巴。

★ 在意大利,表示没意思、走开。

★ 在巴西和巴拉圭,表示我不知道。

(9)绕头部某个部位。

★ 在美国,用手指绕鼻子画圈表示"很好"。

★ 在哥伦比亚,用手指绕鼻子画圈表示某人为同性恋者。

★ 在大部分欧洲国家和一些拉美国家,用一个手指绕耳朵表示"疯了"。

★ 在荷兰,用手指绕头表示有电话。

(10)挠头。

★ 在中国和一些亚洲国家,遇到伤脑筋和不顺心的事情,习惯举起右手抓自己的头皮。

★ 在西方大多数国家,表示不懂或不理解,示意对方重新讲解。

★ 在日本,表示愤怒和不满。

3.手和胳膊的动作

(1)招呼他人过来。

★ 在中国和日本,伸出右臂,手掌向下动;而在英国认为是"去那边"。

★ 在英国,手掌向上,食指来回勾动。

★ 在意大利、马耳他、突尼斯、拉丁美洲、亚洲和非洲部分地区,伸出前臂几乎呈水平状态,手背朝下,做招手状。

★ 在中欧、北欧及北美,伸出前臂几乎呈水平状态,手背朝上,做招手状。

(2)招呼侍者。

★ 在日本,手臂向上伸,手掌朝下,并摆动手指。

★ 在非洲各国,敲打餐桌。

★ 在中东各国,轻轻拍手。

(3)举手时掌心朝前,在不同的国家也有不同的含义。

★ 在美国,表示“停下”。

★ 在希腊,表示“推手”,它是一种表示对抗的手势。

★ 在西非,是侮辱性最强的手势。

第三节 语言美,温暖他人照亮自己

俗话说:“良言一句三冬暖,恶语伤人六月寒。”仪表美和仪态美是“未曾开口先有礼”,而语言美则是一旦开口,更增加了自己的人际吸引能力。语言美,温暖他人的同时也照亮了自己。

如果说仪表美与仪态美是令人悦目的话,那么语言美则是令人悦耳。亚里士多德在他的经典著作《修辞学》一书中,详细阐述了修辞的艺术,即如何运用语言来影响听众的思想和行为的艺术。古希腊人认为,一个人的修辞能力是参与政治活动的基本条件之一。因为政治家与公众之间的桥梁是靠修辞来建筑的,擅长言辞可以为其参与政治唇枪舌剑,对其功德、业绩和才能大肆吹捧与赞扬,以争取选民。直到今天,很多国家的政治家依然通过演说来帮助自己争取民众的支持。很多优秀的政治家都是杰出的语言大师。比如我们熟悉的马丁·路·德金、丘吉尔、林肯等人的著名演说,一直是英语演说的学习典范。

马丁·路·德金:……I have a dream that one day this nation will rise up and live out the true meaning of its creed: "We hold these truths to be self-evident, that all men are created equal."

I have a dream that one day on the red hills of Georgia, the sons of former slaves and the sons of former slave owners will be able to sit down together at the table of brotherhood.

I have a dream that one day even the state of Mississippi, a state sweltering with the heat of injustice, sweltering with the heat of oppression, will be transformed into an oasis of freedom and justice.

I have a dream that my four little children will one day live in a nation where they will not be judged by the color of their skin but by the content of their character. ……

丘吉尔：……I say to the House as I said to Ministers who have joined this government, I have nothing to offer but blood, toil, tears and sweat. We have before us an ordeal of the most grievous kind. We have before us many, many months of struggle and suffering.

You ask, what is our policy? I say it is to wage（作战）war by land, sea and air. War with all our might and with all the strength God has given us, and to wage war against a monstrous tyranny never surpassed in the dark and lamentable catalogue of human crime. That is our policy.

You ask, what is our aim? I can answer in one word, It is victory. Victory at all costs–victory in spite of all terrors–victory, however long and hard the road may be, for without victory there is no survival. ……

I feel entitled at this juncture, at this time, to claim the aid of all and to say, "Come then, let us go forward together with our united strength."

林肯：Standing beneath this serene sky, overlooking these broad fields now reposing from the labors of the waning year, the mighty Alleghenies dimly towering before us, the graves of our brethren beneath our feet, it is with hesitation that I raise my poor voice to break the eloquent silence of God and Nature. But the duty to which you have called me must be performed; — grant me, I pray you, your indulgence and your sympathy……

我国古代，尤其是春秋战国时期，策士如云，说客如雨，他们四方游说，留下许多千古佳话，正所谓“三寸不烂之舌胜过百万雄师”。比如苏秦挂六国相印，诸葛亮舌战群儒。

语言是在进行人际交往过程中传送信息的最基本、最重要的方式。言谈具有直接、生动和形象，便于对方理解和接受，时效性强等特点，是工作生活中最常用的一种交际方式。言谈礼仪是个人基本礼仪的重要组成部分，我们在进行语言交流和沟通时应注重基本礼仪，并掌握一定的语言运用技巧。

使用“肥皂水”的哲学

约翰·卡尔文·柯立芝曾于1923年当选美国总统，他发现自己的女秘书人长得非常漂亮,但工作却经常出错。一天早晨,柯立芝看见秘书走进办公室,便对她说:“今天你穿的这身衣服真漂亮,正适合你这样年轻漂亮的小姐。”女秘书受宠若惊,柯立芝接着说:“但也不要骄傲,我相信你的公文处理也能和你一样漂亮的。”果然从那天起,女秘书在公文上很少出错了。一个朋友知道了这件事,好奇地问柯立芝:“这个方法很妙,你是怎样想出来的?”柯立芝得意洋洋地说:“这很简单。你看见理发师给人刮胡子吗?他要先给人涂肥皂水,为什么?这是为了刮起来使人不痛。”

戴尔·卡耐基也懂得用涂“肥皂水”的手段达到自己的目的。有一次,戴尔·卡耐基在纽约租下一家饭店的大厅,准备在这里做为期一个月的短期培训。就在他把所有的票都印好送出、所有的通知都发出去的时候,他接到了饭店的通知,那就是必须付出比平时多3倍的价钱。卡耐基自然不愿付增加的费用,两天后,他直接去见饭店的经理。“接到你的来信,我感到十分震惊,”他说道,“但我不责怪你们,换了我,或许也会这样做。你是经理,当然要为饭店着想,如果不这样做,你或许会被开除。现在让我们写下这件事对你们的利与弊。”戴尔·卡耐基在一张纸上画出两栏,一栏写上“利”,一栏写上“弊”,在“利”的下面这样写:①大厅可以空下来或作他用。②可租给人跳舞或开会,收入会比租给我做培训用的收入高。③我占用一个月,你们可能会失去更大的生意。在“弊”的下面戴尔·卡耐基写道:①我付不起你们的费用,会另选地址,你们将会失去这份收入。②我的培训会吸引很多受过教育的文化人,你们将会失去极好的广告机会。③你们每次花一万块钱在报纸上做广告,也不一定会有那么多人来参观。“这对你们来说不是很值得吗?请你们仔细考虑一下,尽快通知我。”说完,戴尔·卡耐基把纸条留给经理就走了。第二天,戴尔·卡耐基便收到回信,租金只涨50%,而不是原来的三倍了。

一、言谈交际基本原则

(一)合作原则

工作生活中交际双方之间会存在种种差异,为了双方的信息沟通与传递并达成共识,必须克服双方的差异,进行密切合作,合作原则是言谈礼仪中最基本的一个原则。运用合作原则必须做到以下三个方面:

1.言谈内容要适量

在言谈交际中,提供对方所需要的信息,不能多也不能少。通常情况下,礼节性的话语应该言简意赅。比如商务工作中,向老客户介绍新产品时,新增功能需要多介绍;向新客户介绍新产品,需要详细说明整个产品,并介绍重要功能。对方接受能力较强时，语言相对要简洁；而当对方理解能力相对较差时，说话详细一些比较合适。在一个受到外界影响比较大的环境下交际时，可能需要重复或者提醒对方注意，言谈内容需要增加。

2.言谈内容要符合客观实际

在言谈交际过程中，不能夸夸其谈、言过其实，要提供客观信息。言谈内容要与交际主题有联系，在进行语言交流时，不能天南海北、东拉西扯、不着边际地乱说一气，这样既浪费双方的时间，也不可能收到预期的效果。

3.注意表达方式

在言谈交际中为了让对方听得明白、听得快、听得准确，要做到用交际语言表达、用简洁的语言说明，内容陈述要有条不紊。

我在给我的学生训练言谈礼仪时，经常听到有的学生在陈述或演说时几乎每一句话前面都要加上“然后呢”做“引言”，才能够让言谈内容呈现出来。说者无意，听者却难免有些别扭疲劳。当我帮助他们努力纠正、放弃不必要的虚词废话后，再把同样的内容重新说过，所有的听众都会发现演说精彩优美了许多。我们在不经意中可能会形成一些有碍展现语言之美的习惯，只要不断地提醒自己、有意识地去注意语言的修辞、提升语言的修养，就会在人际交往中渐渐展现出自己的语言之美，深深地打动交际对象并吸引他们倾听。

（二）遵守礼貌的原则

礼貌原则就是让对方感到自己被尊重，自己的利益得到认可。为了达到这一点，在言谈交际过程中，需要多提一些对对方有益的建议，多称赞对方，认可对方的观点，不夸奖自己，理解对方，同情对方。

达尔文在一次宴会上，碰到了一位十分美丽的女士，她对达尔文说：“先生，您看我也符合您的理论吗？我也是由猴子变来的吗？”达尔文礼貌地回答：“当然，只不过你是由一只十分美丽的猴子变来的！”

二、言谈基本礼仪

言谈过程就是双方通过语言来交流思想的过程，语言运用可以体现言谈者的思维水平、认知程度、知识底蕴以及个人修养。无论人与人之间的相互了解，还是工作中客户关系的建立，都必须借助语言。言谈礼仪主要包括以下几个方面：

（一）言谈要文明、准确

言谈要文明，就是讲究语言文明，即言谈要体现出自身良好的个人修养、和蔼的态度,使对方解除戒备心理,产生愿意接近的愿望。人际中要使用文雅的词语,不讲脏话、粗话、怪话、气话。

语言要准确,即在言谈交际过程中,避免词不达意,语义含糊不清,否则影响工作效率。在工作中,使用普通话,不讲方言,用词恰当,内容简洁明了,才能保证语言准确。

一位推销员在市场上推销灭蚊剂,他绘声绘色的演讲吸引了大批的顾客。突然有人向他提出一个问题:"你敢保证这种灭蚊剂能把所有的蚊子都杀死吗?"这位推销员略微停顿了一下,说:"不敢,在你没打药的地方,蚊子照样活得很好!"

(二)选好话题

在言谈交际过程中,说话有一个共同的话题,即交谈过程中涉及的中心内容,它决定谈话的方向。通常情况下,每次交谈的话题或多或少,数目不定,但主要原则是宜少不宜多。如果话题过多,会让对方感到无所适从,不断调整,觉得很累。在商务往来和公关工作中,话题通常只有一个并且要事先确定好,由双方共同商定。

在选择话题时,必须明确哪些是可以选择的话题,哪些是不应该提出的话题。初步见面时,可以考虑选择下列话题:

1.有品位的话题

这些话题的内容涉及文学、艺术、历史或者其他专业方向的知识,能体现双方的知识层次和教养,适用于讲究品位的正式谈话,但要选择双方共同感兴趣的话题。

2.轻松愉快的话题

轻松愉快的话题是那些让人觉得身心放松、很有意思、易于应付、易于参与、可以任意发挥、不觉疲劳、感到轻松愉快的话题。如近期流行的电视剧、电影、体育比赛、音乐歌曲、休闲娱乐、旅游观光、烹饪小吃、流行时装、天气状况及社会新闻等,都是人们喜闻乐道的话题,在一般的场合中这类话题都适用。在选择轻松愉快的话题时,应该顺其自然,把握分寸,不能东拉西扯、庸俗无聊。

3.流行话题

流行话题是指在交谈过程中,以时下正流行的事件、事物、正在引起人们关注的事情作为中心话题。

4.对方擅长的话题

在交际中,如果找到对方擅长的话题,很容易让对方谈得开心,引起对方共鸣,但是自己也应该对该话题有所了解。

无论是在日常生活中,还是在日常人际交往或是工作交流中,有些话题是非常忌讳、不能提及的，否则，轻则礼失于人，重则产生纠纷。

一是个人隐私，即纯属于个人的私事，与他人没有任何关系，不希望他人知晓的事情。尊重对方隐私，就等于尊重对方。在交谈过程中，总是谈对方的个人隐私，是很让人反感的行为。

二是让对方尴尬的话题，指在交际过程中有意为难对方、取笑对方的话题。工作中这是最失礼的一种行为，这样做会失去顾客，不利于建立良好的人际关系。

三是非议他人的话题，指在私人谈话过程中指责、非议、批评第三方的话题。这是一种不礼貌、不光彩的行为。说人是非者必是是非人。

四是令人反感的话题，即涉及让对方不愉快、伤心的话题，如对方伤心的往事、对方的缺陷以及让人讨厌、反感的事。

（三）双向交流

言谈交际是通过双方之间相互沟通和相互合作来实现的，信息交流具有双向性。在言谈交际过程中，应牢记不能只顾自己长篇大论、滔滔不绝，不留意对方的反应，应该给对方空出时间表达看法和观点，这就是双向交流。给对方留出时间，让对方表达，也可以了解对方的思想、意图和想法。在谈话过程中要有来有往，与对方合作，目光应不时和对方进行接触，或者做出其他回应等。还可以使谈话以交谈对象的述说为核心，以引起对方兴趣，让对方积极参与。

（四）认真倾听

在谈话过程中，交际双方在任何时刻都是发言者处于支配地位，聆听者处于从属地位，双方地位不停地进行调换，即双方都具备双重角色。认真倾听是一种礼貌的表现，是对发言者的尊重。

要做到认真倾听，面部表情应显示很专注，全神贯注、聚精会神，以微笑、点头等动作对对方的见解表示肯定、赞同、欣赏；用“嗯”“是”“对”“没错”“我也这样想”等词汇或短语来表明自己正在认真倾听。

（五）用词委婉

当自己的见解与对方产生分歧时，需要用词委婉，即含蓄、委婉、点到为止、留有回旋余地地表达自己的不同意见，不能不讲究方法，伤害对方的自尊心，让对方下不了台，感到难堪。当然也不能委婉到对方不能理解的程度。

（六）以对方为谈话中心

以对方为谈话中心，表示对对方的尊重，同时也会得到对方的尊重。以对方为中心，但自己不能一言不发、寡言少语，让谈话冷场。当对方发言时，不要插嘴、干扰和打断对方;发表已见时,不能强词夺理,自以为是。要求同存异,礼让三分,适可而止,善于倾听,不要伤和气。

三、善于展示语言美

(一)练就好声音

拥有好嗓音,可以使交谈双方感到愉悦,可以给对方留下美好的印象。好声音配以好言辞,可以像磁铁般深深地吸引别人的倾听和关注。

在人际交往中,我们的话语声音要尽可能地吐字清晰、悦耳动听、生气勃勃。可以从以下几方面注意声音的训练:

1.基本功的训练

构成声音的三大系统是呼吸、共鸣与发音,其中呼吸是最基础和最关键的,因此呼吸训练十分必要而且应持之以恒。练习呼吸的方法是:抬头,扬颌,挺胸,收腹,直立站好,全身处在放松的状态,然后鼻和嘴吸进一口气,这时可以感觉到横隔膜下降,胸腔两肋张开,胸腔全面扩大,然后再将气慢慢呼出。全部呼出后,再按该步骤重复。每天坚持练习 5 分钟到 10 分钟,慢慢就会发现声音不飘浮,有了坚实的支点,而且响亮圆润起来。

2.阅读练习

选择一段文章,大声朗读并录音,主要是观察声调语速、清晰度、节奏感等方面质量如何,发现问题及时改进。

(二)巧妙运用类语言

类语言是指在交际过程中有声音但没有固定含义的语言。在工作或日常交际中,经常使用的形式有说话的重音、语调、笑声和掌声,这些都没有特定含义,但却能传递特定的信息。在信息交流过程中,它们的作用有时会大于有声语言。

1.重音

在与对方交流过程中,有时为了加深或强调特定的部分,对其提高音量,表示它非常重要,提醒对方注意。如“明天我不来”,将重音放在“明天”,言下之意,其他时间会来;将重音放在“我”,就是告诉对方,我肯定不会来,而别人会来。可见不同重音落点,会传递不同信息,重音的使用完全依赖交际的需要。

2.语调

语调也可以影响有声语言的含义,语调相当于书面文字中的标点符号。如果说话很单调,对方就很难获得重要线索,而且不被对方注意,这会降低信息传递效率。

语调、语速及语气可以传递很多细节性东西，运用得好，可以达到良好的沟通效果。

3.笑声

笑声也是一种类语言，它含义丰富，形式多变，而且不固定，理解时必须结合当时具体的语境。只有在特定语言环境中，笑声的含义才是单一的、确定的。笑声在交际过程中是必不可少的，它可以改善交际气氛，其他方式很难达到这种效果。

4.掌声

掌声的含义在大多数情况下是“高兴”“赞成”“认可”“欢迎”。在少数情况下，掌声则表达一种不认可、否定的含义，鼓掌的目的是打断信息交流过程，不让信息交流持续较长时间。

（三）善于谈话

童言无忌，可以表达天真可爱，而一个成年人口不择言，就会令人嫌。社交中，更加不能信口开河、随心所欲，要讲究说话的艺术技巧。

1.有备而谈

交谈前，注意自己是否具有端庄的仪表、积极的精神状态，是否已经寻找好共同的话题。

2.用语文雅

语言文雅是一个人学识教养的体现。我们在人际交往中，要习惯尽量用敬语。比如：你——您；你们公司——贵公司；去叫老师——去请老师……同一组词，意思一样，但是听者的感觉是否就是不一样了呢？

与人交流，要习惯多用商量的语气，减少运用命令式的祈使句。比如：“把文件拿给我！”与“能否麻烦把文件递给我？谢谢！”相比，你会更喜欢听到哪一句话？不论你是位居多高，谦和儒雅都是必需的！

3.机智灵活

在言谈交际当中，语言的组织是临场发挥的，为了取得良好的交流效果，就需要具备高度的机智灵活性，尤其是在各种各样的工作交际场合，更应具有高度的机敏性以及应变能力。

4.语言幽默

幽默是通过一种愉悦的方式让对方放松，它不仅能让对方高兴，更能润滑谈话双方的关系，减少隔阂，在笑声中不知不觉拉近彼此心理上的距离。当谈话出现尴尬时，幽默可以解脱困境；当谈话出现僵局时，幽默可以缓和气氛。在交谈中，语言一旦具备了幽默的风格，不仅可以增强语言的感染力，还可以使对方感到轻松自如，心情轻松愉快地与自己合作。

幽默的谈话对象，总是会让我们感觉愉悦。我们都喜欢幽默的人，但并不是每个人都会幽默。幽默是可以学习的，它来源于两个世界：一个是你的真诚的内心世界。要让自己变得幽默，快乐是幽默的源泉，保持快乐，不仅可以使自己幽默，还可以让别人幽默起来；另一个是生活中的客观世界。周围世界充满了幽默，你需要睁大眼睛并且竖起耳朵，去倾听，去发现，去学习。当你用智慧把两个世界统一起来，并有足够的技巧和创造性的新意去表现你的幽默力量，你就会发现自己置身于趣味的世界中，人际关系由此顺畅起来。

5.及时赞美

在交谈当中，及时发现对方的优点和长处，并且适时进行赞美，不仅是一种礼貌，更是一种鼓舞对方继续进行交流的方式，同时也可以加深双方的了解、融洽彼此之间的关系。

抓住时机，因人而异

赞美他人的方式很多，要根据不同的场合、情况有所区别，选择适当的方式使赞美达到最好的效果，让对方感到身心愉快。在不同阶段，给予对方不同程度的赞美，让对方感到是实实在在、发自内心的真诚赞美。

赞美要抓住时机、因人而异。赞美应区分对象选择不同的方式，若对方是一位公司的普通职员，就不应赞美对方事业有成，应说对方工作勤恳、认真，对已经成家的人可以赞美其家庭幸福。

以事实为依据，措辞要恰到好处

赞美应建立在客观事实基础之上，出于真诚，使对方快乐，使谈话在良好的气氛中进行，旨在促进双方的感情交流。赞美不能过于夸张，不要过分，溢美的言语过多，会使对方怀疑赞美者的真实动机，产生防备心理。

一家公司要召开职工代表大会，筹备小组需要几盆花来布置会场，可是派了几个人都没有拿回来，于是支部书记亲自领着一名工作人员来到了花圃。支部书记笑呵呵地对园丁说："今天公司要开职工大会，各方面代表都有，还照相、拍电视，你这里的花这么漂亮，挑选几盆送去展览，让大家了解了解你们的成果，这个机会可不能错过啊！"一席话将园丁们说得开心地笑起来，马上挑选了几盆最好的花送到了会场。

巧妙地说服对方

说服也叫劝说，是在交际过程中向对方施加影响的直接形式。在商务往来和公关工作中,要说服别人接受自己的建议,考虑自己的利益,必须巧妙地说服对方。通过说服来操纵、支配别人,按照自己的意愿来办事,劝说别人帮助或理解自己。

说服者应不断强化自身影响的能力。在交谈过程中提高自身的可信度,以自己的名气、身份、工作、专长以及知识对说服对象产生影响,在说服对象的心理上树立自己的个人权威印象,表现自己的修养、学识、能力和经验,让说服对象信服。

说服者要增强自身对对方的吸引力,增强与说服对象的相似或相近性,事先了解对方的基本情况,在介绍自己的工作、爱好、经历、身份时,尽可能增加相似性,赢得对方的理解和认可,使对方认为自己的观点合情合理。

说服者在说服过程中应投入真挚情感。人们总是倾向于信任、听从说话坦诚、态度诚恳的人,真挚的情感一方面本身就具有动人的魅力,另一方面也很容易让对方相信自己的要求没有过分,的确是迫不得已。一般情况下,说服对象会从两个方面来判断说服者是否真挚。第一,判断说服者的动机;第二,关注说服者的面部表情。

仪态礼仪小知识 1 赢得好人缘的八大诀窍

社交礼仪从某种角度说就是交往的艺术，好人缘是一个人的巨大财富。有了它,事业上会顺利,生活上会如意。但它不会从天上掉下来,而是需要你的辛勤努力。

尊重别人

俗话说:“种瓜得瓜,种豆得豆。”把这条朴素哲理运用到社会交往中,可以说,你处处尊重别人，得到的回报就是别人处处尊重你，尊重别人其实就是在尊重自己。

有这样一个有趣的故事:一个小孩不懂得见到大人要主动问好、对同伴要友好团结,也就是缺少礼貌意识。聪明的妈妈为了纠正他这个缺点,把他领到一个山谷中,对着周围的群山喊:“你好,你好。”山谷回应:“你好,你好。”妈妈又领着小孩喊:“我爱你,我爱你。”不用说,山谷也喊道:“我爱你,我爱你。”小孩惊奇地问妈妈这是为什么,妈妈告诉他:“朝天空吐唾沫的人,唾沫也会落在他的脸上;尊敬别人的人,别人也会尊敬他。因此,不管是时常见面,还是远隔千里,都要处处尊敬别人。”

乐于助人

人是需要关怀和帮助的,尤其要十分珍惜在自己困境中得到的关怀和帮助,并把它看成是“雪中送炭”，视帮助者为真正的朋友、最好的朋友。

马克思在创立经济学时，正是他在经济上最困难的时候，恩格斯经常帮助他摆脱经济上的困境。对此，马克思十分感激。当《资本论》出版后，马克思写了一封信表示他的衷心谢意：“这件事之所以成为可能，我只有归功于你！没有你对我的牺牲精神，我绝对不可能完成那三卷的巨著。”两人友好相处，患难与共长达40年之久。

帮助别人不一定是物质上的帮助，简单的举手之劳或关怀的话语，就能让别人产生久久的激动。如果你能做到帮助曾经伤害过自己的人，不但能显示出你的博大胸怀，而且还有助于“化敌为友”，为自己营造一个更为宽松的人际环境。

心存感激

生活中人与人的关系是最微妙的，对于别人的好意或帮助，如果您感受不到，或者冷漠处之，因此生出种种怨恨来是可能的。

经常想一想吧：你在工作中觉得轻松了，说不定有人在为你负重；你在享受生活赐予的甜蜜时，说不定有人在为你付出辛劳……常存一份感激之心，就会使人际关系更加和谐。情感的纽带因为有了感激，才会更加坚韧；友谊之树必须靠感激来滋润，才会枝繁叶茂。

同频共振

俗话说：“两人一般心，有钱堪买金；一人一般心，无钱堪买针。”声学中也有此规律，叫“同频共振”，就是指一处声波在遇到另一处频率相同的声波时，会发出更强的声波震荡，而遇到频率不同的声波则不然。人与人之间，如果能够积极主动寻找共鸣点，使自己的“固有频率”与别人的“固有频率”相一致，就能够增进友谊，结成朋友，发生“同频共振”。

共鸣点有哪些呢？比如说，别人的正确观点和行动、有益身心健康的兴趣爱好等，都可以成为你取得友谊的共鸣点、支撑点。为此，你应响应，你应沟通，以便取得协调一致。当别人一帆风顺时，你应为其欢呼，为其高兴；当别人遇到困难时，你应把别人的困难当成你自己的困难和不幸……这些就是“同频共振”的应有之义。

真诚赞美

林肯说过：“每个人都喜欢赞美。”赞美之所以得其殊遇，一是在于其“美”字，表明被赞美者有卓越不凡的地方；二在于其“赞”字，表明赞美者友好、热情的待人态度。人类行为学家约翰·杜威也说：“人类本质最深远的驱策力就是希望具有重要性，希望被赞美。”因此，对于他人的成绩与进步，要肯定、要赞扬、要鼓励。当别人有值得褒奖之处，你应毫不吝啬地给予诚挚的赞许，你的交往就会变得和谐而温馨。

历史上，戴维和法拉第的合作是一个典范。虽然有一段时间，法拉第的突出成就引起戴维的嫉妒，但二人的友谊仍被世人所称道。这份情缘的取得少不了法拉第对戴维的真诚赞美这个原因。法拉第和戴维相识前，就给戴维写信："戴维先生，您的演讲真好，我简直听得入迷了，我热爱化学，我想拜您为师……"收到信后，戴维便约见了法拉第。后来，法拉第成了近代电磁学的奠基人，名满欧洲，他也总忘不了戴维，说："是他把我领进科学殿堂大门的！"可以说，赞美是友谊的源泉，是一种理想的黏合剂，它不但会把老相识、老朋友团结得更加紧密，而且可以把互不相识的人联系在一起。

诙谐幽默

人人都喜欢与机智风趣、谈吐幽默的人交往，而不愿同动辄与人争吵或者郁郁寡欢、言语乏味的人来往。幽默可以说是一块磁铁，以此吸引着大家；也可以说是一种润滑剂，使烦恼变为欢畅，使痛苦变成愉快，将尴尬转为融洽。

大度宽容

人与人的频繁接触，难免会出现磕磕碰碰的现象。在这种情况下，学会大度和宽容就会使你赢得一个和谐的人际环境。要知道"人非圣贤，孰能无过"，因此，不要对别人的过错耿耿于怀、念念不忘。生活的路因为有了大度和宽容，才会越走越宽，而思想狭隘则会把自己逼进死胡同。

《三国演义》中，周瑜是个才华横溢、度量狭窄的英雄人物。而据史书记载，周瑜并不是小肚鸡肠，而是因为自己的大度宽容拥有一份好人缘。比如说，东吴老将程普原先与周瑜不和，两人关系很不好。周瑜不因程普对自己不友好，就以其人之道还治其人之身，而是不报成见、宽容待之。日子长了，程普了解了周瑜的为人，深受感动，体会到和周瑜交往"若饮醇自醉"——就像喝了甘醇美酒一般。

诚恳道歉

有时候，一不小心可能会碰碎别人心爱的花瓶；自己欠考虑，可能会误解别人的好意；自己一句无意的话，可能会大大伤害别人的心……如果你不小心得罪了别人，就应真诚地道歉。这样不仅可以弥补过失、化解矛盾，而且还能促进双方心理上的沟通，缓解彼此的矛盾。切不可把道歉当成耻辱，那样将有可能使你失去一位朋友。

英国首相丘吉尔起初对美国总统杜鲁门印象很坏，但是他后来告诉杜鲁门，说以前低估了他，这是以赞许的方式表示道歉。解放战争时期，彭德怀元帅有一次错怪了洪学智将军，后来彭德怀拿了一个梨，笑着对洪学智说："来，吃梨吧！我赔礼

(梨)了。”说完两人一起哈哈大笑起来。

要想保持良好的人际关系,不是一朝一夕的事,最好是多和他人交流、沟通,少一分轻狂,多一分理性,少一分固执,多一分谦和,这样就会渐渐适应新的工作环境,融入集体。

CHAPTER 3 | 第三章

学会交际礼仪

社交是人们交往作用的产物,没有人际交往就不成为社会。人要生存发展,就不能置身于社会交际之外。而一个企业要生存发展,不能没有社会交际与商务交际。进行社会交际与商务交际时,除了与人为善、讲信重义外,遵守社交礼仪则是人们顺利地进行社会交往、促进事业成功的重要条件。所以我们在社会交往中,要注重交际礼仪,讲究交际艺术。

第一节 如何打招呼与介绍

人际交往中,大家互相见面或被他人介绍时,依照常例,需要热情认真地向对方打个招呼。这是最普通的礼节,也是最基本的教养。世界各国有各式各样的见面问候方式,比如:中国人的传统礼节是握手或拱手作揖,欧美人打招呼时常采用拥抱接吻的方式,日本人习惯鞠躬,泰国人会把双手合起来放在胸前、口前或额前中间位置,微微点头问候,等等。无论各国各民族的习惯有多少不同,但是"以礼相待""礼尚往来"却是相同的。人们见面时总是以形形色色的方式互相问候,所以我们首先要了解如何同别人打招呼。

一、打招呼

中国人的见面打招呼,已经由"你上哪儿去呀?""你吃饭了吗？”等等过去习惯性的招呼用语，演进为国际通用的打招呼礼仪：“早上好”“下午好”“晚上好”“您好”“晚安”，等等。打招呼时通常需要注意以下几个方面；

（一）男士尊重女士

如果你在途中遇见相识的女士，倘若她不打招呼，你就不要去打扰她。她是不是主动向你打招呼，全由她决定。你只需向她答礼，除非你和她非常熟悉。男士主动向女士打招呼，有时会给女士带来不便或尴尬。

（二）不用莽撞的问候方式

如果你在公共场所遇见了久违的好朋友，请不要太激动。在大街上，突然冲向对方，甚至冲撞行人；在会场上，猛然从座位上跳起来并穿过整个大厅；在人群里，冷不丁高呼朋友的名字，让旁人吓一跳，为之侧目，都是很失礼的。

（三）不苛求“熟视无睹”的相识者

有时会碰见相识者对你“熟视无睹”，你可能会因此而不高兴。其实大可不必。我们不要把他人不经心的视而不见与故意的轻蔑傲视混为一谈，因为很可能是对方正在沉思而没有反应过来你是他（她）熟悉的人，或者眼睛近视，也可能是你的外表有了改变。我有一个亲戚是一家公司的总经理，是杰出的青年企业家，不是太熟悉他的人往往会认为他很骄傲、有架子，因为他习惯在行走和空闲时进行思考，而熟悉他的人都会发现他其实很擅长沟通、很谦和理性。

（四）适时适地地打招呼

如果参加一个国际性的或者是跨省市、跨行业的会议，在一天内几次遇见同一个熟人，每次都说“您好”，似乎单调了一些。可以根据时间、场合，适时适地用不同的方式打招呼。

（五）与相遇的人打招呼

有时因出差、开会、旅游等，在旅馆居住或在商店购物时，都应该对遇见的服务人员或售货员打招呼。只要是同自己相遇又产生交际联系的，不论地位高低、财富差异，都要注意见面打招呼。这是一个人的修养体现，这是带给别人尊重又照亮彼此心灵的快乐行为。

（六）商务场合打招呼的方式——招手致意

招手致意是商务交往中打招呼时常用的礼节方式。招手致意的功能因招手高度和方式的不同而有所区别。右手高举过顶，并用目光示意是表示招呼对方，受这种礼时必须答礼。手高举过头顶、掌心向前、左右不停摆动，是告别礼，其答礼方式也是向对方施以这种摇手礼。右手举起过肩但不过头，掌心向侧面，可作为与客人中距相望或行进中的礼节,亦须面带笑容,用目光示意对方,一般表示再会的意思。

二、称呼

称呼指的是人们在日常交往应酬中所采用的彼此之间的称谓语。

人际交往,礼貌为先,称呼在前。正确、恰当地掌握和运用称呼,是人际交往中不可忽视的一个重要环节。表示尊敬的亲切儒雅的称呼,可以使交往的双方感情融洽、心灵沟通,并会缩短彼此间的距离。选择正确、适当的称呼,反映的是自身的教养及对对方尊敬的程度,甚至还会体现双方关系发展所达到的程度和社会风尚,因此不能随便用。

(一)称呼的原则

在商务交际中,人际称呼很有讲究,须慎重对待。人际称呼的格调有雅俗、高低之分,它不仅反映人的身份、性别、社会地位和婚姻状况,而且反映与对方的态度及其亲疏关系。不同的称呼内容可以使人产生不同的情感。在交际开始时,只有使用高格调的称呼,才会使交际对象产生同你交往的欲望。因此,使用称呼语时要遵循如下三个原则:

1.礼貌原则

这是人际交往的基本原则之一。每个人都希望被他人尊重,合乎礼节的称呼正是表达对他人尊重和表现自己有礼貌修养的一种方式。交际时,称呼对方要用尊称,现在常用的有:"您"——您好、请您;"贵"——贵姓、贵公司、贵方、贵校;"大"——尊姓大名、大作(文章、著作);"老"——张老、郭老、您老;"高"——高寿、高见;"芳"——芳名、芳邻,等等。在交际场合,对任意交际对象都忌用诨号、绰号。

2.尊重原则

一般来说,汉族人有从大、从老、从高的心态。对同龄人,可称呼对方为哥、姐;对既可称"叔叔"又可称"伯伯"的长者,以称"伯伯"为宜;对副科长、副处长、副厂长等,也可在姓后直接以正职相称。

3.适度原则

要视交际对象、场合、双方关系等选择恰当的称呼。如有些人往往喜欢称别人为师傅,虽然亲热有余但文雅不足,且普适性较差。对理发师、厨师、企业工人称师傅恰如其分,但对医生、教师、军人、干部、商务工作者称师傅就不合适了。在与众多的人打招呼时,还要注意亲疏远近和主次关系,一般以先长后幼、先高后低、先女后男、先亲后疏为宜。

(二)称呼的种类

1.泛称呼

在社交场合,由于不熟悉交往对象的详细情况,或因其他原因,仅以性别区分,对男性一律称之为“先生”,对女性一律称之为“女士”,一般而言,对未婚女性称“姓+小姐”,对已婚女性称“女士”,对年长但不明婚姻状况的女子或职业女性称“女士”。这些称呼均可冠以姓名、职称、衔称等,如“约翰先生”“王小姐”“张女士”等。

2.职务性称呼

以交往对象的职务相称,以示身份有别、敬意有加,这是一种最常见的称呼。通常有三种情况:称职务,在职务前加上姓氏,在职务前加上姓名(适用于非常正式的场合),如“李局长”“刘强处长”等。

3.职称性称呼

对于具有职称者,尤其是具有高级、中级职称者,在工作中直接以其职称相称。称职称时可以只称职称,在职称前加上姓氏、在职称前加上姓名(适用于十分正式的场合),如“张教授”“刘工程师”等。

4.行业(职业)性称呼

在工作中,有时可按行业称呼。对于从事某些特定行业的人,可直接称呼对方的职业,如老师、医生、会计、律师等,也可以在职业前加上姓氏、姓名。

5.姓名性称呼

在工作岗位上称呼姓名。姓名称呼一般适用于年龄、职务相仿,或是同学、好友之间。有三种情况:直呼其名;只呼其姓,要在姓前加上“老”“大”“小”等前缀;只呼其名,不呼其姓,通常限于同性之间,尤其是上司称呼下级、长辈称呼晚辈,在亲友、同学、邻里之间,也可使用这种称呼。

6.拟亲性称呼

如“王爷爷”“余叔叔”“范阿姨”等。君主制国家,按习惯称国王、皇后为“陛下”,称王子、公主、亲王为“殿下”;对其他有爵位的人,可以其爵位相称,也可称“阁下”或“先生”。对有学位、军衔、技术职称的人士,可以称他们的头衔,如某某教授、某某博士、某某将军、某某工程师等。外国人一般不用行政职务称呼人,不称“某某局长”“某某校长”“某某经理”等。有些国家,人们常把直呼其名视为亲切的表示,只是对长者、有身份地位的人例外。

7.亲属称呼

中国是礼仪之邦,自古就十分讲究亲属称谓。父系家属和母系家属的不同,男方家族与女方家族的各异，还有直系长辈、晚辈和旁系长辈、晚辈之间的称呼等，都分得很清楚。我们从中西方的语言称谓中就可以看出我们祖先对于称谓礼节的重视。比如：我们有姨妈与姑妈的称谓之别，而英语中则是同一个单词“aunt”；我们有爷爷与外公的称谓之别，而英语中也是同一个单词“grandpa”，等等。虽然现代家庭称呼远没有古代那么复杂，但基本的称呼还是要了解的。

选择称呼要合乎常规，要照顾被称呼者的个人习惯，入乡随俗。在工作岗位上，人们彼此之间的称呼是有其特殊性的，要庄重、正式、规范。

三、敬语、谦语的使用

我们在日常交往中经常使用敬语和谦语以示尊敬和礼貌，比如“您好”“谢谢”“拜托”“麻烦您”等等。在使用时需要区分对象和场合。一般来说，敬语多用于宾客或有重要身份的人，如客人、年长者、上级领导等；或是在比较正规的场合使用敬语，比如会议、接待、拜访等场合。如果是在涉外交往中，还会使用“阁下”“女士”“先生”之类的敬语。在上述场合，如果不用敬语，就会显得失礼。但是在与亲朋好友聚会时，或私下交谈时，如果使用过分客气的敬语，反倒会使对方感到不自在。因此，我们使用敬语和谦语应该注意区分对象、场合。

一些场合下常用的敬语：初次见面——久仰；久别重逢——久违；请人批评——指教；求人原谅——包涵；求人帮忙——劳驾；求人方便——借光；麻烦别人——打扰；向人祝贺——恭喜；求人解答——请问；请人指点——赐教；托人办事——拜托；赞人见解——高见；看望别人——拜访；宾客来至——光临；送客出门——慢走；与客道别——再来；陪伴别人——奉陪；中途先走——失陪；等候客人——恭候；请人勿送——留步；欢迎购买——光顾；归还原主——奉还。

使用谦语和使用敬语是相对应的，对人使用敬语，对己使用谦语，体现说话人本身的文化修养。谦语最常见的一种用法，也是在别人面前谦称自己和自己的亲属。比如，称自己为“愚”“鄙人”；向别人谦称自己辈高和年龄大的亲属时，在称谓前面冠一个“家”字，如“家祖母”“家父”“家兄”“家嫂”等。谦称自己辈分低和年龄小的亲戚时，则在称谓前冠一个“舍”字，如“舍弟”“舍侄”。谦称自己的子女及其配偶时，可以在称谓前冠一个“小”字，如“小儿”“小女”。敬语和谦语不要滥用，如果大家在一起相处久了，相互之间做些一般小事，可不必多用敬语和谦语。熟人之间过多使用敬语或谦语，会给人一种虚伪造作之感。

四、握手礼

握手礼是中国人最常使用的见面礼和告别礼，用于见面时的问候与致意和告别时的致谢与祝愿。这是世界各国通行的礼节，是沟通思想、交流感情、增进友谊的重要方式。

握手礼的礼节，据说是起源于原始社会，当时人们手中常常握着棍棒和石块，用作猎取动物和自我防卫的武器。当与无利害冲突、无意侵犯对方的陌生人相遇时，就主动放下手中的东西，并让对方摸摸掌心，以示没有武器。另有传说称，早在中世纪，打仗的骑兵都披甲戴盔，全身包裹周密，随时准备冲锋杀敌。如果表示友好，就要脱掉右手的铁甲，伸手相握。如果双方和谈成功，表示愿意和平共处，也伸手相握。这种习惯长期沿用，最后演变为今天人们见面和告别的礼节。

握手虽然是日常生活中司空见惯、看似平常的社交礼仪，但是它能够显示一个人有无教养，并且从握手中可以传递出许多信息。热情、文雅、得体的握手能让人感到愉悦、信任和接受，就在轻轻一握之中，可以传达出热情的问候、真诚的祝愿、殷切的期盼、由衷的感谢；而敷衍了事的握手则拒人于千里之外，甚至是一种侮辱和轻蔑。所以，在社交中我们应注意“握手”的礼仪规范，并正确地运用它。

（一）握手的方法

握手是用右手和对方右手手掌相握，左手自然下垂，距对方约一步远，上身稍向前倾，时间一般以 1 秒至 3 秒为宜。握手时要精神集中，目视对方面部，面带微笑。

（二）握手的顺序

握手时的先后顺序应遵循“尊者在先”的原则。握手时，应先打招呼后握手。

地位高的长辈、上司主动伸出手，晚辈、下属后伸手。

在宾主之间，主人应向客人先伸手，以示欢迎。

在男士与女士之间，男士要等女士先伸手后才能握手，一般只宜轻轻握女士的手指部位。如果女士无握手之意，男士则应鞠躬或点头致意。

在平辈同性朋友之间，相见时先伸手为敬。

如果需要和多人握手，握手时要讲先后次序，先尊后卑，先长辈后晚辈、先上级后下级、先女士后男士。如果人数较多，可以只和几个主要的人握手，向其他人点头示意即可。

（三）握手的禁忌

握手时切忌用左手，尤其是阿拉伯人和印度人，因为他们认为左手是不洁净的。

同多人握手应遵循顺序进行，忌交叉握手，尤其是基督教徒，两手同时和另外两人相握成交叉状，这种形状类似十字架，在他们眼里这是很不吉利的。

和女士握手，只轻轻握女士的手指部位，时间要短，不要长握不放，让对方无所适从，这是很失礼的行为。

切忌戴手套握手，除非女子地位较高或所戴的为装饰性手套。

握手的力度不要过大或过小，太轻会使人感到冷淡和傲慢，太重会使人觉得粗鲁。

握手时左手不要插在衣袋里，或毫无表情、东张西望、漫不经心，这种表现是很不礼貌的。

不要拒绝和他人握手，在特殊情况下，如果因做事手上有水或不干净时，可向对方致歉并微笑或鞠躬致意。

有时为表示特别热情和尊敬，也可用双手相握，比如贵宾和老人伸出手来时，应快步向前，用双手握住对方的手，身体微微前倾，以表示尊敬。但初次见面忌用双手。

五、介绍

现代人要生存、发展，就需要与他人进行必要的沟通，以寻求理解、帮助和支持。介绍是人际交往中与他人进行沟通、增进了解、建立联系的一种最基本、最常规的方式，是人与人进行相互沟通的出发点。正确的介绍可以使素不相识的人相互认识，落落大方的介绍还可以显示良好的交际风度。了解和掌握介绍礼仪的基本技巧，有助于我们找到通往交际殿堂的钥匙。

（一）自我介绍

在许多场合，由于人际沟通或业务上的需要，人们得主动地去接触一些不熟悉自己的人。比如，在聚会上想结交一些朋友，去某个单位应聘，第一次去拜访客户联系业务，等等。当需要与一个陌生人进行交流沟通又没有介绍者时，就必须进行自我介绍，从而赢得进一步交流的机会，并且显示出自信和良好的素养。

自我介绍就是在必要的交际场合，主动向他人介绍自己，或是应他人的要求而对自己的情况进行一定程度的介绍。

进行自我介绍，应注意以下三点：

1.自我介绍的时间要简短

自我介绍时，一定要掌握好时间，介绍的时间不宜过长，一般以半分钟左右为佳，最多不要超过一分钟，为了节省时间，做自我介绍时，还可利用名片、介绍信加以辅助。

2.自我介绍的内容要真实完整

自我介绍要实事求是，不可自吹自擂，夸大其词。在不同的场合，自我介绍的内容也有一定的区别：在应酬式的自我介绍中，只需介绍自己的姓名；在正式的自我介绍中，本人的姓名、工作单位、所在部门、具体职务要介绍全面；在商务活动中，宜采用正式的自我介绍；在交流式的自我介绍中，可以介绍本人的兴趣、与交往对象的某些熟人的关系等；在礼仪式的自我介绍中，可以加入一些适当的谦辞敬语；在问答式的自我介绍中，针对对方提出的问题，做出相应的回答。比如对方问："请问您贵姓?"回答："免贵姓韦，韦小宝的韦。"

3.自我介绍的态度要诚恳

进行自我介绍，态度一定要亲切随和，彬彬有礼，不能虚张声势、轻浮夸张、矫揉造作；语气要自然，语速要正常，语音要清晰；配以庄重、自信的举止神态，表现出渴望认识对方的热情。如果见到陌生人就紧张、胆怯，语无伦次，不仅说不清自己的身份和来意，还可能会造成难堪的场面。

（二）介绍他人

在社交活动中，经常需要在他人之间架起人际关系的桥梁。介绍他人就是由某人为彼此不认识的双方互相介绍和引见的一种认识方式。

在为他人介绍时要注意以下几点：

1.了解双方是否有结识的愿望

介绍者为被介绍者介绍之前，最好先征求一下被介绍双方的个人意愿，不要贸然行事，让被介绍者感到措手不及。为他人介绍时还可说明与自己的关系，便于新结识的人相互了解与信任。

2.介绍时应遵循的顺序

为他人作介绍时谁先谁后，是一个敏感的礼仪话题。根据社交礼仪规范，为他人做介绍时必须遵守"尊者优先"的规则。一般是先介绍身份低、年纪轻的一方，后介绍身份高、年龄大的一方；先介绍男士后介绍女士；先介绍职务低的，后介绍职务高的；介绍来宾与主人认识时，应先介绍主人，后介绍来宾；介绍同事、朋友与家人认识时，应先介绍家人，后介绍同事、朋友；如果双方年龄、职务相当，则把男士介绍给女士；在商务场合，不必采用"女士优先"的原则，而是不分性别年龄，都应遵从社会地位高者有了解对方的优先权的原则。

3.介绍时的神态与手势

在为他人介绍时,态度要热情友好,语言要清晰明快,开口前首先要把目光投给身份高的人,然后转向将要介绍的人。手的正确姿势应掌心向上,胳膊略向外伸,指向被介绍者。但介绍人不能用手拍被介绍人的肩、胳膊和背等部位,更不能用手指指向被介绍的任何一方。

介绍时一般应起立,向对方点头示意,面带微笑。介绍后,身份高的一方通常会主动与对方握手,问候对方,表示非常高兴认识对方;身份低的一方或年轻者应根据对方的反应做出相应的反应,如果对方主动伸手来与你握手,就应立即将手伸出与对方相握。但是在餐桌上或会谈时也可以不起立,被介绍者只要微笑点头即可。如果被介绍双方相隔较远,中间又有障碍物,可举起右手点头微笑致意。

六、名片礼仪

名片是社交场合用来表示个人身份的卡片。名片的规格是:工作单位在名片的正面上方,中间有姓名、职务,下方是邮政编码、地址、电话、电子邮箱等联系方式。名片的反面可以是相同内容的外语,也可以说明业务范围。如今名片已成为人们社交活动的重要工具。

(一)名片的作用

名片有什么作用呢?有人说它是推销自己的,有人说它是用来显示自己的身份的,也有人说它可有可无。对于社交场合来说,名片之所以存在,一定是有它的意义,我们只有对作为自我介绍和社交联谊卡的名片的作用有所了解,才会使它物有所值。

1.自我介绍

名片的用途十分广泛,最主要的是用做自我介绍。与他人初次相识自我介绍时,往往需要在口头略作自我介绍后,随机递上自己的名片,就可以很好地加强自我介绍的效果。使用名片可以加深人们在初次认识时的印象,有利于日后的交往联系。

2.自我宣传

商务人士,往往会时常替自己和自己所在的组织进行宣传,以便更好地扩大联络面,发展个人或组织的合作伙伴。而我们在自我宣传时,有时分寸不容易把握。比如,自己现在何处高就、官居何职,在和陌生人见面时不太好直说,因为说了有自吹自擂之嫌;但是不说,对方又不会了解,于是,借助名片的帮助,就可以把一些宣传自己的内容很清楚地表达出来，引起对方的关注，获得与自己身份相当的礼遇。

3.结交朋友

与陌生人初次相识，许多人都会有生疏感，即便十分渴望与之交友，也会有些拘谨担心。我们在与人第一次见面时，不一定都要递上自己的名片，但是如果你真心希望自己与对方相识并成为朋友，就可以使用名片来为自己铺路架桥，把名片主动递给对方，以表达自己的友好与信任。当然，对职务比自己低的人递上名片，也可以表明你礼贤下士。总之，使用名片有助于结交朋友。与他人初次见面时，使用一张小小的名片，可使沟通变得更加畅通。

4.代替拜访

名片有时可以代替拜访，如向他人表示祝贺、慰问或吊唁时，若自己不能前往，也可随鲜花或礼物附上一张名片；名片还可以传达信息，如拜访他人不遇时，可留下名片或做简短附言。

（二）使用名片的时间和场合

一般在互相问候握手之后再递送名片；参加某一会议，与会者均不相识，应等到有些暗示后，才能在不认识的人群中交换名片；在约定的公务活动中，因双方彼此已经有所了解，宜在结束时再递名片，切不可随意散发名片。

（三）名片的接递

1.交换名片的顺序

一般来说，地位低的人首先把名片递给地位高的人，客人先送给主人。当与多人交换名片时，应依照职位高低的顺序，或是由近及远，切勿跳跃式地进行，以免给对方有厚此薄彼之感。

2.名片的递送

向他人递送自己的名片时，应将名片正面朝向对方，用拇指夹住名片，其余四指托住名片的反面，双手奉上。同时身体微微前倾，面带微笑，目视对方，并说“请多多指教”。如果自己的姓名中有不常用的字，最好能将名字读一遍，以便对方称呼。

3.名片的接受

接受他人递送过来的名片时，应尽快起身，面带微笑并说“谢谢”或“非常荣幸”等礼貌语言。接过名片，一定要看一遍，以示尊重。看过名片后，应将名片放好，不要随意摆弄或扔在桌上。“来而不往非礼也”，接受名片后视情况可以回送给对方一张，如果没有带或者用完了，要向对方致歉。

我曾听某校的一位系主任说过一件有关于名片的体会。他在一次面试一位某知名大学毕业的研究生时，递给对方一张名片。对方接受名片后就把它攥在手里，在此后的面试过程中，就一直一边回答问题一边攥着名片揉搓。也许那位研究生是由于面试紧张才会有此举止，但是面试的人看在眼里却无法舒服，最后面试的结果可想而知。我的一位朋友有一次跟我交流她离职后重新求职的过程。她说在刚刚结束的一次面试中，对她面试的主管首先递给她一张名片。我听到此细节立即询问她收到名片后怎样处理的，她说自己接受名片后就放在了桌子上，面试结束时随身带走的。我当即就感觉面试结果可能不会太理想，因为面试官首先递送名片给对方，很可能会是特意考察对方在这细节之处表现出来的礼仪素养，而接过名片随手放在桌子上，并非是最佳之举，甚至可能在面试过程中无意识地摆弄桌上的名片。果然，我的朋友在这次面试之后没有得到录用通知。虽然这样的结果不一定完全是由于名片造成的，但是如果在应该处理好的细节都没有展现出应有的素养，那么又怎么能够证明自己有优秀的面试表现呢？卡片虽小，却有大讲究。

（四）索取名片

在公共场合如欲索取他人名片，需要讲究策略和方法，既要确保要到名片，又要争取给对方留下良好的印象。索取名片有以下四种常规方法：

交易法。君欲取之，必先予之。即一方主动给对方递上自己的名片，一般而言，对方也会有礼貌地给主动的一方递上自己的名片，以示相互间的友好与尊重。

激将法。给对方递送名片的同时，礼貌地说："这是我的名片，请多关照。能否有幸与您交换一张名片？"

谦恭法。向对方说："不知以后如何向您请教？"谦恭要讲究对象，一般与比自己位高年长者交往时采用此法。

平等法。跟与自己年龄、职位等相当者交往并想获取对方名片时，可向对方说："不知以后如何与你联系？"

（五）名片使用的注意事项

1.名片的放置

自己的名片要随时准备好，放在易于掏出的口袋或皮包里，以便使用时能及时掏出。如果放在身上，最好放在上衣的内兜里，注意名片不能有褶皱。

2.名片使用的"三不准"

名片不随意涂改。在国际交往中，名片有如脸面，如果电话号码和职务等有变化，应制作新的名片。

不提供私宅电话，只提供办公电话和移动电话，保护个人隐私。

名片上一般不提供两个以上的头衔，头衔过多容易给人用心不专、吹嘘的感觉。

七、其他见面的礼节

(一)鞠躬礼

鞠躬礼是人们在生活中对别人表示恭敬的一种礼节，多见于日本、朝鲜、韩国等国家，欧美国家则较少使用。

行鞠躬礼时，上身前倾15°，然后恢复原状，面带微笑。男士双手自然下垂，贴放于身体两侧裤线处，女士双手下垂置于腹前。鞠躬的幅度可根据施礼对象和场合决定，行鞠躬礼时必须脱帽。

鞠躬适用于以下场合：在一般的社交场合，如晚辈对长辈、学生对老师、下级对上级、表演者对观众等都可行鞠躬礼；在喜庆的场合，如新人结婚时向长辈或来宾鞠躬；领奖人上台领奖时，向授奖者及全体人员鞠躬行礼；演员谢幕时，对观众的掌声常以鞠躬致谢；演讲者也用鞠躬来表示对听众的谢意；在庄严的场合，如追悼会或祭奠时，向逝者行鞠躬礼，等等。

受鞠躬礼者要还以鞠躬礼，地位较低的人要先行鞠躬礼，且鞠躬的幅度要相对大一些。

(二)拱手礼

拱手礼也叫作揖礼，在我国有两千多年的历史，是我国传统的见面礼节之一。拱手礼比较符合现代卫生要求，所以很多礼学专家都认为，拱手礼是一种很好的交往礼仪，应提倡使用。

拱手礼的方法是：起身站立，双臂前伸，两手掌合抱于胸前，通常左手握空拳，右手抱左手，拱手齐眉，有节奏地晃动两三下，并微笑着向对方问候。这个礼节能表达感谢、尊敬、问候、祝福、欢迎、告别等。拱手致意常与寒暄同时进行，如“欢迎、欢迎”“恭喜、恭喜”“请多多关照”“请多多包涵”“后会有期”等。我国各级领导人在春节团拜时，就常常使用拱手礼。

(三)点头礼

点头礼多用于同级平辈之间。如在路上行走间相遇，可在行进中向对方点头致意。

(四)举手注目礼

举手注目礼是军人常用的礼节。敬礼时举右手，手指伸直并齐，指尖接触帽檐右侧，手掌微向外，上臂与肩平齐，两眼注视对方，待对方答礼后方可将手放下，对长官或长者每次见面都应行举手注目礼。

(五)拥抱礼

拥抱礼是欧美各国熟人、朋友之间表示亲密感情的一种礼节。他们见面或告别时互相拥抱,表示亲密无间。拥抱礼通常和接吻礼同时进行。一般礼节性的拥抱多用于同性别之间。拥抱的方法是右手扶住对方左后肩，左手扶住对方右后腰,以"左—右—左"的方式交替进行。

(六)吻手礼

吻手礼是流行于欧美国家上层社会的一种礼节,在英国、法国最受重视。和上流社会的贵妇或夫人见面，若女方先伸出手做下垂式，则应将其指尖轻轻提起吻之。行吻手礼时,若女方身份地位较高,要半跪一条腿,再吻其手指部分。

(七)亲吻礼

亲吻礼是上级对下级、长辈对晚辈以及夫妻、恋人之间表示亲昵的礼节,多见于西方、东欧及阿拉伯国家。通常是在受礼者脸上或额头上轻吻一下。

(八)合十礼

合十礼盛行于信奉佛教的东南亚及南亚国家。行礼时,两只手掌在胸前对合,掌尖和鼻尖基本相平,手掌向外倾斜,同时头微向前俯下。在对外交往中,当对方以这种礼节致礼时,也应还以合十礼,但要注意行合十礼的同时不要点头。

仪态礼仪小知识 1 零距离接触陌生人

与陌生人交往,如何让对方对你"一见倾心",甚至营造出"零距离"交往的氛围,是一种高妙而实用的交际艺术。下面几则名人征服陌生人心灵的典型事例也许能让我们借鉴一二。

1.心无芥蒂地自我介绍

著名作家张恨水有一次应邀到成都大学演讲,他是这样开头的:今天,我这个"鸳鸯蝴蝶派"作家到大学里演讲,感到很荣幸。我取名"恨水"不是什么情场失意,而是因为我喜欢南唐后主李煜的一首词《乌夜啼》:"桃花谢了春红,太匆匆！无奈朝来寒雨晚来风。胭脂泪,留人醉,几时重？自是人生长恨水长东！"我喜欢这首词有"恨水"二字,我就用它做笔名了。

人们之所以常常对一个不明底细的陌生人采取拒绝姿态，是因为担心草率的交往会给自己带来麻烦。因此,当我们面对想要交往的陌生人时,可以抛弃不必要的顾虑和矫饰,心无芥蒂地自我介绍,拉近心理距离。

盛名在身的张恨水在青年人眼中有着孤僻严肃、深不可测的形象,他的笔名透着一股人生的悲凉之意,与其言情作品一联系,自然引发人们的种种猜测。因此,张恨水为了与纯朴、率真的青年学子尽快打成一片,他坦诚地介绍自己,主动揭开了自己神秘的面纱,营造了一个与对方零距离接触的交际氛围。

2.直接赞美陌生人

印尼前总统苏加诺是个外交老手,有一次他访问中国,在广州青年为他举行的欢迎会上,他说了这样一番话:"今天,我和大家见面,感到非常幸福。你们年轻人,是民族的希望,未来的建设者,未来的主人翁。青年人是多么幸福啊!印度有很多神话,其中一篇说到一棵神树,这棵树叫'愿望之树',谁要是站到神树的下面,说出他自己的愿望,那么,他的愿望就能够立即实现。假如,现在我能够站在这棵树下,有一个神仙问我说:'喂,苏加诺,你想要什么?你有什么要求?'那我就要告诉他:'我希望恢复我的青春。'"

真诚赞美对方在某方面的优点和优势,满足其对自我价值的认定心理,激发其自豪感以拉近双方的距离,这是简单、直接且行之有效的交际技巧。

苏加诺热情地赞颂了青年人拥有的宝贵青春。这些真诚的肺腑之言,一方面激起了听众的自豪感,一方面使听众认为这个演讲者像认识多年的老朋友一样和蔼可亲、值得信任。因此,双方的关系马上由陌生而变为亲近了。

3.多提及对方熟悉的事物

美国人赛珍珠在第二次世界大战期间,曾发表过对中国人民的广播演讲,这篇演讲深深地打动了中国人的心。在演讲中她是这么说的:"我今天说话不完全站在一个美国人的地位,因为我也是一个中国人。我一生的大半时间,都消磨在中国。我生下来三个月,就被父母带到中国来了,十数年间,我们到的地方有浙江、湖南、山东各省的小城市、小山庄……以后我长大了,又在南京住了十七年,我曾亲眼看见南京在几年时间之内,由一个古旧的城市变成了一个新式的首都……现在我人虽已归故里,心中却没有忘掉旧日的朋友。所以今天我要从这两种地位说话。我既在中国长大成人,又在美国住了多年,受了双方的教育,有了双方的经验,我觉得我是属于两个国家的,我可以为两个国家说话。美国人对中国人的观念是怎么样的呢?非常的好。我一开口说到中国,他们都点头说:'我们喜欢中国人。'"

作为一个向中国听众演讲的外国人,赛珍珠一再强调自己与中国人关系密切。对于听者而言,赛珍珠所提及的那些地方的风土人情和自己的经历立刻历历在目,而陌生的演讲者此时似乎也成了曾经同游的旅伴,一种亲切感油然而生,国籍带来的界线一下子消失无踪,彼此之间真正实现了零距离的交往。

第二节　餐桌上怎样成为淑女与绅士

在社会交往中,宴请是最常见的交际活动,宴会又是最高层次的社会交际活动之一。无论新朋老友,都可以在餐饮聚会营造的轻松和谐的氛围中,愉快共享美酒佳肴、交流情感、增进友谊,所以,宴请礼仪在整个社交礼仪中占有非常重要的地位。由于各国、各民族都有自己国家和民族的文化特点和生活习惯,不同形式的宴请对礼仪规范和个人行为举止都有不同的要求,如果不注意学习、掌握宴会的礼仪,在宴会中礼仪失当,不仅会贻笑大方,损害个人的形象,而且会影响正常的社会交往和友好合作。

组织宴请或参加宴会对于很多人来说都是不可避免的,因此我们有必要学习宴会礼仪,学习在餐桌上怎样成为淑女与绅士。

郭晓丹是一位某外贸公司的业务经理。有一次,郭先生因为工作上的需要而在国内设宴招待一位来自英国的生意伙伴。有意思的是,那一顿饭吃下来,令对方最为欣赏的,倒不是郭先生专门为其所准备的丰盛的菜肴,而是郭先生在陪同对方用餐时的一处细小的举止表现。用那位英国客人当时的原话来讲就是:“郭先生,你在用餐时一点儿响声都没有,使我感到你的确具有良好的教养。”

一、宴会的种类

宴会是最正式、最隆重的宴请。宴会为正餐,坐下进食,由服务人员按顺序上菜。宴会种类繁多,按举办时间划分,可分为早宴、午宴、晚宴,以晚宴档次最高;按餐别划分,可分为中餐宴会、西餐宴会、中西合餐宴会;按性质划分,可分为工作宴会、欢迎宴会、节庆宴会;按礼宾规格划分,可分为国宴、正式宴会、便宴、家宴等。一般情况下,宴会持续时间为两个小时左右。

(一)国宴

国宴是国家元首或政府首脑为国家庆典或欢迎他国国家元首、政府首脑而举行的规格最高的正式宴会。

宴会厅内要悬挂国旗,并由乐队演奏国歌和席间乐。国宴由国家元首或政府首脑主持,席间由主人和主宾致辞和祝酒。国宴的礼仪要求最为严格,参加国宴者必须着正装，座次按礼宾次序排列。

(二)正式宴会

正式宴会通常是政府或人民团体有关部门为欢迎应邀来访的宾客或来访宾客为答谢主人而举行的宴会。其规格仅次于国宴，除了不挂国旗、不奏国歌以及出席人员的规格不同外，其余的安排大体与国宴相同。礼仪要求也比较严格，宾主按身份排座次和席次，许多国家还在请柬上注明对客人的服饰要求。席间一般也有致辞和祝酒，有时也设乐队演奏席间乐。正式宴会对服务人员以及餐具、酒水和菜肴的道数均有一定的要求。

(三)便宴

便宴即便餐宴会，不属于正式宴会，故比较亲切、随便，更适合于日常友好的交往，多用于招待熟悉的亲朋好友。便宴形式简单，偏重人际交往，而不注重规模、档次。可以不排座次，不做正式讲话致辞，菜肴的道数亦可酌减。

(四)家宴

家宴是在家中以私人名义举行的宴请。这种形式亲切友好，往往由主妇亲自下厨，家人共同招待。不讲究严格的礼仪，菜肴多少不限，宾主席间随意交谈，气氛轻松、活泼而自由。

(五)茶会

茶会又称为茶话会，是一种比较简单的招待方式，多为人民团体举行纪念和庆祝活动所采用。举行的时间多在下午 4 时左右。茶会通常设在客厅，而不用餐厅。厅内设茶几、座椅，不排座次。席间一般只摆放茶点、水果和一些风味小吃。宾主共聚一堂，饮茶尝点心，形式比较随便自由。茶会对茶叶和茶具的选用有讲究，一般用陶瓷器皿，而不用玻璃杯。有时席间还安排一些短小的文艺节目助兴，使气氛更加喜庆、热烈。在商务谈判中，许多时候和场合都使用茶会的形式招待对方。

中国是茶的故乡，制茶、饮茶的历史悠久，名茶荟萃，优美深远的茶文化令世界叹为观止。中国盛产的茶品按工艺分为绿茶、红茶、白茶、黄茶、青茶、黑茶六大品系，每一品系都有珍品。中国自古就有开门七件事：柴米油盐酱醋茶。饮茶既有利于身体健康，又富有欣赏情趣，可以陶冶情操。西方人招待客人一般会说“Would you like a cup of coffee?”而我们中国人则习惯于“请喝杯茶！”品茶待客是中国人高雅的娱乐和社交活动。

(六)冷餐会

冷餐会，又可以叫自助餐宴会，是西方国家较为流行的一种宴会形式，其特点是用冷餐(也可有热菜)、酒水、点心、水果来招待客人。冷餐会可在室内、庭院或花园等地方举行。可设小桌、椅子自由入座,也可不设椅子站立进餐。举办时间在中午12时至下午2时或下午5时至7时。菜点和餐具分别摆在菜台上，由宾客随意取用。宾客应按量取食,不可浪费。餐会进行中,宾主均可自由走动、敬酒、交谈。

冷餐会有三大优点：

第一,可以安排更多的客人同时进餐,不受餐位的限制。

第二,不因缺乏招待人员而影响进餐,客人可自己拿取食物。

第三,不受任何正宴礼仪上的约束,无论是用餐前还是用餐中,客人都可以自由活动。目前,冷餐会已成为社交活动中比较受欢迎的一种进餐方式。

(七)鸡尾酒会

鸡尾酒会又称酒会,是西方传统的集会交往的一种宴请形式,它盛行于欧美等国家和地区。鸡尾酒会举行的时间较为灵活,中午、下午或晚上均可。鸡尾酒会规模不限,有时与舞会同时举行,灵活、轻松、自由,便于广泛接触交谈。招待品以酒水为主,略备一些小吃,一般不设主宾席和座位。绝大多数客人都站着进食,各界人士可互相交谈、敬酒。

二、宴会的组织

宴会是一种非常重要的社交活动,对宾客来说是一种礼遇,务必要根据宴会的规范和礼仪要求认真组织好。为使宴请活动取得圆满成功,宴会前要做好如下准备工作：

(一)确定宴请的目的、名义、对象、范围与形式

宴请的目的多种多样,既可以为某个人举行,也可以为某件事举行,如庆祝节日、纪念日、迎送外宾、为展览会开幕、闭幕等。举办宴会的目的一定要明确,师出无名会对宴会和活动的举办者带来不良的影响。

确定宴会以谁的名义邀请和被邀请的对象。确定邀请者与被邀请者的主要依据是宾主双方的身份。在外国人眼中,以谁的名义举办宴会关系宴会的档次,身份低会使对方感到冷淡,身份过高亦无必要。对外举办宴会,如邀请主宾偕夫人出席,主人应以夫妇的名义发出邀请。国内的宴会,邀请客人时,可以主办宴会的单位最高负责人的名义或主办单位的名义。

宴请的范围是指宴请哪些方面的人士出席、多少人赴宴、什么级别、主方需要多少人出席等。确定宴请的范围,主要取决于宴请的性质、主要的身份、国际惯例、

双方的关系及主方习惯做法等。多边活动要考虑相互关系，对对立国、对立方人士发出邀请尤其要慎重。宴请的范围一经确定，即应草拟具体邀请名单，被邀请人的姓名、职务、称呼等一定要准确，并适时向客人发出邀请。

确定宴请的形式。以何种形式举办宴会，要视具体情况和本单位的习惯做法而定。一般而言，正式的、规格高、人数少的以宴会的形式为宜；人数较多则以冷餐会或酒会更为合适。我国的宴会基本上采用中餐宴会。

（二）确定宴会的时间、地点

宴会的时间应对宾主双方都合适，尤其要照顾来宾方面。按国际惯例，晚宴被认为是规格最高的。安排宴会的时间要注意避开重要的节假日、重要的活动日和双方或一方的禁忌日。如对西方人士，不要选 13 日，更不要选 13 日且同时是星期五。伊斯兰教在斋日内白天禁食，宴请宜在日落后进行。宴请活动时间要与主宾单位商量，主宾同意后，确定时间，再邀请其他宾客。

宴请的地点要根据活动的性质、规模、宴请的形式、主人的意愿以及实际可能性而定。越是隆重的活动越要讲究环境和条件，因为它体现了对对方的礼遇。官方正式的宴会应安排在政府、议会大厦或高级宾馆内。民间的宴请可以在酒店、宾馆，也可以安排在具有独特风味的餐馆。

（三）发出宴请

各种宴请活动，一般均应向客人发出请柬。这既是出于礼貌，也是对客人的提醒和备忘。请帖一般提前一周或两周发出，以便被邀请人早做安排。

请柬上要将宴会活动的目的、名义、邀请范围、时间、地点等写清楚，重大的活动还要注明着装的要求及其他附加条件。口头约妥的活动，仍应补送请柬，并在请柬右上方或左下方注上“备忘”字样。需要安排座位的宴请活动，为确切掌握出席情况，以便于做好准备，还要求被邀请者答复是否出席，请帖上一般注明“请答复”字样。如只需要不出席者答复，则注明“如不能出席请答复”字样，并注明电话号码，以备联系。请柬发出后，也可以用电话询问对方能否出席，主办方要及时落实出席情况，以调整安排好座位。

（四）确定宴请规格

待宴请的目的、范围等确定下来了以后，接下来就是宴请的规格。宴请的规格与种类是密切联系、互相影响的，它们都受宴请目的的决定和制约。

宴请规格对礼仪效果的影响是十分明显的。宴请规格的确定，首先应考虑宾主双方谁是这次宴会活动的主动者以及主办者的身份、地位如何。假如是客户突然来访，主人举行宴会，那么就应以来访者身份地位最高者作为这次宴会活动规格的基本参数。主方出席人员的地位与身份应当和对方相等或略高于对方。若是个别部门的业务交往需要，或者只是部门之间的友情宴会等一般是以主方活动的性质和准备出席的人的最高身份或客方可能应邀出席的身份地位来确定宴会的规格。规格过低显得失礼，过高没有必要。

规格基本确定以后，就要根据规格和公关活动的性质、内容、目的来选择宴请的活动种类。

（五）安排席位

凡正式的宴会，均应事先为每个赴宴者安排好桌次和位次，并且事先通知到每个人，以便使其心中有数；也有的只安排部分主宾的席位，其他人只排桌次或自由就座。

不同形式的宴会，席位的排列各有不同。排列的依据主要是国际惯例和本国的礼宾顺序。除此之外，还应考虑到客人之间的政治关系、身份地位、语言沟通、专业兴趣等因素。但是不论如何排列，都应事先把主宾夫妇和主人夫妇置于最为尊贵的位置。

桌次高低以距离主桌位置远近而定，右高左低；同一桌上，席位高低以离主人远近而定，右高左低。国外的习惯，男女穿插就座，以女主人为准，主宾在女主人右上方，主宾夫人在男主人右上方。我国的习惯按职务排列以便于谈话，如夫人出席，常常把女士排在一起，译员一般安排在主宾旁边。如遇特殊情况，还可以灵活处理。

为了保证全体赴宴者临场不乱，都能迅速找到自己的席位，应在请帖上注明桌次；还可以在宴会现场悬挂桌次图，在每张餐桌上放置桌次牌、座次牌或姓名牌。宾客入场时，安排领台员引导客人入座。

（六）布置宴会现场

宴会成功与否，不仅仅取决于菜肴的质量，环境和气氛也是至关重要的。如果环境不佳、气氛不好，往往会直接降低宴会的档次，影响宾客的食欲，影响宾主之间的交流，宴会的效果就会大打折扣。

宴会现场的布置取决于活动的性质和形式。官方的正式宴会布置应该严肃、庄重、大方，可以少量点缀鲜花、刻花等，不要用红红绿绿的霓虹灯做装饰。宴会环境要安静、高雅、有文化气息，同时要整洁卫生。要注意宴会厅色彩的运用和灯光的调节。如果有席间音乐，乐声宜轻，以便身心得到调节和放松。

(七)宴请的程序及服务

宴会的组织者要安排好工作人员,尽可能周到地做好宴会的各项工作,为来宾提供完善的服务。

宴会开始前,主人一般在门口迎接客人。如果规格较高,还要由少数主要官员陪同主人排列成迎宾线,其位置宜在客人进门存衣之后、入休息厅之前,双方相互握手后,由工作人员引入休息室或直接进入宴会厅。有些国家官方的隆重场合,客人到达时,设有专人负责唱名。

休息室内应有相应身份的人员照料客人,并有服务人员送饮料。主宾到达后,由主人陪同进入休息室与其他客人见面。如客人没有到齐,迎宾先不撤,代表主人迎接客人。

主人陪同主宾进入宴会厅,全体客人就座,宴会即开始。如果休息室较小,宴会规模大,也可以请主宾以外的客人先入座,主宾最后入座。

正式讲话有时没有,各国安排的时间不尽一致,一般正式宴会可在热菜之后、甜食之前,先由主人讲话,然后客人讲话;也有的一入席,双方即开始讲话。

吃完水果,主人与主宾起立,宴会即告结束。

国外日常宴请在以女主人为第一主人时,要以她的行为为准。入席时,女主人先坐下,并由女主人招呼客人开始进餐。餐毕,女主人起立,邀请女宾与之共同退出宴厅,男宾随后进入休息室。

宴会结束后,主宾告辞,主人送至门口。主宾离去后,按原迎宾人员顺序排列,与其他客人握手告别。

三、宴会礼仪

(一)准备赴宴

应邀出席宴会,要讲究相关礼节,做一位懂礼貌、有教养的赴宴者。接到宴会邀请(无论是请柬或邀请信)后,能否出席都应尽早回复,以便主人安排。一般来说,对注有 R.S.V.P.(请答复)字样的请柬或邀请信,无论出席与否,均应迅速答复。对注有“不能出席请复”字样的请柬或邀请信,则不能出席时才回复。若是已经口头约妥后再发来的请柬,上面一般注有“备忘”字样,只起提醒作用,可不必答复。答复对方,可打电话或复以便函。

一旦接受邀请,不宜随意改动。万一遇特殊情况不能出席宴会,尤其是主宾缺席,应尽早向主人解释、道歉。

应邀出席宴会前，要核实宴请的时间和地点，是否邀请了配偶，有无服装要求等，以免搞错。

（二）掌握出席时间

出席宴会，根据各地的习惯，正点或晚一两分钟到达。在我国则是正点或提前两三分钟到达。出席酒会，可在请柬上注明的时间内到达。

有事需提前退席，应向主人说明后悄悄离开；也可事先打招呼，届时离开。

抵达宴请地点，先到衣帽间脱下大衣、帽子，然后前往迎宾处，主动向主人问好，并根据活动内容表示祝贺等。赴宴时，可按宴请性质和当地习惯赠送花束或花篮，赴家宴可以酌情赠送女主人少量鲜花。

进入宴会厅之前，要先了解自己的桌次和座位，入座时进行核对，不要随意乱坐。如邻座是长者或妇女，应主动为其拉开椅子，协助他们先坐下。

（三）文雅进餐

入座后，主人招呼，即开始进餐。在中国是男主人为主，西方是女主人为主。招呼的方法是将餐巾拿起来，意思是“可以进餐了”。可用餐巾擦嘴，不可用其擦汗或抹桌子。

取菜时，不要盛得太多。盘中食物吃完后，如不够，可以再取。如由服务员分菜，遇到不爱吃的菜肴，可取少量放入盘内。对不合口味的菜，勿显露出难堪的表情。夹菜要文明，应等菜肴转到自己面前再动筷，不要抢在座前面。一次夹菜不宜过多，也不要专挑自己喜欢吃的菜。

餐具使用也有很多规矩。使用筷子时，不能举着筷子和别人说话，不能用筷子去推饭碗、菜碟，不能用筷子去叉馒头或别的食品，不要用舌头去舔筷子，不要用筷子敲击碗盘发出声响。临时不用筷子时应把筷子轻放在碗边，不可插在饭碗里。要注意使用公筷，不能用自己的餐具给别人夹菜。有时品尝某些食物需要直接动手，往往会在餐桌上摆上一个水盂，里面的水只能用来洗手，不能喝。洗手时动作不宜过大，不要乱抖乱甩，洗后用餐巾擦干。

进餐时要文雅，吃东西时应闭着嘴细嚼慢咽，不要舔嘴唇或咂嘴发出声音。如汤、菜太热，待稍凉后再食用，不要用嘴吹。吃剩的菜，用过的餐具、牙签及鱼刺、骨头等都要放入骨盘内，勿置桌上。就餐时，尽量不要剔牙，如果需要剔牙时，要用手或餐巾遮口。

进餐过程中，由于不慎或用力过度，使刀叉撞击盘子，发出声响，或餐具掉落地上，或打翻酒水等，应沉着冷静。餐具碰出声音，可轻轻说声“对不起”；餐具掉落后，可请服务员另送一套；酒水溅到邻座身上，应道歉并协助擦干；如对方是女士，则递上干净餐巾或手帕，由她自己擦干。用餐中为了表示友好，彼此之间可以让菜，但一般不为别人布菜。

（四）祝酒

主人或主宾致辞、祝酒时，应暂停进餐和交谈。奏国歌时应肃立。主人和主宾致辞后往往到各桌敬酒，各桌宾客应起立举杯。碰杯时，主人和主宾先碰，人多时可同时举杯示意，不一定碰杯。主桌未祝酒时，其他桌不可先起立或串桌祝酒。宴会上互相敬酒，可以活跃气氛，但要适可而止，不能强人所难。

四、西餐礼仪

（一）刀叉的使用

如同筷子是中餐餐具的主角一样，刀叉是西餐餐具的主角。刀叉既可以分开使用，也可以共同使用。由于在更多的情况下，二者要共同使用，所以，人们在提到西餐餐具时，往往将二者相提并论。正确地使用刀叉，要做到以下几点：

1.正确区别刀叉

在正规的西餐宴会上，讲究吃一道菜换一副刀叉。吃每道菜，都要使用专门的刀叉，既不能乱拿乱用，也不能从头到尾仅使用一副刀叉。

吃西餐正餐时，摆在每位就餐者面前的刀叉有吃黄油用的餐刀、吃鱼用的刀叉、吃肉用的刀叉、吃甜品和水果用的刀叉等。各种刀叉形状各异，摆放的位置也不一样。吃黄油用的餐刀一般应横放在就餐者左手的正前方，距主食面包不远处。吃鱼和肉用的刀叉，应当餐刀在右，餐叉在左，分别纵放在就餐者面前的餐盘两侧。由于刀叉的数目同上菜的道数是相等的，有时餐盘两侧摆放的刀叉会有三副之多。取用刀叉的基本原则是：每上一道菜依次从两边向外侧到内侧用刀叉。如果没有经验、把握不准，不妨比别人慢半拍，看一下别人怎样使用。吃甜品和水果用的刀叉，一般横放在就餐者餐盘的正前方。

2.正确使用刀叉

通用的刀叉使用主要有两种：一种是英国式的，要求在进餐时，始终右手持刀，左手持叉，一边切割，一边用叉食之，叉背朝着嘴的方向进餐，这种方式比较文雅；另一种是美国式的，先右手刀左手叉，把餐盘的食物全部切割好，再品尝，这种方法比较省事。

刀可以用来切食物，也可用来把食物拨到叉上；叉用来取食物，也可以用它摁住食物，使之用刀切割时不滑脱。使用刀叉时要注意：不要动作过大，影响他人；切割食物时，不要弄出声响；切下的食物要刚好一口吃下，不要叉起来再一口一口咬着吃；不要挥动刀叉讲话，也不要用刀叉指点他人；掉落到地上的刀叉不可拾起再用，应请服务员换一副。

3.知道刀叉的暗示

如果就餐过程中，需暂时离开一下或与人攀谈，应放下手中的刀叉，刀右、叉左，刀口向内、叉齿向下，呈“八”字形式摆放在餐盘上。它表示：此菜还没有用完。如果吃完了或者不想吃了，可以刀口向内、叉齿向上，刀右、叉左并排放在餐盘上。它表示：不再吃了，可以连刀叉带餐盘一起收走。切记不要把刀叉摆放在桌面上，尤其不要将刀叉交叉放成“十”字形，这在西方人看来，是令人晦气的图案。

（二）餐巾的使用

在西餐中，餐巾也是一个重要的角色。同中餐巾相比，虽有许多用途、用法相似，但也有更严格特殊之处，需多加注意。

1.餐巾的铺放

西餐餐巾通常会叠成一定的图案放置在就餐者的水杯中，有时直接平放于就餐者的右侧桌面上或就餐者面前的垫盘上。形状有长方形和正方形之分。

餐巾应平铺在自己并拢的大腿上。如果是正方形的餐巾，应将它折成等腰三角形，下角朝向膝盖方向；如果是长方形餐巾，应将其对折，然后折口向外平铺在腿上。餐巾的打开、折放应在桌下悄然进行，不要影响他人。

2.餐巾的用途

餐巾对服装有保洁作用，防止菜肴、汁汤落下来搞脏衣服；也可以用来揩拭口部，通常用其内侧，但不能用其擦脸、擦汗、擦餐具；还可以用来遮掩口部，在非要剔牙或吐出嘴中的东西不可时可用餐巾遮掩，以免失态。

3.餐巾有暗示作用

西餐以女主人为第一主人，当女主人铺开餐巾时，暗示用餐开始；当女主人把餐巾放于桌上时，暗示用餐结束。就餐者如果中途离开，一会儿还要回来继续用餐，可将餐巾放在本人所坐的椅面上；如果放在桌面上，则暗示我不想吃了，可以撤掉。

（三）西餐用餐方法及礼仪

西餐同中餐的吃法相比有很大的不同。享用西餐，掌握正确的吃法，才能既吃好，又吃出品位。

1.开胃菜

开胃菜既可以是色拉，也可以是由海鲜、蔬菜组成的拼盘，如果均匀割好，则用餐叉食用即可。

2.面包

面包一般放在自己的左前方，可以吃第一道菜时开始食用。正确的做法是：左手撕下一块大小合适，刚好可以一次吃下的面包，用黄油刀涂上黄油或果酱，再送入口中。不能拿起一大块面包，全部涂上黄油，双手托着吃；不能用叉子叉着面包吃；不能用刀叉切开吃；也不能把面包浸在汤内捞出来再吃。

如果是烤面包片，则不要撕开。甜食上来后，最好就不要再吃面包了。

3.汤

喝汤时，要用右手拇指和食指持汤匙，从汤盘靠近自己的一侧伸入汤里，向外侧将汤舀起。注意不要将汤匙盛得太满，身子也不要俯得太近。当盘内剩下的汤不多时，可以用左手将盘子内侧稍稍托起，使其外倾，用右手持汤匙取余汤来喝。

喝汤时，一不要端起汤盘来喝汤；二不要喝汤时发出“嘶嘶”的声音；三不要身子俯得太低，趴到汤盘上去吸食；四不要嘴吹或用汤匙搅拌降温。

4.主菜

西餐的主菜品种繁多，冷菜中的冻子、泥子和热菜中的鱼、鸡肉等最为多见。冻子是用煮熟的肉、鱼等食物和汤汁冷却凝结而成的一种菜肴；泥子是以虾、蟹或动物的肝、脑为主料，配以鸡蛋、蔬菜，加上佐料搅拌而成的菜肴，一般用刀叉吃。在吃鱼时，可以用餐刀将其切开，将鱼刺、骨剥出后，再切成小块，用叉吃；吃鸡时，也应切下一块，用叉取食，直接用手上去撕扯是失礼的。肉菜指的是西餐的猪、牛、羊肉，平常人们所说的主菜，一般都是指肉菜。在肉菜中，猪排、羊排，尤其是牛排，是西餐中的“重中之重”。吃肉菜时，要用叉子摁住食物，用餐刀切下一小块，吃完后再切第二块。

5.点心甜品

西餐中的蛋糕、饼干、三明治、土豆片等，可以用手拿着吃。

通心粉，又叫意大利面条，吃时不能一根一根挑着吃或吸着吃，应该右手握叉，在左手用汤匙的帮助下，把面条缠绕在餐叉上，然后送入嘴中。

6.水果

对西餐中常用水果的食用办法应有所了解。

(1)苹果。最正规的吃法，是将一个苹果用刀切成大小相仿的4块，然后去皮，去核，再以刀叉食用。现在最普遍的做法，是用手拿着去皮的小块苹果直接吃了。

(2)香蕉。正规的吃法,是先用刀子将香蕉皮纵向割一条线,再用刀叉把皮撑开,切成小块食用。一般不用手整个拿着香蕉一边剥皮一边咬着吃。

(3)草莓。普通的草莓,可用手取食。吃带调味汁的草莓,要用餐匙。

(4)葡萄。可取一小串,一粒一粒用手揪下来吃。其皮、核先吐入手中,再放入餐盘内。吃餐盘内不成串的单粒葡萄时,则应用餐叉取食。

(5)菠萝。应用餐刀切成一小块,用餐叉取食,不要用手拿着吃。

7.咖啡和红茶

在西餐中,饮用咖啡和红茶也是大有讲究的。

(1)杯的持握。一般要用右手的拇指和食指握住杯耳,轻轻端起杯子,慢慢品尝。不能双手握杯,也不能用手端起碟子去吸食杯子里的咖啡。用手握住杯身、杯口,托住杯底,或用手指穿过杯耳,都是不正确的持握方法。

(2)碟的使用。咖啡是盛入杯中,放在碟子上一同端上桌的。碟子是用来放置咖啡匙,并接受溢出杯子的咖啡的。喝咖啡时,如果离桌子近,只需端起杯子,不要端起碟子;如果离桌子较远或站立、走动时,则可用左手将杯、碟一起端起,至齐胸高,用右手持杯饮用。

(3)匙的使用。咖啡匙只是在加入牛奶和糖之后用来搅拌咖啡的,使其融合和融化。如果咖啡太热也可以用匙轻轻搅动,使其变凉。除此之外,不做他用。咖啡匙的使用尤其忌讳两条:一是不能用匙去舀咖啡来饮用,二是不能把匙放在咖啡杯中。不用匙时,应将其平放在咖啡碟中。

(4)饮用的数量。饮用咖啡不能多多益善。一般情况下一杯足矣,最多不应超过三杯。饮用时,不能大口吞咽,更不能一饮而尽,而应一杯咖啡喝上10分钟左右,一小口一小口细细品尝,才能显示出品位和高雅。

(5)配料的添加。饮用时,可根据自己的爱好,往咖啡中添加一些牛奶、方糖之类的配料。添加时应当互相谦让,添加适量。加牛奶或伴侣时,不能弄得满桌都是。加糖时,要用专用的糖夹和匙去取,不要用自己的咖啡匙,也不要用手直接去取。

(6)取食甜点的要求。喝咖啡时,有时要备小甜点。取食甜点时,要先放下咖啡杯。饮用咖啡时,手中也不能拿着甜点品尝。双手左右开弓,一手执杯,一手持甜点,吃一口、喝一口,交替进行是非常不雅的。

8.西餐的酒水搭配

在正式的西餐宴会上,酒水是主角,十分讲究与菜肴的搭配。一般来讲,每吃一道菜便要换上一种酒水。宴会上所用的酒水可以分为餐前酒、佐餐酒和餐后酒三种，每种酒又有许多具体的分类。

（1）餐前酒。餐前酒也叫开胃酒，是在用餐之前饮用，或在吃开胃菜时饮用。餐前酒有鸡尾酒、味美思、威士忌和香槟酒。

（2）佐餐酒。佐餐酒是在正式用餐期间饮用的酒水。西餐的佐餐酒均为葡萄酒，而且多为干葡萄酒或半干葡萄酒。选择佐餐酒的一条重要原则是“白酒配白肉，红酒配红肉”。白肉指的是鱼肉、海鲜，红肉指的是猪肉、牛肉、羊肉，即白葡萄酒配海鲜类菜，红葡萄酒配肉类、禽类菜。

（3）餐后酒。餐后酒是在餐后用以帮助消化的酒水，常用的有利口酒、白兰地酒。饮用不同的酒水还要用不同的专用酒杯。在每位就餐者餐桌右边、餐刀的前方，都会横排着三四个酒水杯，它们分别为香槟酒杯、白葡萄酒杯、红葡萄酒杯及水杯。取用时，也要按照由外侧向内侧的顺序依次取用，也可根据女主人的选择而紧随其后。

此外，宴会上如果主人为每个出席者准备了小纪念品，可以在活动结束时带走，并对主人表示感谢。但宴会上的招待品，如糖果、水果、香烟及其他食品等则不应带走。

第三节 巧用礼品表情达意

礼尚往来是国际上通行的一种社交活动形式，是人们用物质的形式向他人表示祝贺、感谢、慰问或哀悼等感情的一种方式。当物以礼的形式出现时，物品就成了礼品。以物表情，礼物成为人与人之间有“礼”的外在表现形式。随着生活水平的提高，以物寄情的礼仪方式被人们所接受，并成为人们联络和沟通感情的最主要方式之一。但是，不恰当的馈赠会事与愿违，非但达不到表达情意的目的，还会造成不良的后果。礼物过重还会有行贿的嫌疑，很可能导致“赔了夫人又折兵”的结果。因此，要遵守有关赠送礼品的礼仪规范，巧用礼品表情达意，以促进人们相互关系的正常发展。

江泽民主席出访俄罗斯时，曾向叶利钦总统赠送了一盘由中国制作的关于反法西斯的歌曲配画的录像带。这盘录像带的内容究竟是什么呢？

北京五岳文化咨询公司董事长冯精志后来透漏：这盘长达 1 小时 50 分钟的录像带名为《神圣的战争——苏联卫国战争歌曲回顾》，是由冯志华编导、五岳公司和广州艺宝影音制作传播公司联合制作的。

《神圣的战争》选用了《神圣的战争》《我到过世界不少地方……》《小路》《夜莺》《灯火》等13首苏联歌曲,均由苏联功勋艺术团演唱。画面全都是苏德双方军事记者拍摄的极其珍贵的电影资料。通过歌曲和画面,讲述了苏联人民奋起抗击德国入侵者的辉煌业绩,展示了主要战役,介绍了双方的政治领导人和将领。

据悉,当片子在俄罗斯驻华使馆放映时,引起强烈反应,许多人为之热泪盈眶。一些官员说:"尽管片子中反映的是我们苏联人民在卫国战争中的事情,但许多画面是第一次看到。从片子中可以感到最了解苏联人民的是中国人民,你们能够想到制作这样的片子,说明了你们对我们的深厚情谊。"

欣赏一下俄罗斯总统与日本首相之间"猫狗外交"的趣事:

日本外相访问俄罗斯,为表达友好立场,日本外相特意带了秋田犬赠送给俄罗斯总统普京,普京当场许诺将回赠一只西伯利亚猫。日俄间出现了"宠物外交"的一幕,普京就赠送给他的秋田犬一事请日本外相向秋田县知事转达"最良好的祝福和感激"。普京说:"小狗现已抵达,听说秋田县知事喜欢猫,我将回赠他一只西伯利亚猫。"俄"消息"网站以"动物外交:日本秋田犬交换俄罗斯西伯利亚猫"为题称,原产于日本的秋田犬以忠诚、稳重和勇气著称,是日本最受欢迎的工作犬品种之一。而普京承诺回赠的西伯利亚猫也称"西伯利亚森林猫",是特产于俄罗斯的耐寒名贵长毛猫。

一、选择合适的礼品

馈赠之前,要对礼品进行认真选择,首先要考虑对方有什么爱好、兴趣和禁忌;其次要考虑送礼的原因和目的,尽量使礼品恰如其分;同时送礼还得注意礼品的轻重和包装问题等。

(一)轻重得当

礼品在于表达心意,通常情况下,人们往往以礼品的轻重来衡量赠送者所表达的心意程度。然而,经济收入不一样,关系不一样,礼物价值也不一样。俗话说"千里送鹅毛,礼轻情义重",礼品更多的是表现馈赠者的诚意,包含精神层面的价值。礼品不在多少,不必太贵重,太贵重的礼物容易引起对方的猜测。但过轻的礼物也会让对方感到不被尊重,同时还要根据自己的经济能力量力而行,选择不同的礼品。

(二)有针对性

馈赠之前,要对礼品进行认真的选择。一般说来,物质生活水平的高低,决定了人们不同的精神追求。在物质生活较为贫寒时,人们多倾向选择实惠性的礼品,如食品、水果和现金等。在生活水平较高时,人们则倾向于选择艺术欣赏价值较高和具有纪念性的物品。马斯洛的需求层次理论说明了这一点,只有满足了基本需求,才能有高一级层次的需求。如春节是我国的传统节日,也是合家团圆、亲朋相聚的日子。很多家庭在节日期间走亲访友送食品、保健品等,这些礼物在节日期间是非常实用的。因此,应针对受礼者的物质生活水平和情趣爱好,有针对性地挑选实用的、有纪念性和艺术性的礼品。

(三)注意对方的禁忌

不同的国家、民族和地区,有不同的风俗习惯和宗教信仰,对物品的喜好和禁忌有所不同。对于禁忌,在选择礼品时一定要谨慎。例如,在我国的大部分地区,送礼不送刀、伞和扇子,有“一刀两断”、“散”之意,看望老人不能送钟;日本人忌讳绿色和荷花图案,忌讳“4”和“9”,因为“4”和“死”同音,“9”和“苦”同音;西方人忌讳“13”,他们认为这个数字不吉利。世界各国,由于文化上的差异,受不同历史、民族、社会、宗教的影响,在馈赠问题上有不同的观念。只有把握好这些风俗习惯,在馈赠活动中合理应用,才能达到馈赠的目的。

一般社交活动中不宜送的礼品包括:

大额现金和有价证券、金银珠宝等,有收买对方之嫌;

粗制滥造的物品或过季的商品,有愚弄对方、滥竽充数之嫌;

药品,有暗示对方身体欠佳之意;

带有明显广告标志和宣传用语的物品,有利用对方为自己做广告之意;

违背交往对象民族习俗、宗教信仰和生活习惯的物品,有不尊重对方之嫌。

二、礼品的赠送

选好了合适的礼品,如果不讲究赠送的艺术和礼仪,也很难起到好的作用。礼品可以亲自赠送给对方,也可以由他人代送。如果不能亲自送往而托人转送时,要附以名片送上祝福,或电话通知对方口头祝福。

(一)注意礼品的包装

精美的包装能增添礼品高雅的情调,体现一个人的文化品位,而且还能使礼品保持一种神秘感,激起受礼人的探究心理和好奇心理,从而令双方愉快。如果礼品不讲究包装,也会使礼品价值大打折扣,而且会给受礼人一种没有诚意和随便的感觉。所以,礼品在赠送之前,一般都应当精心包装,这是国际社会通行的社交礼仪。可用专门的包装纸包裹礼品,最好贴上写有自己祝词并签名的彩色卡片。在包装前，一般应除去礼品上的价格标签。

（二）注意赠礼的方法

一般说来，礼品应在相见或道别时赠送。但在涉外交往中要注意，与有些国家的人初次见面是不宜赠礼的，或一见面就奉上自己的礼品也是很不礼貌的，甚至会使交往难以为继。赠礼时应注意场合的选择，通常情况下，给一群人中的某一个人赠礼不宜在公开场合，因为这样不仅会使受礼人感到难为情，而且会使旁人有被冷落感。给关系密切的人送礼也不宜在公开场合进行，以免给人留下你们的关系只是靠物质来维系的感觉。赠礼时的态度一定要大方，只有那种平和友善的态度和落落大方的动作并伴有礼节性的语言表达，才是令赠受礼双方均能接受的。不要像做贼似的悄悄地放在某个角落或偷偷地塞给对方，给人一种不光明磊落的感觉。

（三）选择恰当的时机

节假日。遇到传统节日如春节、端午节、中秋节等和法定节日如元旦、儿童节、教师节、国庆节等，都可以送些适当的礼物表示祝贺。

喜庆婚假。遇到亲友乔迁新居、过生日、生孩子、做寿、结婚等喜庆的事儿，一般应备礼相赠，以示庆贺。公务交际中也有喜庆的日子，如开业典礼、周年庆典、校庆、重大科技成果转化等，备礼相送表示祝贺与纪念，可以增进社会交往关系。

探视病人。亲友、同学、同事或领导生病，可以到医院或病人家中探望，带去病人喜欢的食品或营养品等，表示问候与关心。

拜访、做客。这种时候可以备些礼物送给主人，特别是女主人或孩子。一般来说，当我们作为客人拜访他人时，最好在双方见面之初向对方送上礼品；而当我们作为主人接待来访者之时，则应该在客人离去的前夜或举行告别宴会上，把礼品赠送给对方。

三、礼品的接受

我们在许多场合往往也免不了作为受赠者，要去接受他人赠送给自己的礼品。这时我们的行为应当合乎礼仪规范。接受礼品时的反应与表现，与其自身的阅历和素养有着密切的关系。

（一）双手捧接

收礼品时要用双手捧接，如果正在做事情，应该立即终止手头的活，起身相迎。切勿一只手去接礼品，特别是不要用左手去接礼品。

(二)表示感谢

接到礼品后,要面带微笑并表示感谢。要尽可能地当着对方的面打开,在打开时要轻拿轻放,不要乱扯乱撕,打开后表示欣赏。中国人收礼后一般要等客人走后才打开,这是尊重对方的表现。外国人则习惯当着客人的面打开包装,并说上几句赞美礼品的话语。

接受馈赠后,得想办法回礼才合乎礼貌。中国人崇尚“礼尚往来”,“来而不往非礼也”,实质上就是以礼品的接受与回赠的方式进行,外国人同样重视。记住对方所送礼物的价值,以便日后回赠给对方。

(三)拒绝收礼

只要对方不是贿赂行为,一般是不允许拒绝收礼的,当你因为某种原因不能接受对方的礼品时,可以礼貌地拒绝,但是态度必须委婉。如果无外人在场,可当面委婉地表示自己的拒收之意,不可在拒礼时态度生硬、无礼质问。如果当时在场的人较多,可当场先将礼品收下来,过后再面交、寄交或带交其原主人。事后退还礼品,也应当口头或书面解释一下理由,并且勿忘感谢对方。如果对方所送的礼物违反了某些规定,有贿赂之嫌疑,则应直言相告,态度坚决。

四、国际交往中的馈赠常识

世界各国,由于文化上的差异以及不同历史、民族、社会、宗教的影响,在馈赠问题上的观念、喜好和禁忌有所不同。只有把握好这些特点,馈赠才能在交往活动中发挥其应有的作用。

(一)亚洲国家的馈赠

亚洲国家虽然因社会的、民族的、宗教的情况有很大不同,但却在馈赠方面有很多相似之处。

1.形式重于内容

对亚洲国家人士的馈赠,名牌商品或具有民族特色的手工艺品是上好的礼品。至于礼品的实用性,则屈居知识性和艺术性之后,尤其是日本人和阿拉伯人,非常重视礼品的品牌和外在形式。对日本人而言,越是形式美观而又无实际用途的礼品越受欢迎,因为日本人有送礼的癖好,送他这样的礼品,他好再转送他人。

2.崇尚礼尚往来,而且更愿意以自己的慷慨大方表示对他人的恭敬

在亚洲,无论何地,人们都认为来而不往是有失尊严的,这涉及自身形象。因此,一般人都倾向于先送礼品给他人。而且,在回礼时则常在礼品的内在价值、外在

包装上更下功夫，以表现自己的慷慨和对他人的恭敬。

3.讲究馈赠对象的具体指向性

选择和馈赠礼品时十分注意馈赠对象的具体指向性，这是亚洲人的特点。一般来说，送给老人和孩子礼品常常是令人高兴的，无论送什么，人们都乐于接受。但若是送他人妻子礼品，则需考虑交往双方的关系及对方的忌讳，如阿拉伯人最忌讳对其妻子赠送礼品，这被认为是对其隐私的侵犯和对其人格的侮辱。

4.忌讳颇多

不同国家对礼品数字、颜色、图案等有诸多忌讳，如日本、朝鲜等对“4”字有忌，把“4”视为预示厄运的数字；而对9、7、5、3等奇数和108等数颇为青睐，对“9”及“9”的倍数尤其偏爱(但日本人不喜欢9)。阿拉伯人忌讳动物图案，特别是猪等图案的物品，而日本人则忌讳狐狸和獾等图案。

(二)西方国家的馈赠

西方国家与东方国家不同，在礼品的选择喜好等方面没有太多讲究，其礼品多姿多彩。

1.实用的内容加漂亮的形式

西方人对礼品更倾向于实用，一束鲜花、一瓶好酒、一盒巧克力、一块手表，甚至一同游览、参观等，都是上佳的礼品。当然，如果再讲究礼品的牌子和包装，效果更佳。

2.赠受双方喜欢共享礼品带来的欢快

西方人馈赠时，受赠人常常当着赠礼人的面打开包装并表示赞美后，邀赠礼人一同享受或欣赏礼品。

3.讲究赠礼的时机

一般情况下，西方人赠礼常在社交活动行将结束时，即在社交已有成果时方才赠礼，以避行贿受贿之嫌。

4.忌讳较少

除忌讳“13”和“星期五”这两个灾难数和对一些特殊场合(如葬礼)礼品的种类颜色等有一定的讲究外，大多数西方国家在礼品上的忌讳是较少的。

五、送花礼仪

鲜花是美丽的，可以用来装点居室，可以赠送亲友，鲜花是现代生活中用得较多的馈赠物品。古今中外，风姿绰约、绚丽多姿的鲜花在给人们带来美的享受的同时，也成为人们寄托美好情感的桥梁。利用鲜花来传情达意，能起到比语言表达更好的效果，给生活增添浪漫的情趣。在人际交往的很多情形下，比如祝贺、节庆、嘉奖、慰问、做客、迎送、纪念、示爱、拒绝、致歉、丧葬、致奠等等，鲜花都可以成为人们的友好使者，传递美好诚挚的情感，为生活增色添彩。要使自己成为一个得体的送花使者，就要掌握花的寓意和送花的礼仪。

（一）礼品花的种类

鲜花的品种有很多，按用途可分为生日用花、恋情用花、婚庆用花、友情用花、家居用花、商务用花、祝福用花、祭奠用花等。送花的对象可以是家人、亲戚、同事、朋友、老师、客户、同学等。根据花的组合形态可以分为束花、盆花、插花、花环、花圈等。

（二）送花须知

送花已成为越来越为人们所接受的一种送礼方式，但由于文化背景不同，鲜花有不同的象征意义。世界上有很多国家都将某种鲜花定为本国的国花，如日本的樱花、英国的玫瑰、美国的山楂、加拿大的枫叶、印度的荷花等。也有很多城市有代表本市的市花，如上海的白玉兰、天津的月季、香港的紫荆花等。在不同的国家和地区，鲜花的寓意也不一样，要了解这些常识以免弄巧成拙。比如，菊花在我国很受欢迎，在日本菊花则是天皇的个人标志，皇室族徽上有 16 瓣菊花，因而在普通的人际交往时，所送菊花的花瓣不能超过 15 瓣。但在西方，黄菊花代表死亡，是祭奠时用的。荷花是印度的国花，我国也颂扬荷花出淤泥而不染，但荷花在日本却象征死亡，所以，在馈赠中不能送荷花和带有荷花图案的礼品给日本人。因此，送花者适当了解送花的知识是非常必要的。

（三）受花须知

当你面对美丽多姿的鲜花，面对送花人的满腔热情，应注意把握：

1.迎与接

身体正对送花人，目光正视送花人，上身微倾，面带笑容。忌侧对送花人，面无表情。要双手从送花人手中接过。忌动作太快，忌单手接花。

2.赏与谢

接过鲜花后，仔细品味观赏，嗅闻鲜花香味，可说赞美之词，还要对送花人真诚致谢。

3.放与护

致谢后，应将鲜花小心放置。若是花束应找一个花瓶将鲜花放入，忌随手丢在桌上或放在地上置之不理。

（四）花语

花语是人们根据花的性格和艺术形象而创造的"花的语言"。众所周知，玫瑰是代表爱情的，但是黄玫瑰则表示分离、拒绝的意思。康乃馨是表示友谊和对母亲、老师的爱，如果拒绝求爱，不用语言表达，送上黄玫瑰表示拒绝，或送康乃馨表示和对方没有爱情，只有友谊。合适的送花，可以避免语言上的尴尬。

表1　花的寓意

花名	花的寓意
玫瑰	爱情
红玫瑰	火热的爱
白玫瑰	纯洁的爱
黄玫瑰	分离、拒绝、失恋
百合	百年好合、心心相印
白丁香	纯洁
康乃馨	对母亲的爱、友谊、真情
郁金香	爱、荣誉、永恒
黑郁金香	神秘、高贵
剑兰	长寿、福禄、康宁
牡丹	富贵
菊花	清净、高洁
桂花	友好、吉祥
满天星	满心欢喜
杜鹃花	新婚、幸运、快乐
向日葵	光辉、仰慕
非洲菊	神秘、兴奋
山茶花	可爱、谦让
牵牛花	爱情、冷静、虚幻
勿忘我	永恒的爱、永恒的友谊
水仙	高雅、清逸、芬芳脱俗
文竹	永恒
石竹	奔放、幻想
马蹄莲	永结同心
红豆	相思

表2 花朵数的寓意

朵数	朵数的寓意
1朵	你是我的唯一、我的心中只有你
2朵	两心相映
3朵	我爱你
4朵	誓言、至死不渝
5朵	无悔
6朵	顺利
9朵	长久坚定的爱
10朵	十全十美
11朵	一心一意
19朵	期待
22朵	双双对对
99朵	长相厮守
100朵	白头偕老、百年好合、百分之百的爱
161朵	唯一的爱
365朵	天天想你
999朵	天长地久
1001朵	直到永远

CHAPTER 4 第四章

提升礼仪修养

中国被称为礼仪之邦，说明中国人非常重视品德与修养。我们在仪表礼仪的阐述中，提到一个人只有提升自己的文化思想修养，才能提高自己对美的感知力。古人常以仪表、仪态、言语辞令来判定人之修养，认为这些是一个人修养品行的外在表现。比如在射箭的过程中，可以观察到人的道德品行。射者在参加射礼之前必须认真学习礼乐，使自己的一招一式都符合礼仪的规定，并能够与音乐的节拍相合。在射箭时，只有修养到位、思想纯正的人，才能身体挺直，目光专注于箭靶，射中率才会高。正所谓唯有“诚于中”，方可“形于外”。

在《礼记》中有一篇讲述做学问的文章，就是《大学》。这一篇后来被单独取出，独立成篇，成为《四书》之一。在《大学》中，提出了儒家最高的求学理念——大学。大学是什么？这个“大学”不是今天的高等学府的称呼，而是广博的、至高无上的学问，是古代人所追求的最高境界。学，不仅指学习某种知识和技能，最重要的是学习如何做一个拥有良好知识技能且品德修养高尚的人，主张以德为先，以才辅之。古人追求修身养性，而修身是《大学》中提出的最根本的一条原则，“自天子以至于庶人，壹是皆以修身为本”。《大学》开篇即说：“大学之道，在明明德，在亲民，在止于至善。”简单的几句话就道出了千古的至理，提出了人们追求的最高境界。第一是明明德，就是要使本身光明的一面展示出来，发扬自己优良的本性；或是使本来光明后来受到社会的不良熏染的本性经过修学达到去污垢返璞归真的境界,使自己的品德更加高尚。第二种境界是亲民,是在第一个层次的自我修养已经达到极高层次的基础上之后的作为,要自利利他,亲近百姓,到百姓中间去感染感化其他人,让人觉得自己容易亲近。这样,在百姓接受了自己的基础之上,才有可能来学习。也可以说是有了知识、技能和修养,不能独善其身,应该用于大众,让更多的人受益,这样人才不会自私自利。第三种境界是止于至善,也就是说要尽自己所有的能力努力追求达到极其圆满的至善效果。可以说这三种境界从自立、自利境界上升到了利他、利国、利天下,完成自己修养的升华,达到最高、最圆满的境界。

第一节 形象美是外表与气质的统一

"形象"一词,自古有之。《尚书·诰命》篇注疏中,言及殷王武丁梦见天帝送给他一个名叫"说"的助手,于是回忆梦中之所见,令百工"刻其形象","使百官以所梦之形象"去民间寻找。《周礼·天官·司会注》在解释地契版图时,明确写到"图,土地形象,田地广狭";"土地之图,有其形象,即是民之田地广狭多少,皆在图也。"显然,《尚书》《周礼》中"形象"的基本意思是人之相貌、物之形状。到了今天,"形象"已被理解为人们在一定条件下对他人或事物由其内在特点所决定的外在表现的总体印象和评价。

翩翩风度、堂堂仪表,让人羡慕,可是很多人会感叹"并非人人皆能如此"。出众的形象既有先天因素又有后天人为的成分。形象美不仅是一种外在表现,更重要的是反映出人的思想修养、精神风貌,是人内在美与外在美的有机统一。形象美是一种和谐之美。一个人的气质是形象的底蕴,正所谓"秀外慧中",不能"金玉其外,败絮其中";而仪表整洁,举止得体,就是为自己的内在素质披上了一件漂亮的外衣。

今天我们说一个人的形象好,并不是仅仅"以貌取人",而是包括举止形体和表现出来的气质、品格、神韵等。容貌长相平平乃至有点而缺陷,都不必自怨、自卑、自弃,只要加强内在气质修养,形体、举止、谈吐是可以训练的,一样可以获得独特的魅力。

美国总统罗斯福不仅相貌平平,而且嗓音沙哑,还有一副暴露在外、参差不齐的丑牙,却成为美国人民最喜爱的总统之一。他首先把自己的沙哑声练成一种独特的很具有感染力的声音,然后努力练习讲话和演说能力。他还积极参加游泳、骑马、赛球等运动,锻炼自己的意志和体魄。除此之外,他还修炼自己的耐性、和善等优良品性。通过努力,罗斯福成为一个自信自强、精力超群、强健愉快、善辩幽默的政治家。试想,如果他整天沉浸在"我为什么不能像别人一样英俊健壮"的悲观消极的心境中,他的人生将会是怎样的状态?因此,从某个角度说,缺陷也可以成为成功的最可贵的资本。

通过外表修饰,吸引他人注意也许不困难,可是吸引别人的目光长久地停留在自己的身上,就不容易了。一个人内在散发出的魅力才能历久弥新,它能战胜先天外貌缺陷或岁月留下的痕迹。只有修炼内在气质、加强自身修养,才能拥有真正的形象美。

一、气质

"气质"一词源于希腊语,是指人相对稳定的个性特点、风格和气度,是人典型的、稳定的心理活动的动力特征。人的气质不同,心理活动的动力特征也不同。具有某种气质特征的人,不论在哪种场合中都会表现出同样的动力特征,使个体行为染上个人独特的色彩和风格。

(一)气质的类型

人所具有的气质,就是平常人们所说的脾气或秉性。不同心理学家对其有不同的划分,但代表性的气质类型有四种,即多血质、黏液质、胆汁质和抑郁质。每一种气质类型都具有独特的气质特征。

多血质的气质特征表现为:思维灵活,反应迅速,精力充沛,活泼好动,对人热情,善于交际,具有外倾性,但易于轻举妄动,做事缺乏耐力。

黏液质的气质特征表现为:思维灵活性低,动作缓慢,沉着冷静,考虑问题比较仔细,做事有条不紊,善于克制,忍耐力强,沉默寡言,交际适度,具有内倾性。

胆汁质的气质特征表现为:反应迅速,理解问题快,但往往粗枝大叶;直率热情,精力旺盛,行动坚决果断,具有明显的外倾性,但情绪易冲动,难以控制。

抑郁质的气质特征表现为:心细敏感,行动迟缓;情感细腻、深刻而持久,但难于外露;沉默谨慎,孤僻,不善交际,很少表现自己,具有明显的内倾性。

在现实生活中,绝对属于某种气质类型的人并不多。从个体来看,往往可能是几种气质兼而有之,此消彼长,尔隐我现;或是一种气质占主导地位,另一种气质略作补充。大多数人是以某一种气质为主,兼有其他气质特征的混合型,如质朴纯真、高雅端庄、热烈奔放、雄健粗犷、温婉恬静、庄重深沉、冷峻和冷艳、忧郁和浪漫等。相异气质在一个人身上交织,能使他显示出不同的风度,更加引人注目。比如,毛泽东就是一位集诗人气质、哲人气质、领袖气质等不同气质于一身的、极具个人魅力的伟大人物。

(二)气质的培养

气质不仅有与生俱来的容貌、体质、血型和微妙的遗传因素,更有后天得之的环境氛围、文化修养、审美情趣、价值观念和心理机制,即我们通常所说的素质。因此,人们只有在增强自身素质的基础上,形成一定的独特的个人风格,才能展现其仪表美。

修炼自身气质,首先,要坚信其自身气质是可以培养造就的;其次,要充分认识自我气质类型,深刻分析自我气质特征,发展积极的品质,限制消极的品质,扬长避短,择优互补,以完善和优化自身的气质。人际交往的主体的气质美还需要在文雅情趣的建立、文明举止的培养特别是文化素养的提高上下功夫。实践证明,一个人的文化素养越高,就越容易观察并吸收各类气质的长处,用来丰富和美化自我。这样就会在他身上集中并显现出各种气质的优点,从而使气质美的特征更为突出,更为丰满。这样的人在人际交往中,必然会展现出动人的魅力和特有的风采,具有更强的吸引力。

在今天的社会,气质已逐渐成为衡量员工素质的尺度之一。

二、风度

风度是一个人的外在与内在、形象与精神和谐统一的心理反映,是人的身段、步态、眼神、表情、言谈举止、着装打扮、气质、性格、涵养品德、风格风貌的总和,是精神状态、形貌举止、文化修养的集中表现。

一般来说,风度与气质是相应的。气质不佳者,难有真正好的风度。一个人的风度,是在自然成长的社会氛围以及漫长的社会生活实践中逐渐形成的。它不仅表现了仪表美的外观,而且体现了仪表美的内涵,它是一个人个性、品质、修养、情趣、学识、精神境界、生活习惯等的外在表现。因此,可以说风度是气质的外在形式。它可以通过人的服饰、形体、言谈、表情、态度举止等表露出来,呈现出多姿多彩的形态。例如,政治家有政治家的风度,演员有演员的风度,教师有教师的风度,运动员有运动员的风度,商务人员也有其相应的风度,等等。

由于风度反映的是人的内在美、心灵美,是人的思想、情感、意志和行为之美的综合表现,因此,社交主体的内在美可以体现在他为客户所提供的优质服务上;可以表现在爱国、正直和诚实,不做有辱国格、人格的事,不损人利己、不弄虚作假等方面。通过内心之美折射出其吸引人的高贵品质，得到人们的尊重和爱戴。

在社交活动中，交际主体在不同场景、不同活动过程中又可以通过自己的一言一行、一举一动的外在形式反映出风度美。如温文尔雅的谈吐、落落大方的举止、彬彬有礼的态度、热情开朗的性格等。因此，在人际交往和社交活动中，交际主体应努力树立端庄而不呆板、稳重而不迟钝、洒脱而不造作的良好形象，同时还应踏实、坚毅、活泼、敏锐。这样的交际主体身上才会产生一股磁铁般的人际吸引力，深得交往对象的信赖，有利于交易的达成。

风度美并不排斥个性美，每个人的个性美都可以在角色意识中放出光华，使审美达到更高的境界。在追求个性美的过程中，要避免重外美而轻内秀，或重内秀而轻外美，避免偏差的出现。俄国著名作家契诃夫说过："人的一切都应该是美丽的：面貌、衣裳、心灵、思想。"古希腊哲学家柏拉图曾说："身体美与心灵美的和谐一致，才是最美的境界。"

总之，风度总是伴随着礼仪。一个有风度的人，必定深谙礼仪的重要，即使是气质粗犷、冷峻的人，一般也不会选择粗鲁无礼的自我形象。既彬彬有礼，又落落大方，顺乎自然，合乎人情，这便是现代人的潇洒风度。

第二节　素质决定修养

素质与修养经常联系在一起共同出现。今天，"素质"一词已经家喻户晓、人人皆知。《辞海》对素质一词的定义为：①人的生理上的原来的特点。②事物本来的性质。③完成某种活动所必需的基本条件。在高等教育领域中，素质应是第三个定义，那就是大学生从事社会实践活动所具备的能力。而一个人文化水平的高低、身体的健康程度、思维能力、对事物的洞察能力、管理能力和智商、情商层次高低以及与职业技能所达级别等等，都可以称为素质。我们正在大力实施素质教育，追求学生在德、智、体、美、劳等方面的素质全面发展。有人说有素质的人不一定有修养，有修养的人也未必文化层次很高。而在这里，我想说：你要做的是一个素质与修养并存的人，年轻的学生们更需要在校园里通过素质教育来提高自身修养。

一、礼仪修养的含义

修养是一个人在道德、学问、技艺等方面通过自己的刻苦学习、艰苦磨炼以及陶冶，逐渐使自己具备的某一方面的品质和能力。礼仪修养是指人们为了达到某种社交目的，按照一定的礼仪规范要求，结合自己的实际情况，在礼仪的品质、意识等方面所进行的自我锻炼和自我改造。礼仪修养不仅包括依照现代礼仪的基本原则和规范而进行的自我反省、自我检讨、自我解剖，而且包括在现代礼仪实践中形成的礼仪品质。由于把礼仪修养与具体的礼仪实践联系起来，这就使得礼仪修养具有科学内涵。

礼仪作为一种修养，是多层次的道德规范体系中最基本的行为规范之一，它属于道德体系中社会公德的内容，如举止文明、谦恭礼让、礼貌待人、尊师敬长、遵守公共秩序等，这些既是礼仪规范的要求，又是中华民族的传统美德。礼仪不仅显示出人的道德情操和知识教养，而且能帮助人们修身养性，完善自我。人们崇尚礼仪并不是喜欢表面形式，而是看重其中所包含的道德内涵，即对交往对象的真诚敬重。可以说道德修养是礼仪的基础，“礼由心生”。而礼仪是文化修养、品德教养的外在体现。

二、礼仪修养的目的

礼仪修养的主要目的是通过修养，使个人的言行在社会交往活动中，与自己的身份、地位、社交角色相适应，从而被人理解和接受。

社交角色是指在社交活动中，处于某种社交关系状态的人。社会对于不同的社交角色提出了不同的行为规范和行为模式。不同社会，具有不同社会经验的人或组织，对于社交角色的评价可能有完全不同的意义。

在社会交往活动过程中，随着主客关系和社交对象的变化，角色也在发生相应的变化。一个人扮演的不是一个社交角色，而是几个社交角色。社交角色不同，所应遵循的礼仪要求也就不同。不同的角色，如上下级之间、男女之间、亲朋之间、主宾之间、同事之间等，其礼仪要求是有差别的。正式场合和非正式场合的礼仪要求也是有差别的。在人与人之间的交往活动中，社交成功的重要标志是个人使自己的行为与他人和社会的期望相符合。社交角色的实现，是建立在个人对自己的认识基础上的。例如一个经理，在公司里他是管理者，其礼仪要求主要体现在听取汇报、检查工作、指导员工、决策规划等方面，要求他能平等待人、科学决策、说话和气等。对外，当他面对客户时，则是一名“推销员”，要求他热情真诚、彬彬有礼、大方得体。这两种角色的礼仪要求是不同的。

在社交中，要把角色扮演得恰到好处，礼貌有加，处处得体，并不是一件容易的事。因此，每个人一方面要重视社交角色的定位，增强角色意识；另一方面要加强自身的礼仪修养,以适应多种角色的不同礼仪要求。

三、礼仪修养的提高

要提高个人的礼仪修养,首先要提高个人的思想道德修养。前面提到过道德是礼仪的基础,礼仪是道德的表现形式。因此,要提高礼仪水平,就要加强个人的道德修养。个人道德修养的内容比较广泛,包括道德认识、道德情感、道德意志、道德信念、道德行为和习惯等,其中最主要的是道德意识修养和道德行为修养。道德意识修养主要是通过学习道德知识,形成正确的道德观念。加强职业道德、社会公德和良好的家庭伦理道德的修养,爱国家、爱家庭、爱岗敬业。道德行为修养主要是通过实践培养良好道德行为的自觉性和习惯性。道德行为的修养要从小事做起,从点滴做起,谨记"勿因善小而不为,勿因恶小而为之"。

要提高个人的礼仪修养,还要主动学习礼仪知识。利用图书资料、广播电视、互联网、培训、专修等渠道,全面、系统地学习礼仪知识。从理论上掌握在不同的场合面对不同的交往对象,应该运用哪些礼仪,应该避讳什么。初学礼仪的人可以把日常礼仪规范作为学习的重点,政府公务员以公务礼仪作为学习的重点,从事商务工作的人员则以商务礼仪作为学习的重点, 宾馆酒店服务员则应以服务礼仪作为学习的重点。

要提高个人的礼仪修养,必须参加交际实践,积极运用礼仪,做到知行统一。"纸上得来终觉浅,绝知此事要躬行。"礼仪"知易行难"。要通过反复实践提高礼仪运用的熟练程度,把握好礼仪运用的规范性,摸索礼仪运用的技巧,真正成为一个知礼、守礼、行礼的人。"吾日三省吾身",学习礼仪,也要注重自我反省、自我监督,不断发现自身缺点,找出不足,积极改正和提高,将学习、运用礼仪真正变为个人的自觉行为和习惯做法。

四、礼仪主体应具备的素质

素质是一个含有生理学、心理学、社会学、教育学等多种意义的综合范畴。我们把它理解为以人的先天禀赋为基础,在后天环境和教育的影响下逐步形成和发展起来的比较稳固的身心特征,即一个人的品德、阅历、智慧、风度、气质、性格、知识、技能等方面的综合表现。

可以说,素质既包括待开发的人的身心潜能,又包括社会发展的物质文明与精神文明成果在人的身心结构中的内化与凝聚。尤其是在工作中,作为组织对外交往的“名片”,要同社会各界公众打交道,担负着形象塑造、协调沟通等职能,更重要的是组织活动的得失成败和有效程度,在很大程度上取决于员工的个人基本素质。因此,重视组织员工素质的提高对组织的发展是至关重要的。我们来看看下面这则动人的故事:

日本某市近郊的一块土地用于建造齿轮材料厂非常合适，可是董事长木村前后半年多次登门,费尽口舌,仍对该块土地的所有者——一位倔强的老寡妇毫无作用。

一个下雪天,老妇人上街时顺路来到木村事务所,她的本意是告诉木村“死了买地这条心”。一推门,老妇人自觉穿着肮脏的木屐进去不合适,就站在门口。这时一位年轻的女职员出现在妇人面前,她一时没有拖鞋给老妇人穿,就把自己的拖鞋脱下来整齐地摆在老妇人面前,笑着说:“很抱歉,请穿这个好吗? ”老妇人犹豫了:她不在乎脚冷?“别客气,请穿吧,我没什么关系。”老妇人穿上她的拖鞋,女职员问:“老太太,你要找谁? ”“谢谢,我要见木村先生。”

“他在楼上,我带你去。”女职员扶着老妇人,犹如搀扶自己的母亲。老妇人穿在脚底的鞋是温暖的,更使她感到温暖的是互不相识的女孩的心。突然间,老妇人决定改变主意,把土地出售给木村,并告诉他“我不是为了钱才卖地”。有这样彬彬有礼的职员,她的老板一定是个好人。就这样,一个大企业家倾其全力交涉半年也徒劳无功的事情,竟因一个女职员有礼而亲切的举动无意促成了,真是奇妙之极。

我们可以把一个人的基本素质分为思想素质、心理素质、文化素质和生理素质四个方面。

(一)思想素质

在社会交往中，一个人的思想素质主要包括优秀的道德品质和强烈的职业意识,具体表现在勤奋敬业、忠诚可信、团结协作、廉洁奉公和遵纪守法等方面。

1.勤奋敬业

古罗马有两座圣殿:一座是勤奋的圣殿,一座是荣誉的圣殿。古罗马人在安排座位时有一个顺序,就是必须经过前者,才能到达后者。勤奋是通往荣誉的必经之路,那些试图绕过勤奋寻找荣誉的人,总是被排斥在荣誉的殿堂之外。

在竞争激烈的现代社会,可以毫不夸张地说,一个企业的生死存亡取决于其员工的勤奋敬业程度。勤奋敬业就是重视自己的职业,把工作当成自己的事,为此付出全身心的努力,加上认真负责、一丝不苟的工作态度,即使付出再多代价也是心甘情愿,并能够克服各种困难,做到善始善终。

美国某大公司的领导层经常向员工们讲这样一个故事：公司有一名老职员已供职几十年，一贯勤奋工作，很受老板赏识。当他将要退休的时候，老板交给他一项最后的任务：负责为公司再建一幢小楼。那位老职员接受任务以后，心想反正要退休了，工作便不像过去那样认真，结果那幢小楼的建筑质量较差。竣工之日，他把新楼的钥匙交给老板，不料老板却把钥匙授给了他，说："你一生为公司做出了贡献，现在把这座楼赠送给你，作为奖励。"老职员听了，羞惭不已，后悔莫及。

2.忠诚可信

在人们的社会活动中，大到一个国家，小到每个人，都不可避免会发生一些交往，也必然发生交往一方对另一方的各种承诺，人们根据对承诺的兑现程度去判断一个人或一个组织的诚信程度。现代社会，诚信是个人和组织必须遵守的道德规范，组织和员工必须讲究诚信、遵守诺言、以诚待人、表里如一。特别是在商务活动中，应该做到遵守国家法律、法规，不违法经营，重质量、讲信誉，严格履行合同，公正、公平对待合作者，不恶意逃避债务，不生产和销售假冒伪劣产品，树立全心全意为客户服务的思想，有效做好售后服务工作，严格执行知识产权保护法，不窃取他人的商业秘密和技术专利等。

3.团结协作

一个组织要顺利健康地发展，需要全体成员树立团队精神，通力合作，相互配合，风雨同舟，处理事情以组织利益为重，形成和谐互助的良好氛围，以增强组织的凝聚力。

我们每个人都懂得"三个臭皮匠顶个诸葛亮"的意思。我们还可以从雁群飞行中得到启示。你见到雁群为过冬而以"人"字队形向南方飞行的情景吗？你也许知道某种科学论点说明它们为何如此飞行。当一只鸟展翅拍打时，其他的鸟会立刻跟进，使得整个鸟群抬升。借着"人"字队形，整个鸟群比每只鸟单飞时，至少增加了71%的飞升能力。当领队的雁疲倦了，它会轮流退到侧翼，另一只雁则接替飞在队形的最前端；飞行在后的雁则会利用叫声鼓励前面的同伴来保持整体的速度；当一只雁脱队时，它立刻感到独自飞行时的迟缓、拖拉与吃力，所以很快又回到队形中，继续利用前一只雁所造成的升力。分享共同目标与集体感的人们可以更快、更轻易地达到他们的目的。如果拥有大雁的感觉，我们将像它们一样互相扶助，凭借着彼此的冲劲、助力而更好地发展。

4.廉洁奉公

员工在代表组织进行社会交往、协调关系和商务活动的过程中，要廉洁奉公，不谋私利。要坚决杜绝营私舞弊、损公肥私、假公济私、以权谋私、贪污受贿、欺诈勒索、见利忘义的不道德行为。

5.遵纪守法

遵纪守法要求员工在开展活动时,一方面要遵守所在组织的规章制度,对工作尽心尽责,不搞特殊化,不玩忽职守;另一方面要遵守国家的法律法规、方针政策。在进行涉外活动时,要遵守他国的法律法规和国际惯例。

(二)心理素质

心理素质是人的素质结构的核心因素,是使人的素质各部分联系起来成为能够发展主体自身的内部根据。因此,我们可以对心理素质做如下界定:以人的自我意识发展为核心,由积极地与社会发展相统一的价值观所导向的,包括认知能力、需要、兴趣、动机、情感、意志、性格等智力和非智力因素有机结合的复杂整体。在社交工作中,一个人应具备以下心理素质:

1.追求卓越、渴望成功的心理

追求卓越、渴望成功的心理是卓有成效开展工作的动力。追求卓越、渴望成功的心理就是要求从业人员要有成就动机。成就动机是追求较高的目标,完成困难的任务,竞争并超过别人。现代组织都渴望在激烈的竞争中获得成功,这也要求它的员工要具有这种追求卓越、渴望成功的成就动机。管理心理学认为:成就动机强烈的人往往将个人与组织的成就视为至高无上的东西,甚至金钱也无法与之相比。具有成就动机的人有如下特征:

在思维方面:他们经常思考如何把事情做得更好,并且超过别人;他们经常想干一些与众不同的、独特的事情;他们经常渴望达到或超过某个高标准;他们经常考虑个人、组织的前途与发展等问题。

在行为方面:他们喜欢挑战性的工作,敢于担当一定的风险,但又不是草率行事,他们树立的工作目标虽然比较实际,但又具有一定的难度;他们喜欢那些能发挥其独立解决问题能力的工作环境,做事积极、主动,并力求创新。

2.自信的心理与坚强的意志

法国哲学家卢梭说过:“自信对于事业简直就是奇迹,有了它,你的才智可以取之不尽、用之不竭。一个没有自信的人,无论他有多大的才能,也不会有成功的机会。”自信是对一个人心理素质最基本的要求,是取得事业成功的基石。俗话说:自知者明,自信者强。充满自信心的人,敢于承担风险、敢于参与竞争、敢于面对各种挑战、敢于超越自我超越他人,追求卓越的目标,临危不惧、处变不惊、遇挫不馁,以极大的勇气、坚强的意志、稳健的姿态、非凡的耐心努力实现工作目标。而缺乏自信的人,遇事畏缩不前,常低估自身的能力,行事不果断,往往失去成功的机会。建立自信心的重要前提是清晰地认识自我,愉悦地接纳自己,理性地认识自身的角色位置及价值,用肯定、积极、上进的语言激励自己。

爱默生说:“这世界只为两种人开辟大路:一种是有坚定意志的人,另一种是不畏惧阻碍的人。”意志是克服困难实现预定目标的一种心理素质,它是与人的自信心相辅相成的。坚强的意志,是行动的强大推动力,是克服困难、获得成功的必要条件。意志坚强表现为坚持不懈、处事果断、不怕困难、善于自制。面对生活与工作中的困难和挫折,要用坚强的意志去克服。意志属非智力因素,一个人的意志坚强与否是后天形成的,是环境和教育的结果,更与自身的不懈努力分不开。

1960 年,哈佛大学的罗森塔尔博士曾在加州一所学校做过一个著名的实验。新学年开始时,罗森塔尔博士让校长把三位教师请进办公室,对他们说:“根据你们过去的教学表现,你们是本校最优秀的老师。因此,我特意挑选了 100 名全校最聪明的学生组成三个班让你们教。这些学生的智商比其他孩子都高,希望你们能让他们取得更好的成绩。”三位老师都高兴地表示一定尽力。校长又叮嘱他们,对待这些孩子,要像平常一样,不要让孩子或孩子的家长知道他们是被特意挑选出来的。一年之后,这三个班的学生成绩果然排在整个学区的前列。这时,校长告诉了老师们真相:这些学生并不是刻意选出的最优秀的学生,只不过是随机抽调的最普通的学生。

老师们没想到会是这样,都认为自己的教学水平确实高。这时校长又告诉了他们另一个真相,那就是,他们也不是被特意挑选出来的全校最优秀的教师,也不过是随机抽调的普通老师罢了。这个结果正如博士所料到的:这三位教师都认为自己是最优秀的,并且学生又都是高智商的,因此对教学工作充满了信心,工作自然非常卖力,结果肯定非常好。

在做任何事情以前,如果能够充分肯定自我,就等于已经成功了一半。当你面对挑战时,你不妨告诉自己你就是最优秀的和最聪明的,那么结果肯定是另一种模样。

3.热情的心态与开朗的性格

热情对于一个优秀的员工来说就如同生命一样重要。如果你失去了热情,那么你永远也不可能在职场中立足和成长。凭借热情, 我们可以释放出潜在的巨大能量;凭借热情,我们可以把枯燥乏味的工作变得生动有趣;凭借热情,我们可以感染周围的同事,让他们理解你、支持你,拥有良好的人际关系;凭借热情,我们更可以获得老板的提拔和重用,赢得珍贵的成长和发展机会。一个具有热情心态的人,才能对学习、工作与生活充满兴致,才能对未来充满希望与期待,才能鼓舞自己快乐地奋发进取。

尤其是人际交往沟通频繁的工作,都是一种开放性、创造性的工作,需要与社会各界公众打交道,这就要求从业人员首先要有工作热情,主动与交往对象进行沟通,全身心地投入工作;其次,在生活与工作中应具有开朗的性格,乐于与人交往,能从容不迫地往来于大庭广众之间而不畏怯害羞,善于表达自己、推销自己,善于诱发和倾听他人的意见,乐于接受来自不同方面的建议与批评,能与各种类型的人建立正常的沟通渠道。

4.广泛的兴趣与宽广的胸怀

兴趣是人们认识某种事物或爱好某种活动的倾向。人际交往中需同各行各业、各种公众、各色人物打交道,接触的公众性格各异、爱好不同、层次也不同,这就要求我们要有广泛的兴趣爱好,以便面对各种公众都能找到"共同语言"与话题,从而产生认同感和亲近感,更好地团结不同特点的公众,为组织营造一个祥和、愉快的工作环境。宽广的胸怀是对一个人品格的基本要求。具有宽广胸怀的人,能承认差别、尊重个性、求同存异,能够站在他人的立场思考问题,包容他人的弱点与不足,不斤斤计较,在工作中善于控制自己的情绪,以豁达乐观的态度对待工作中的困难和挫折。面对情绪激动、性格暴躁的公众,能心平气和地听取其意见和建议。

(三)文化素质

中国自古以来的家庭教育理念就是要培养孩子"知书识礼"。较高的文化素质是一个人综合素质的核心,更是礼仪修养的基础,包括丰富的社会经验和广博的知识。

1.丰富的社会经验

工作中经常需要处理各种纷繁复杂的问题,必须具有丰富的社会经验,特别是应具有人际交往、沟通协调、新闻传播、经营管理、策划设计、市场推广、宣传广告以及应对突发事件、处理棘手问题的经验。

2.广博的知识

一个人理想的知识结构从纵向上可分为三个层次。我们以商务工作人员的知识结构为例:

基础知识:掌握管理学、心理学、社会学、舆论学、伦理学、经济政治学、计算机、外语、演讲等基础学科的基础知识。

专业基础知识:掌握交际学、管理心理学、交际心理学、市场学、经济学、经济法、统计学、财务会计、企业管理、保险学、金融学等专业学科的基本知识和方法。

专业知识：公共关系学、公关与商务礼仪、广告学、推销学、商务谈判、国际贸易等专业知识和相关能力。

（四）生理素质

生理素质是指人们在先天遗传性和后天获得性的基础上发展起来的人体形态结构和生理功能上相对稳定的特征，它包括生理解剖特点（性别、年龄、体型、体质、体格、神经系统、脑、感觉器官等）和生理机能特点（反应速度、运动能力、应激水平、负荷限度、对环境的适应能力、对疾病的抵抗能力等）。

外向型工作的人员经常代表组织开展对外交往、接待各方面的公众，在某种意义上代表着组织的外在形象，因此应具有适中的体型、端庄的仪表、潇洒的风度和健壮的体魄；此外，还应具有旺盛的精力、清醒的头脑、敏捷的思维、较强的应变能力，能够及时、准确地捕捉信息，正确地估计事物发展态势，适时采取措施，做出反应。

五、礼仪主体心理障碍的排除

心理障碍是指影响个体正常行为和活动效能的心理因素或心理状态。在人际交往活动中，礼仪主体可能会不同程度地表现出以下常见的心理障碍，应该及时进行调解。

（一）嫉妒

嫉妒是由于别人胜过自己而引起抵触的消极情绪体验。黑格尔曾说，嫉妒是“平庸的情调对于卓越才能的反感”。嫉妒是一种心理缺陷。在日常生活中，嫉妒的存在是很普遍的。英国科学家培根说：“在人类的一切情欲中，嫉妒之情恐怕要算最顽强、最持久了。”嫉妒者不能容忍别人超过自己，害怕别人得到自己无法得到的业绩、名誉、地位等，在他看来，自己办不到的事别人也不要办成，自己得不到的东西别人也不要得到。通俗地说，嫉妒是对与自己有联系而又强过自己的人的一种不服、不悦、失落、仇视甚至带有某种破坏性的危险情感。嫉妒心理常常表现为，当他人取得了比自己优越的地位或成绩时，便产生一种忌恨心理；当对方面临困境陷入灾难时，就隔岸观火，幸灾乐祸，甚至借助造谣、中伤、刁难等手段贬低他人，安慰自己。

嫉妒心理可通过以下几种方法克服：

1.正确认识他人的成功

嫉妒心往往是由于心胸狭窄所引起的，即人家取得了成就，便误以为是对自己的否定，对自己是威胁，损害了自己的“面子”。其实，这只不过是一种主观臆想。一个人的成功不仅要靠自己的努力,更要靠别人的帮助,荣誉既是他的也是大家的,人们给予他赞美、荣誉,并没有损害自己。

2.及时打消嫉妒念头

嫉妒是一种突出自我的表现。在这种心理支配下,待人处事常常以自我为中心,无论什么事,首先考虑的是自身的得失,因而引起一系列的不良后果。若出现嫉妒苗头时,及时自我约束,摆正自身位置,努力驱除妒忌心态,可能就会变得"心底无私天地宽"了。

3.树立科学的竞争观念

正视自己的不足和差距,认识到每个人都各有所长,保持乐观的情绪,去发现和开拓自己的潜能,进而扬长避短,不断充实和提高自己,通过公平竞争,超越别人。

(二)羞怯

羞怯心理是绝大多数人都会有的一种消极心理。具有这种心理的人,往往在交际场合或大庭广众之下羞于启齿或害怕见人,由于过分的焦虑和不必要的担心,使得他们在言语上支支吾吾,行动上手足无措、瞻前顾后,长此以往,将不利于同他人的正常交往。羞怯心理可通过以下方法克服:

1.松弛训练法

当你的心理感到紧张、心跳过速的时候,可以转换一下视线、变换一下姿势、说两句寒暄之类的话,这样就可以在一定程度上缓解羞怯心理。

2.认知平衡法

羞怯大多是由自卑等心理不平衡状况所致。在由自卑导致胆怯的时候,可以从内心进行认知的自我平衡,不要对自己全盘否定;相反地,多想想自己的长处,从而产生自信。

3.气氛转换法

在与他人交往时,可能由于某些原因我们会难以启齿,从而导致心理紧张。在这个时候你可以转换一下话题,使气氛得以缓和,等到气氛融洽,有利于说出真情时,可以心平气和地说明自己的意图。

4.模仿法

经常有意识地注意观察和模仿一些泰然自若、善于交际、活泼开朗的人的言谈举止,对照自己的弱点加以克服,并根据自己的气质形成自己的风格。

(三)自卑

自卑心理是由于生理、心理和其他方面(如家庭、工作等)的某些缺陷,有时是自以为是的缺陷,而产生的轻视自己、看不起自己,认为无法赶上别人的一种消极心理。自卑感往往使人缺乏自信、孤僻、悲观。特别是受到周围人们的嘲弄和侮辱时,有时会以暴怒、嫉妒、自暴自弃等形式表现出来。个体自卑心理的形成和一个人儿童时期的人格是否健康发展有一定联系,但主要还是社会环境长期影响的结果。自卑不同于自谦,它是一种不健全人格的反映。一般说来,自卑感强的人多是性格内向、勤于反思而又敏感多疑者。他们自尊心也很强,但他们不是积极进取以获得自尊,而是消极退避以保护自尊。正是为了追求一种不使自尊心受到伤害的安全感,为了不在别人面前暴露自己的弱点,才不愿与人交往,不愿抛头露面。自卑心理可通过以下方法克服:

1.正确评价自己

俗话说"尺有所短,寸有所长","金无足赤,人无完人"。每个人都有长处与短处,因此不能只看自己的短处不看长处。积极的态度是扬长避短,以"长"补"短"。一个人某一方面不行,也许另一方面比别人强。不能只看到自己的不足,自卑心理很大程度上是在对比中产生的。

2.增加成功经历

一个人成功经历越多,他的期望也就越高,自信心也越强。因此,通过一次又一次微小的成功,可以使自信心得以提升。对于自卑的人来说,重要的是建立起符合自身实际情况的"抱负水平",增加成功的经历。这可以由小做起,确保首次努力的成功,形成良性循环。如果遇到困境,感到自卑时,可以改做一件比较容易成功或者自己愿意并有兴趣的活动或工作,以便增强信心,消除自卑。

3.树立自信心

自卑心理是心理软弱的表现。关键是自信心不强,不敢将自己的思想向外表露,结果在行动上常常随波逐流,毫无主见,没有魄力,造成心理上的抑郁、沮丧。可以通过积极的自我暗示来树立自信心,学会在内心说:"我行!我也能做!"

4.积极与他人交往

心理学家认为:当人独处时,心理活动就会转向内部,朝向自己。心理活动的范围、内容都受到一定的局限,加之认识的局限,心理活动往往走向极端。通过积极与他人交往,开阔视野、增长见识、开启心智,可正确认识自我,消除自卑心理。

(四)猜疑

猜疑也是社会交往中的一大忌。具有这种消极心理的人,往往难辨真假,疑心重重,有时甚至无中生有,总以"害人之心不可有,防人之心不可无"、"逢人只说三分话，不可全抛一片心”作为社交原则，处处小心，防范别人，戒备心非常强，有时甚至口是心非。猜疑心理于人于己都会产生负面影响，我们应该努力克服它，还自己和他人一种好心境。猜疑心理可通过以下方法克服：

1.自我暗示

这是一种对自己施加某种积极的影响，从而调整心境、情境和加强自我意识的方法。当发现别人有某些“可疑”行为时，应该暗示自己要冷静，应作全面分析和了解，不要胡猜乱想。

2.自我安慰

一个人在生活中遭到别人的非议和流言，与他人产生误会，没有什么值得大惊小怪的。不要过分在意别人的议论，这样不仅解脱了自己，而且还取得了一次小小的精神胜利，产生的怀疑自然就烟消云散了。

3.及时沟通

世界上不被误会的人是没有的，关键是我们要尽快消除误会，如果误会得不到尽快的解除，就会发展为猜疑；猜疑不能及时解除，就可能导致不幸。所以如果可能的话，最好同你“怀疑”的对象开诚布公地谈一谈，以便弄清真相，消除误会。猜疑者生疑之后，冷静地思索是很重要的，但冷静思索后如果疑惑依然存在，那就应该通过适当方式，同被疑者进行推心置腹的沟通。若是误会，可及时消除；若是看法不同，通过谈心，各自的想法为对方所了解，也有好处；若证实了猜疑并非无端，那么心平气和地讨论，也有可能使事情解决在冲突之前。

第三节 大学是修炼气质与风度的乐园

大学是教育培养人才的基地，是向社会输送服务人才的学府，而社会是检验和录用人才的场所。世界最负盛誉的名牌大学之一、美国历史最悠久的高等学府哈佛大学校门上的标语是：“为增长智慧走进来，为更好地为祖国和同胞服务走出去。”这既是哈佛大学的精髓所在，也是全人类学校教育的精髓所在。大学生在高校接受正规教育，就是为了充实知识，增长智慧和才干，提高技能，掌握为社会服务的本领。社会对大学生的要求是相当高的，社会公众往往会用社会主导价值观来描述理想大学生的形象。例如：“文化水平高、素质高、掌握现代科技知识”，“有理想、有抱负、思想纯正”，“头脑灵活、刻苦钻研业务、谦虚好学、事业心强”，“竞争意识强、勇于接受新事务”，“有正义感、乐于助人”，“注重礼仪、文明礼貌、通情达理、能说会道”等。用人单位也往往会按照社会主导价值观的标准来评价一个大学生的好坏并进而决定录用与否。因此,大学生应充分利用大学校园来努力修炼气质与风度,塑造自身良好形象,逐步向社会认同的理想形象靠拢。

人的形象除了外在形象中的长相、肤色等以及性格中的一部分特质是父母给的、与生俱来的外,举止、言谈、气质、修养、风度、才能等则是可以通过后天习得和修炼的。人通过学习、训练、修养可以改变自己的总体形象。通过接受教育和自身努力改变形象的过程就是形象塑造。这个过程是潜移默化的,但又是可以明显感知的。正因如此,高等学校在提倡素质教育中,通常会开设“公关礼仪”课程。我们在给学生传授相关的知识以及进行礼仪训练后,很多学生都会在自己的训练报告中留下类似这样的体会:“学了公关礼仪,又通过训练,明白了什么是大学生应该有的形象和未来应该有的职业形象,明白了什么是气质、风度,感觉到自己开始注意仪表和言谈举止,希望能一直保持好习惯……”“通过学习,能礼貌地同别人交谈,态度诚恳,神情专注,语言亲切。走资、坐姿、站姿都较以前大大改进了,懂得了怎样微笑待人,使自己心情愉快、轻松。自己开始注重形象塑造了……”有的大学生感慨地说:“学习后,我能感受到周围的同学都有了变化,而许多同学也说我变了,变得活泼开朗了。我过去性格内向、有些孤僻,现在却能与同学交流沟通、和睦相处了……”学生们的亲身感受足以说明教育和自身努力可以修炼一个人的气质风度,从而改变一个人的形象。

大学校园的活动多姿多彩,学习生活的环境简单快乐,心态轻松,有许许多多吸引你交往的朋友,有着修炼气质与风度的动力和环境。大学校园生活除了学习之外,文艺、体育、社交、协会团体、剧团、联谊会、沙龙、社会实践、社会公益等活动丰富多彩,其中许多活动属校园公关交际活动。积极参与这些活动,有利于锻炼和提高自身素质,有利于修炼气质与风度。例如,校园内经常开展的演讲赛、辩论赛、文艺会演、公关礼仪大赛、主持人选拔赛、卡拉 OK 赛、时装表演、诗歌朗诵和创文明班级、文明寝室、文明校园等活动都是极富挑战性、竞争性的活动,也是大学生展示风采和自我推销的极好机会。校园外的各种适合大学生参与的社会公益活动,如青年志愿者活动、为社会献爱心活动、敬老爱幼活动、校级联谊活动、社会调查活动等实践交际活动,都可以培养自己的人际交往的沟通能力、组织能力,培养待人处世的态度和自我情绪的管理等。所以,大学就是学生们修炼气质与风度的乐园。大学生肩负着重托,承载着家庭与社会的希望,应该把自己培养成为高素质有修养的受到社会赞誉的群体。

在高校校园里,年轻的学生们要注意知识结构的调整、性格的完善和道德素质的提升,并且做一个有智慧的人。

一、知识结构

我喜欢在上课的时候告诉学生们,知识素质会决定人的气质修养和内涵。大学是读书的天堂,无论何时何地大学生都不能抛弃读书的习惯和对知识的渴求,这将让自己受益终生。

全球科学技术的综合化趋势日益加强,单一的“专门化”人才已不能适应新世纪的要求。随着大学生择业取向的多元化和用人单位对“通才型”人才的需求日益明确,大学生的知识结构需要不断地调整和完善。

理想的知识结构类型应该是动态的“T”形知识结构,包括三个基本标量:宽广度、纵深度和时间度。

(一)宽广度

这是“T”形结构中的“横”,表示与某一领域相关的知识面的跨度或广度,意味着相关的知识面要宽。

(二)纵深度

这是“T”形结构中的“纵”,表示特定专业知识方面的深度。这里的特定的知识面既包括公共关系方面的专业知识,也包括与此相关的专业知识以及与管理活动相关的管理知识。

(三)时间度

动态性是一个现代人才的知识结构的时间标量。随着科学技术的迅猛发展,知识废旧率不断提高,知识废旧周期不但缩短,知识结构应该随着社会的发展和科学技术的进步而不断更新,这要求从业人员吸收新鲜事物要快、应变能力要强。

我们以公共关系工作人员应该有的知识结构为例来领悟从业人员知识素质的要求。

公关人员要有广博的知识。美国是当今世界公共关系事业最发达的国家。据统计,美国的公共关系从业人员 4/5 具有大学以上学历,其中 1/5 是研究生,5/3 是本科生,都有较高的文化素养。公关事业面临的是充满变化发展、极为复杂的社会,公关人员面对的是纷繁多样的人和事。为了能较好地处理内外错综复杂的关系,与各界建立更为广泛的联络网络,要求公关人员具备广博的知识,努力涉猎知识海洋的各个方面,努力成为“杂家”“通才”。

约翰·希尔在《成为一名公关先生》一书中写道:“在我看来,公关咨询人员的基本任务是根据广泛和丰富的经验向顾客提供咨询。但可能有人会问他们咨询什么?公关咨询人员不是律师,不是行政管理人员,不是推销专家,不是劳资关系专家,不是有证书的会计师,也不是科学家,那么他们能提供哪些咨询呢?奇怪的是他们所提供的咨询涉及以上各个领域。”有一位公关人员也曾经说过:“公关人员在工作中要同各种人、各行各业打交道,需要各方面的知识。因此,在业余时间,公关人员都在拼命遨游于知识的海洋。除了要熟练地掌握中英文打字以及经常听一些有关管理学、人际关系、顾客心理学、化妆等知识讲座外,中文修养和英语水平也要不断提高。”由此可见,公关人员的知识对公关工作是极为重要的,同时也能从中看出,公关人员的知识结构不是单一的,而是多方位、多层次的。从总体上看,公关人员的知识结构包括以下几个方面:

1.公共关系基本理论和实务知识

公共关系基本理论知识包括公共关系的基本概念和特征、公共关系的产生和发展、公共关系的职能、公共关系活动的基本原则、公共关系的类型、公共关系工作的基本程序等。

公共关系的特点之一是实务性强,公共关系人员除了需要精通公共关系的基本理论知识外,还需要熟悉公共关系实务的基本知识,其中包括公共关系调查研究的知识、公共关系活动策划知识、公共关系活动实施和评估的知识、公共关系社区与公众分析的知识、社交礼仪知识等。

2.与公共关系密切相关的学科知识

公共关系是一门具有综合性特点的学科。与公共关系联系最密切的有以下几大类学科:

管理类学科。公共关系活动在某种意义上说是一种管理活动。从管理的角度看待公共关系工作的地位和作用,把公共关系工作视作一种管理行为、管理过程和管理方式,有助于我们认识公共关系的本质。因而,公共关系人员非常有必要了解管理学方面的知识。

传播类学科。公共关系工作采用的技术目前绝大部分是传播技术,无论何种类型的公共关系工作,都需要大量运用人际传播、大众传播甚至跨文化传播的技术。因而,公共关系人员也有必要了解传播学的知识。

其他相关学科,包括社会学、心理学、社会心理学、谈判学、演讲学等。公共关系工作直接面向社会、面对人,公共关系人员需要研究社会中的人的心理、态度和行为。因而,公共关系人员还有必要了解社会学和心理学等方面的知识。

3.社会综合知识

因为公共关系工作主要是同各种各样的社会公众打交道，包括世界各国的公众。因此,公共关系人员的社会知识面越宽越好,对各国各地的风土人情、风俗习惯、道德规范、政策法令法规等都要有所了解。此外,对于文学、历史、音乐、美术等领域有涉猎,对观光旅游、名胜古迹、饮食文化等有兴趣。总之,对公共关系人员来说,社会综合知识越丰富,文化素养越高,对于开展公共关系工作越有利。

上述公共关系人员的知识结构带有一定的普遍性，对于具体从事一定分工的公共关系人员来讲,应根据具体工作的实际需要,有目的有选择地学习。同时,还应强调指出,公共关系人员的知识结构应该是开放的和动态的,它能够随时吸收新的知识,不断丰富和发展,从而使其知识结构保持先进性和进步性,以适应社会发展和公共关系发展的需要。

从上述可以看出:为了将来拥有良好的职业素质,现在就努力吧。

二、性格特征

性格是一个人对现实的态度及与之相适应的行为方式,是一些最本质、最持久的心理特征的综合。大致包括以下四个方面:

一是对现实态度的性格特征,主要表现在对社会、对工作、对他人、对自己的态度方面的性格特征,例如,正直、诚实、积极、勤劳、谦虚等以及与之相反的圆滑、虚伪、消极、懒惰、骄傲等。社交主体需要具备的是诚实、积极、谦虚,而不是虚伪、消极、骄傲。二是性格的意志特征,例如,独立性、自制力、坚持性、果断等以及与此相反的易受暗示性、冲动性、动摇性、优柔寡断等。社交主体需要具备的是自制、果断,而不是冲动、优柔寡断。三是性格的情绪特征,例如,热情、乐观、幽默等以及与之相反的冷淡、悲观、忧郁等。社交主体需要具备的是热情、幽默、乐观,而不是冷淡、忧郁、悲观。四是性格的理智特征,例如,深思熟虑、善于分析与综合等以及与之相反的轻率、武断、主观自私等。社交主体需要具备的是深思熟虑,而不是轻率武断。

外向型的工作需要与社会各界公众建立联系,加强来往。因此,理想的外向型工作人员应该具备和善的性格,热情开朗,健谈、机智、幽默,有涵养、有耐心,工作中敢于正视困难和挫折,有决心和毅力。

年轻的学生们,请把“自信、热情、开放”记在你的心中!

“自知者明,自信者强”;只有充满自信,才能够敢于面对挑战,敢于追求卓越,才能够自强不息；热情的心理是对工作的满腔热忱，对工作的盎然兴致；以开放的心理不断接受新事物、新知识和新观念，敢于大胆创新，才能够具备宽容的心理品格，能够“异中求同”，能够宽容别人的缺点，容得下别人的长处和优点，能够冷静地对待和处理工作中所遇到的困难和挫折。

人的性格不是与生俱来的，也不是一成不变的。虽然性格会受到先天遗传因素的影响，但后天教育和磨炼是形成和改变性格的重要因素。大学生在接受高校文化教育的同时，需要不断优化自己的性格。

三、道德素质

良好的道德修养要求人们能够依照一定的道德原则和道德规范进行内心的反省、检查，进行自我批评和自我解剖，并且通过自我教育养成一定的道德情操，达到较高的思想境界。这是一个人的综合素质和修养的基本支撑。

（一）职业道德

职业道德是指从事一定职业的人们在其特定的工作中的行为规范的总和。不同的职业对从事该职业的人员有着不同的职业道德要求。当这些职业道德要求被人们规范化、条理化、系统化处理以后，就成为职业团体的规章、规定，就变成了对从业人员的行为有一定调节作用和约束力的相对稳定的行为准则。医生要有医德，教师要有师德。大学生在社会实践与实习中就要拥有良好的职业态度、职业纪律、职业作风和职业良心等。

（二）道德品质

道德品质既是个人内在的道德价值，又通过行动体现出来。未来优秀的职业道德是以目前优秀的道德品质为基础的。

大学生们具有的道德品质有很多很多，这里我要请年轻的学生们把“忠诚、勤奋、谦卑”记在自己的心中！

忠诚。大而言之，要忠于祖国、忠于人民、忠于职守；小而言之，要诚实做人、言行一致、表里如一。与人相处要做到言而有信、有诺必践、信以守身、信以处事、信以待人，工作和学习要坚持科学态度，生活作风和待人处世要开诚布公、光明磊落、知错就改，不文过饰非。

勤奋。“业精于勤而荒于嬉。”要有勤勉、奋发、刻苦钻研、顽强进取的精神和毅力。机会只会眷顾勤奋的人，一个智商很高却不勤奋的人，永远不会在学业和工作上有所建树。

谦卑。谦卑指虚怀若谷的精神和实事求是的态度。“谦受益，满招损”的道理，人人都知道。“一瓶子不响，半瓶子晃荡”的含义，每个人都能读懂。谦虚绝非虚伪，襟怀坦白的人才真正具有良好的谦虚品德。谦卑的人有一颗平常心，不会刻意表现自己的优越感，更不会毫不顾忌地去伤害他人。谦卑的人，既能低调做人，又能奋发进取。“谦卑”是青年学生为人处世最好的“通行证”。

四、智慧

一个有智慧的人总是散发出深深的魅力。我们经常会听到有人说：要做一个有智慧的人，不仅仅是聪明。现在的学生应该说都是聪明的，要聪明不难，但是要智慧就不容易了。智慧是人的各种基本能力的综合，包括观察力、注意力、记忆力、想象力、思维力等，其核心是人的抽象思维能力和创造性解决问题的能力，简单地说就是我们经常说的“创造性的思维”。

大学生在学习过程中，要有意识地去锻炼自己创造性的思维，并把它用在学习项目的设计、社团活动的组织、社会实践工作中。怎样才叫作有创造性思维呢？

创造性思维是一种特殊的思维形式。它是在社会实践和感性认识的基础上，利用丰富的联想和求异思维，深入研究、不断探索、独辟蹊径，开创新理论、新事物的思考过程或思维活动。

创造性思维的本质是辩证思维。唯物辩证法认为世界上的任何事物都是处在不断运动、变化和发展之中的。静止、不变的事物只是相对的，而运动、变化是绝对的。无论是自然界还是人类社会都是处在不断运动、变化之中的，如不用辩证思维去观察、审视、思考，便无法深入探索和把握这种变化。

辩证思维告诫我们：好事处理得不好会变成坏事，而坏事如果妥善处理也会转变成好事。古代的“塞翁失马，焉知非福”的故事，是以辩证思维方式来看待和分析问题的典型例子，给人以深刻的启迪。

（一）创造性思维的特征

1.勇于创新的求异性

求异性特征是创造性思维最显著的特征。在一项创造性活动中，自始至终都贯穿着求异性特征。求异性的突出表现是，对人们习以为常的、司空见惯的现象或具有权威性的理论、观点不是采取人云亦云、盲从和轻信的态度，而是抱着一种审视、分析、怀疑、批判、思考的态度。勇于创新，勇于打破旧框框，勇于在继承和批判的基础上建立新理论，提出新观点，提出新观点，描绘新蓝图。

郑板桥有一句脍炙人口的诗句:“删繁就简三秋树,领异标新二月花。”创造性思维的求异性就像二月的鲜花永远绽放在具有创新意识的人们的心田。

2.目光敏锐的观察力

观察是人的认知和人的思维相互渗透、交互作用的复杂过程。认知者运用敏锐的观察力,把自己所观察的认知对象与已有的知识和经验、假设联系起来,分析、思考、探索,找出共性和差异性,透视出必然联系和偶然联系,从中获得新的发现、发明与创造。

例如,人类设计飞机,就是从观察鸟类的飞行引发的思考。飞机与鸟之间有许多相似之处。可以说,鸟是人类设计飞机的参照物和基础。

著名科学家伽利略17岁时,一天去教堂做礼拜,他看见吊灯随风有节奏地摆动。经过仔细观察思考,他从中悟出了摆的原理,最终发明了人类的第一个钟。

气象学家魏格纳一次观看世界地图,目光敏锐的魏格纳看着看着,猛然发现大西洋两边的海岸线正好相吻合。他穷追不舍地深入研究,大胆地提出了“大陆漂移”的假说。

观察力的敏锐性的高低影响和制约着创造水平。只有观察力特别敏锐的人,才可能善于发现被一般人视而不见的事物、他人所未想的问题。古今中外凡有成就、有创见的科学家,都具有敏锐的观察力。

3.大胆丰富的想象力

想象力是大脑依据现实而又超越现实,产生新映像的心理过程。想象并不是凭空产生的,它是借助加工改造记忆表象而创造出的新表象。大胆丰富的想象力体现在出奇、新颖、独特、令人意想不到、与众不同的程度上,同时还体现在想象内容的广度、宽度及充实程度上。想象力越丰富、大胆,其设想就越新奇。

4.综合渊博的知识面

进行创造性思维往往是建立在已有知识的基础之上。一个人的专业知识、综合知识越丰富渊博,越有利于创造力的发挥。自然科学工作者可能会从社会科学知识中获得启迪,以引发联想,有所创新。而社会科学工作者也可能会从自然科学知识中受到启示,引发联想,建立新理论。

5.活跃突发的灵感

灵感是大脑神经系统的突然接通。灵感是人突发的一种心理现象,是人脑以最优越的功能加工处理信息的最佳心理状态,是一种对事物认识的顿悟。

灵感的产生具有突发性,突如其来。当你为某个问题所困扰,百思不得其解,正为"山重水复疑无路"而发愁时,突然产生了灵感,茅塞顿开,出现"柳暗花明又一村"的情景。

灵感既是创造力的产物,又是创造力的一种效应。只有极富创造力的人才可能突发灵感,而灵感的闪现又可以使长期苦思冥想的问题在瞬间有所突破或得到解决。

(二)创造性思维的培养

创造性思维的培养,主要包括以下几方面:

1.积极的情绪

情绪是人对客观事物的一种特殊的反映形式。情绪既能使人产生积极的行为,也能使人产生消极行为。积极的情绪状态能促使人的行为积极,从而提高创造力;消极的情绪状态只能使人的行为消极,降低创造力。

要培养和调动积极的情绪,就要保持良好的心境、积极的激情和满腔的热情。良好的心境有利于提高创造的敏感性,善于捕捉创造的信息。良好的心境能激活思维、丰富想象、激发灵感、提高创造效率。

积极的激情有利于激发创造者或者策划者的创新意识,能激励策划者的斗志,使人奋发进取,不懈怠,能积极有效地提高策划者的创造力。

热情是一种持久、稳定、专注的情绪体验。策划者如果对某项创造目标倾注满腔的热情,他会达到一种痴迷的程度,会为此废寝忘食。极高的创造效应则是对投入满腔热情的回报。成功的科学家、发明家都是以饱满的热情作为科技创造的心理推动力量。

也许你刚刚步入大学校园时,是带着憧憬、新奇、兴奋、欣喜进入这个环境的。可是当你逐渐习惯了这个环境,或许发现生活也是平淡的,甚至感觉未来是渺茫的,于是你就会对周围的很多东西失去热情,产生一种倦怠,思维变得懈怠,情绪变得消极。这是最可怕的。避免这种消极的状态产生,必须积极热情地去捕捉创造的信息,让心灵明亮起来,让思维活跃起来,让自己人见人爱。

2.坚强的意志

意志是进行创造的先决心理条件。意志能激发创造者的创造热情,能增强创造者的信心。当在创造或策划过程中遇到阻力和困难时,应当以坚强的意志力克服困难,跨越障碍。在挫折与失败面前,要发扬顽强精神,不气馁、不退缩,不达目的誓不罢休。大学生在成长与成熟的道路上难免挫折,面对挫折,你所表现出来的坚强的意志就是最好的风度。

3.浓厚的兴趣

兴趣是人对于事物的特殊的认识倾向。当人的认识能在相当长的一段时间内较稳定地指向某种事物,就表现出人的兴趣。“兴趣是最好的老师。”有兴趣才有创造或策划的热情和自觉性,有兴趣才能调动和激发创造性思维。兴趣是可以引发和培养的。要激发自己对创造性工作的兴趣,一是在校园里积极参加创造性的项目学习或活动,激发自身的创造性;二是多参加社会实践;三是靠自我培养,有意识地培养自己的创造性,通过培训、进修或实践来培养对创造性工作的兴趣和创造能力。

4.良好的性格

前面已经说过,性格是复杂的心理现象,是在对人、对事的态度和行为方式上所表现出来的心理特点。不同的人会有不同的性格特征。良好的性格特征是创造成功的保障。

一般来说,热情开朗、善社交、情绪高、好奇心强、感情丰富的外向型性格有利于创造;而喜静安闲、情绪平稳、固执、言语不多、善于克制、遇事不急不躁、四平八稳、不善交际的内向型性格更利于再现。良好的性格集中了外向型和内向型性格的优点,如热情、善交际、情绪高而平稳、执着、勤奋、不盲从、不畏惧权威等。

5.克服“意识障碍”

所谓“意识障碍”,是指人们对已获得的知识、技能或经验产生一种固守的定式,它严重妨碍人们对新知识、新技能或新经验的学习和掌握,是接受新知识、新事物的障碍。“意识障碍”的突出表现是:对习惯性思维方式和经验、方法有不可改变的固执性,被以往的知识束缚了头脑,看问题狭隘、主观、片面,思想刻板、僵化、禁锢,缺乏批判的态度和精神,习惯于因循守旧。“意识障碍”是开发创造性思维的大敌,必须加以克服,否则就会抑制创新意识的萌生,阻碍创造性思维活动的开展。

克服“意识障碍”首先要做到不断更新知识,扩大知识面,广泛获取新信息。其次,要突破习惯性思维方式,消除偏见,解放思想。另外,要学习和掌握多向思维、立体思维方式,拓宽思路,积极创新。克服“意识障碍”还要勇于向权威挑战,对权威不迷信、不盲从,敢于标新立异,有意识地培养和激发创造性思维。

年轻的大学生们,通过在大学校园里积极的学习、实践,修炼自己良好的气质与风度并不困难,只要你相信大学校园就是修炼气质与风度的乐园,去努力去实践,就会拥有很好的自我。再加上随着年龄的增长而慢慢积累的阅历,你一定会拥有绽放光彩的明天。

CHAPTER 5 第五章

沟通无处不在

每一个人,不论何种身份,只要生活在这个世界,就需要与人沟通。我们与亲人之间,与朋友之间,与同事之间,与上司之间,与客户之间……都需要通过沟通来实现交往。沟通可以增进彼此的感情和友谊,沟通可以消除彼此的误会与不快,沟通可以传递赞美与关爱,沟通可以实现彼此的信任与合作……世界通过沟通变得和平精彩!沟通无处不在!

第一节 沟通让生活美好

沟通(communication)是指可理解的信息或思想在两个或两个以上的人群中的传递或交换的过程,目的是激励或影响人的思想或行为。沟通能分享信息、传达思想、交流意见、表明态度、交流感情、表达愿望等等。

你有创意,我有灵感,通过沟通,我们就会迸发出思想的火花;你有苦恼,我有快乐,通过沟通,快乐能够融化苦恼;你有倾诉,我有倾听,通过沟通,心灵走得更近……沟通随时存在于我们的生活中,沟通让生活更加美好。

美国沃尔玛公司总裁萨姆·沃尔顿曾说过:“如果你必须将沃尔玛管理体制浓缩成一种思想,那可能就是沟通。因为它是我们成功的真正关键之一。”沃尔玛通过信息共享、责任分担实现良好的沟通交流。公司的行政管理人员每周花费大部分时间飞往各地的商店，通报公司所有业务情况，让所有员工共同掌握沃尔玛公司的指标。沃尔玛公司的股东大会是全美最大的股东大会。每次大会，公司都尽可能让更多的商店经理和员工参加，让他们看到公司全貌，做到心中有数。萨姆·沃尔顿在每次股东大会结束后，都和妻子邀请所有出席会议的员工一起举办野餐会，在野餐会上与众多员工聊天，大家一起畅所欲言，讨论公司的现在和未来。为保持整个组织信息渠道的通畅，他们还注重与各工作团队成员全面收集员工的想法和意见。萨姆·沃尔顿认为让员工们了解公司的业务进展情况，与员工共享信息，是让员工做好本职工作的重要途径，是与员工沟通和联络感情的核心。而沃尔玛也正是借用共享信息和分担责任，适应了员工的沟通与交流需求，使员工产生责任感与参与感，意识到自己的工作在公司的重要性，感觉自己得到了公司的尊重和信任，积极主动地争取更好的成绩。

一、人际沟通的内涵

沟通是我们通过书写、口头与无声语言的媒介，有效与明确地向他人表达自己的想法、感受与态度，也能较快、正确地解读他人的信息，从而了解他人的想法、感受与态度。沟通技能涉及许多方面，如简化运用语言、积极倾听、重视反馈、控制情绪等。虽然拥有沟通技能并不一定就能成为一个成功者，但缺乏沟通技能则会使人遇到许多麻烦和障碍。我们要清楚沟通的内涵在哪里，沟通是为了什么。

人际沟通包括三个重要的内涵：

（一）沟通是一种被感知的过程

在沟通中，重要的不是你所传达信息的内容，而是把信息传达给对方所使用的方法，正是这一方法激励对方去聆听你要沟通的内容。

（二）沟通是一种有意义的过程

每个人都会依据自己的经历、以前的经验形成有意义的思想，而在沟通的过程中，这些思想就贯穿着整个沟通的过程。

（三）沟通是一种期望的过程

工作时间拜访客户，在茶余饭后与亲人的闲聊，或者和好朋友、同学电话聊天，又或者在网上和网友交谈，都是一种沟通。而在每一个沟通的过程里，都会有沟通双方期望的不同内容。

据研究表明，成功的高层经理约有 80%的时间用在谈话和倾听意见上；在几乎所有管理层次，约有 75%的工作日用在各类沟通中。如果沟通出现了偏差，将可能无法实现自己的期望,无法被对方有效感知,失去沟通的意义。

春秋战国时期,有一位著名的医生,叫扁鹊。有一次,扁鹊谒见蔡桓公,站立一会儿,他看了看蔡桓公的脸色,说:"国君,你的皮肤有病,不医治恐怕要加重。"蔡桓公说:"我没有病。"扁鹊退出以后,蔡桓公说:"医生喜欢给没有病的人治病,把治好'病'作为自己的功劳!"过了十天,扁鹊又晋见蔡桓公,说:"您的病在肌肉和皮肤里面了,不及时医治将要更加严重。"蔡桓公又不理睬。扁鹊退出后,蔡桓公又不高兴。又过了十天,扁鹊又晋见蔡桓公,说:"您的病在肠胃里了,不及时治疗将要更加严重。"蔡桓公还是没有理睬。扁鹊退出后,蔡桓公又不高兴。又过了十天,扁鹊在晋见时远远看见蔡桓公就转身跑了。蔡桓公特意派人问扁鹊为什么转身就跑,扁鹊说:"小病在皮肤的纹理中,是汤药的力量能达到的部位;病在肌肉和皮肤里面,是针灸的力量能达到的部位;病在肠胃里,是火剂汤的力量能达到的部位;病在骨髓里,那生命就掌握在司命之神的手里了,医药已经没有办法了。现在病在骨髓里面,我因此不问了。"又过了五天,蔡桓公身体疼痛,派人寻找扁鸽。扁鹊已经逃到秦国了。不久,蔡桓公就病死了。

现在我们用今天的沟通来分析一下这则故事:扁鹊在劝蔡桓公治病时,最初没有说明病情严重能导致什么结果发生,所以劝治失败,蔡桓公拒绝治疗,最后,导致蔡桓公无药可医而病死。扁鹊劝治时如果能及时抓住沟通的方向和目标,就可能达到高效的沟通,避免失败的结果。

看看下面这则幽默故事,如果你遇到了下面的沟通,你将该做何感想?

用户:我买了你们公司的上网卡,怎么用啊?

客户服务人员(以下简称"客服")发现对方对电脑知识了解不多,就很耐心地从头教起。

客服:请您打开"我的电脑"。

用户:咦,你的电脑我怎么能打开呢?

客服(差点晕倒):那就打开你的电脑。

用户:我的电脑就是打开的呀!

客服彻底晕倒。

这是一名通信公司的服务人员与用户之间的一段对话,他们花费了很多的口舌纠缠于"你的电脑""我的电脑"的问题,显然他们之间没有实现顺畅的高效沟通。这样的幽默故事表达的"沟而不通"的情形,也许在我们的生活中不止一次地上演。了解沟通对象,施展沟通艺术,才能消除偏差,实现有效沟通。

二、为什么要沟通?

石油大王洛克菲勒说:“假如人际沟通能力也是同糖或咖啡一样的商品的话,我愿意付出比太阳底下任何东西都珍贵的价格购买这种能力。”

美国人力资源管理学家科尔曼曾说:“职员能否得到提升,很大程度不在于是否努力,而在于老板对你的赏识程度。”美国著名的普林斯顿大学对一万份人事档案进行分析的结果显示:“智慧”“专业技术”和“经验”只占成功的25%,其余75%决定于良好的人际关系,而良好的人际关系的获得主要取决于良好的人际沟通。

每一个成人也许都会记得在青少年时跟父母沟通的快乐或烦恼。很小很小的时候,父母告诉我们什么可以做什么不能做、怎样有所为有所不为,我们是带着长知识长见识的心情倾听询问。而当我们渐渐长大,也许会慢慢觉得父母的话啰唆、落伍,会抱怨父母不了解自己的孩子。可是你是否思考为什么父母不了解你?父母“啰唆”的目的是什么?我想弄明白这两个问题最好的答案就是:沟通。当你跟父母亲密交流你的想法,而父母亲切地告诉你他们的建议,也许理解的愉快就有了,你会说“跟父母交流沟通很幸福”。因为这是一个互相理解并且传递家庭情感的过程,是一个人心灵的归宿。但是如果你觉得父母与自己有代沟,不愿意尝试与父母交流真情实感,也许你只有在成为父亲或母亲之后才能明白父母爱孩子的心。

无论是在工作还是生活中,要想拥有愉快的人际关系必须有良好的沟通。人际关系与沟通,彼此影响,二者可以互补,也能够相克。人际关系良好,沟通就比较顺畅;沟通良好,也促使人际关系向好的方面发展。但是如果人际关系不愉快,那更需要通过沟通去改变。人与人之间的沟通能带来对生活的理解感悟、对工作的探讨研究。我们在和别人交流的过程中,需要去学习,去思考,去提炼,这本身就是一个进步的过程,不仅是对他人的勉励,而且是一种自勉的方式。有效沟通是人生的一件乐事。

(一)沟通是心理健康的需要

正常的人际沟通是形成健康心理的一个重要保障。沟通可以协调情感,即人际沟通可以使沟通者的心理得到满足。沟通可以协调动作,即沟通者可以从沟通的信息中自动调节自己的行为,从而消除人际交往的障碍,如隔阂、误会、矛盾等,增进情感,促进团结,使人与人之间的关系更加协调及和谐。

我认识一个小学生,就是因为父母缺失沟通导致他失去正常的与同学玩乐的氛围。这个孩子行为反常,上课捉弄同学,下课无故欺负同学,常与同学发生冲突,作业几乎没有正常完成的记录,成绩全班最差,在班级几乎没有一个同学愿意跟他一起玩。班上百分之九十以上的同学都被他无端欺负过,他甚至会做出较为危险恶劣的人身伤害事件,以至于很多孩子的家长都告诉自己的孩子要远离他,绝对不要和他一起玩。这样的问题孩子也许在很多学校都会有个案,让学校很头疼,甚至让老师很无奈。这个孩子的父母很少愿意听取老师对孩子反常行为的告知和配合教育的建议,总是帮自己的孩子寻找各种原因和推脱责任的借口。学校难以实现与家长的有效沟通。而据这个孩子自己说,如果考试成绩太差,家长有时会暴打他一顿,打完就拉倒,没有语言上的交流。我想这也许能解释为什么这个孩子在班级里遇到不顺自己心的事抬手就打人,没有道理好说;为什么当他违纪后总是不承认甚至撒谎。家长忽视和孩子的沟通,也忽视与老师的交流,久而久之,孩子的心理和行为越来越不正常。正常的人际沟通能形成健康的心理状态,否则可能导致不愿意看到的情况发生。

人是社会性的生物，人际沟通是其特有的需求，如果人的这种需求得不到满足,就会影响到人的身心健康。保持人与人之间充分的思想情感交流,拥有实现沟通行为所必需的条件,是保证个人心理健康成长所必需的。实践证明,能够保持正常人际沟通的人更容易获得幸福感,更容易长寿。因此我们还可以说,人际沟通具有保健作用。

(二)沟通是人际交往情感的需要

情绪情感是人际沟通交流的重要手段之一。人在情绪反应中,通过面部表情、声调变化和身体姿态来实现信息传递并达到互相了解。一个人哭，发出的是不舒服、痛苦的信号;一个人笑,发出的是愉快、幸福的信号。传递情绪情感的信息是人类心理能量在无意中的释放，而接受情绪情感的信息是人类心理在自然而然中的感受。它们可以随时随地不受限制地作用于人群,决定着交往的质量。一个真诚微笑的人能够吸引很多朋友,而一个满脸怒气的人可能会吓跑别人。在人际交往沟通中,存在主动情绪情感和被动情绪情感,又分别具有正情绪情感和负情绪情感的表现形式。

主动正情绪情感表现为:理解、友善、亲密、热情、照顾和同情;

主动负情绪情感表现为:冲动、愤怒、喋喋不休、轻蔑和厌恶;

被动正情绪情感表现为:随和、接受、温情、亲情和顺情;

被动负情绪情感表现为:怯懦、无奈、害羞、冷漠和厌倦。

在情感沟通交流中,有人善于表达或传递情绪情感的信息,而有人则善于感受或接受情绪情感的信息。比如,如果一个人的环境是自由开放的,周围有许多同龄伙伴，他的情感交流是平等的、宽松的、直接的，那么他的情感表现特质就是主动型的。如果一个人的环境是封闭拘谨的，周围少有同龄伙伴，而是长辈或隔代人，那么他先要观察长辈的情绪情感，他的情感特质就是被动型的。可见，这两种感情情感表现的连接取决于后天的成长环境和经历。

反过来，沟通也是情绪情感能量释放的一种表现。参加各类沟通信息、联络感情的聚会时，同一场合里，有尽兴的有不尽兴的。有些人在活动中，情绪饱满、畅所欲言，善于调节和活跃气氛；而有些人则是一言不发地坐在一个角落，不知道他是愉快还是不愉快；还有些人则是可能借酒宣泄甚至哭闹。情绪情感无时无刻不渗透在我们的行为中，因此也就时刻参与到人与人之间的沟通交流。因此，如果你是处于主动情绪情感状态下的人，自然会有许多人走近你；如果你是处于主动负情绪情感状态下的人，自然会有很多人因为惧怕或讨厌而躲开你；如果你像那些总是处于被动正情绪情感状态下的人，你或者走向别人或者期待、接受友情的出现；如果你像那些总是处于被动负情绪情感状态下的人，你就会固守在自我封闭的小圈子里，成为一个孤独缄默的人。

我的班级里曾经有位学生，是班长，她的组织能力很强，性格比较直爽。在一次优秀学生干部的评选中，她因为单科成绩没有达到要求而落选，情绪立即表现出消极，班级各项事务都不再过问，与其他班委的关系也紧张起来。我听到同学们的反映后，就找她单独交流。她立即把闷在心里的意见倾倒而出，认为自己是为了班级工作耽误了学习，甚至质问我她对班级工作任劳任怨，为什么不能破格评选？我先是微笑着倾听，听她把肚子里所有的负面情绪都宣泄出来之后，我轻声对她说：为班级工作付出很多是事实，大家有目共睹，单科成绩没有达到要求也是事实，大家也有目共睹，参与评选的学生干部因为同样原因落选的不止她一人，且不说没有所谓“破格”的先例，就算是可以这样，其他同学会怎样议论？如果你得到了一个你已经得到过的和以后还有可能再得到的荣誉，却失去了同学对你的亲近，你的学习生活氛围还会愉快吗？如果从这次落选中找到自己的努力方向，展现出面对挫折的勇气，又何尝不是一件好事？经过温和的交流，她很快释然了，又恢复了积极快乐的精神面貌。

在现实生活中，每个人都可能会有心情郁闷、环境不好、遭遇坎坷、工作辛苦、身心疲惫的时候，悲伤、忧郁、烦躁于事无补，必须找机会释放自己的负面情绪，倾倒精神垃圾，才能摆脱思想的苦恼。现在很多孩子都是在顺境中生活习惯了，一旦遇到挫折不如意，会想不通，对他们需要更多地给予关注和疏导，平时也要注重对孩子沟通习惯与能力的培养。

（三）沟通是工作的需要

优秀的沟通者始终能够吸引别人的注意力，能够明确表达自己的观点，能够在适当的时机把适当的信息传达给别人。具有良好的沟通能力的领导，不论在语言沟通还是书面报告中，总能清楚地表达自己的想法和观点，总能清楚地向下属传达公司的决策，没有任何异议或模棱两可的地方。良好的沟通能力保证了他的团队拥有明确的行动目标、快捷的反应能力和灵活性，所以就会有高绩效。

如果我们对在校的大学生进行"在学校阶段最应该学习或具备什么"的调查，很多学生可能会回答"专业知识"，但是对求职的学生进行调查，他们会说"沟通能力"。在学习过程中，有些学生会把大部分精力放在专业学习上，却漠视对沟通能力的培养。如果你想让别人了解你，却不知从何说起；如果你想关心别人，却不知从何做起；如果你想赞美别人，却表现得很不自然……那么你的专业知识用在什么场合才能得到别人的认可？沟通是一门艺术，是一项技能，从某种程度上来说，这种技能是比某些专业知识更为重要的能力。不断提高自己的沟通能力，才能在奋斗的道路上走得更快更稳。

三、沟通能带来什么？

每个人都处在一个沟通的环境中。在所有的沟通中，有的沟通，其结果是良好的，也就是实现了有效沟通。有效沟通对于人生发展的成败关系密切。在今天的社会，有效的沟通关系到社会心理、社会交往、素质教育以及社会文明。沟通可以帮助我们走向社会、获得信息和完善自我意识。

（一）有效沟通帮助你走向社会

在社会生活中，一个人不可能脱离他人而独立存在，总是要与他人建立一定的人际关系。在现代社会中，人际关系状况已经成为影响事业成功的主要因素。社会是由人们互相沟通所维持的关系组成的网，人们相互交流是因为需要同周围的社会环境相联系。沟通与人际关系两者相互促进、相互影响。有效的沟通可以赢得和谐的人际关系，而和谐的人际关系又使沟通更加顺畅。相反，人际关系不良会使沟通难以开展，而不恰当的沟通又会使人际关系变得更坏。

良好的人际关系是走向社会的基础。保持良好的人际关系，会使你感觉到自己对于别人是重要的人，同样别人对于你也同样重要，这种归属感和浓浓深情会使你每天都在愉悦中度过；保持良好的人际关系，使你所从事的事情都能够顺利进行，认识人好办事，这样会节省许多不必要的焦虑和时间；保持良好的人际关系，更能够消除别人对你不必要的敌意，如果陌生人看到你和他人都相处得很好，自然会对你产生好印象，还用担心不能彼此打成一片吗？保持良好的人际关系，可以实现“眼观六路耳听八方”。有研究说：一个人只要通过六个人就可以同世界上其他人产生联系。你相信吗？不论是不是真的，建立完善的联系网络，是实现成功人生所必需的。

沟通是一切人际关系赖以建立和发展的前提，是形成和发展人际关系的根本途径。假如人们在思想感情上存在着广泛而持久的沟通联系，就标志着他们之间已经建立了较为密切的人际关系。假如两个人感情上对立，行为上疏远，平时缺乏沟通，则表明彼此心里不相容，关系紧张。

有效的沟通让我们高效率地把一件事办好，让我们享受更美好的生活。善于沟通的人懂得如何维持和改善相互关系，更好地表达自我需要、发现他人需要，最终赢得更好的人际关系和成功的事业。有效沟通可以满足人们彼此交流的需要：使人们达成共识，进行更多的合作；降低工作的成本；提高办事效率等等。人必然要走入社会，适应社会生存环境，和谐融洽的人际关系使人们在工作中互相尊重、互相帮助，充满温情，减轻工作压力，有利于身心健康。

我曾经带领学生在一家民营企业学习几个月，这期间发现了很多工作中人际关系沟通带来的喜与忧的真实案例，有关于我们的学生的，也有企业员工之间的。比如一些学生和同组工作的员工发生小矛盾而产生抱怨，我几乎每天都要跟每一个实习的同学交流当天工作的感受，所以基本能够及时发现学生的情绪波动，及时与学生们和企业管理人员沟通，消除学生和相关员工心中的阴影。当然，这样的沟通一定要注意艺术，否则有可能会事与愿违。而如果不及时沟通，这种消极抱怨的情绪会在同学之间蔓延传染。我们的学生还没有正式踏入社会，要让他们知道社会是复杂的，和校园的环境是不同的，但是又不能让他们对社会产生畏惧或失望的负面情绪。同样在这里，我目睹了一位经理级的女员工由于不愉快的人际关系而辞职离开。这家民营企业里面女员工居多，而且不少年长的员工没有接受过高等教育，所以可能就是应了一句俗话“女人堆里是非多”，这位经理刚进入这家公司不久，大学毕业工作没几年，年轻气盛，与其他员工交往中难掩自己的优越感，再加上一些小事件的处理方式不够严谨，招来分管上司和周围同级别员工的不满与非议，相互之间在交流沟通中都不愉快，矛盾愈演愈烈，彼此几乎不再搭腔。可以想象这样的工作环境多么压抑！最后以她辞职离开结束了这次不到一年时间的工作经历。

（二）有效沟通帮助你获得信息

信息的采集、传送、整理、交换，都是沟通的过程。通过沟通，交换有意义、有价值的各种信息，生活中的大小事务才得以开展。掌握低成本的沟通技巧，了解如何有效地传递信息，能提高办事效率，提升人的竞争优势。好的沟通者可以一直保持注意力，随时抓住内容重点，找出所需要的重要信息。他们能更透彻地了解信息的内容，拥有最佳的工作效率，并节省时间与精力，获得更高的绩效。成功者讲究与人沟通获得信息，失败者善于“八卦”。人不能只活在自己的世界里，只有敞开心扉与别人交流，才能不断获得新的信息。社会瞬息万变，任何人都不可能依靠自身的力量去获取全部信息，因此我们必须学会与别人沟通，获取更多更新的资讯。

沟通是我们生活的主要部分，我们大多数人通常要花费50%~75%的时间同别人进行各种形式的沟通。通过与他人进行良好的沟通，可以实现我们的目标和抱负，使我们的工作取得良好进展，使日常的工作计划圆满完成。然而同样是沟通，效率和效果却大不相同。成功者往往只需要同别人聊上一小会儿，就会产生新的想法，在别人的启发下开启新的思维，仿醍醐灌顶一样。对于他们来说，沟通时刻就是开启思想灵光的时刻。可是对于有些人而言，不管是与同事的沟通，还是与上司、与朋友的沟通，统统没有差别，不过是闲聊一些生活中的琐碎话题，不过是“八卦”一下闲暇时分的无聊笑话。如果不知道什么叫作真正的沟通，就可能反而把“八卦”当成了沟通。即便是性格非常内向的成功者，他们也善于与别人沟通，只不过交流的都是严肃的话题，只与他们认为值得交流的人沟通罢了。

有一位成功的企业家这样总结自己的创业历程：“我曾是个内向、怯懦的工程师，但后来却一路顺风，屡获提升。当我担任公司副总裁的时候，回头看到与我一起进公司的同事仍在原地踏步时，不禁感慨‘他们比我聪明，也比我努力，唯一欠缺的是沟通’。没有沟通，你就不知道彼此的想法，更不能获得有益于自己进步的信息，那么只会越来越封闭，何谈发展呢？”

但是主动与人沟通，也未必见得都会像这位企业家一样从职员到老板，逐步发展起来。为什么呢？因为沟通的效率不同。成功者不需要时时刻刻与别人泡在一起，也不需要靠无聊的熬时间和敷衍别人来实现所谓的沟通，他们懂得如何珍惜自己的时间，在最短的时间内与最有意义的人沟通，获取最有价值的信息。而失败者呢？天天在一起讨论些无聊话题，不过就是抱怨、不满之类的，还有什么进步呢？他们的差别还在于，即便是一起交流，获得了一样的信息，成功者总是本着学习的态度来交流，因此他们善于在沟通中思考、发现问题，产生思维的火花；而对于失败者来说，白菜和肉类都一样，不过都是能吃饱肚子的食物，却从来不肯去想想交流的内容对自己有什么启发、有什么用途。

工作中，如何与上司、同事、下属沟通应该是一个严肃的问题。在韩国的一些企业，有一种叫作“发泄日”的制度，就是在每个月专门划出一天给员工发泄不满。在这天，员工可以对公司同事和上级直抒胸臆，开玩笑、顶撞都是被允许的，领导不许就此迁怒于人。在一家德国企业，总经理每隔一个月就要请自己手下的员工一起出去吃饭。就餐时先用一个小时让员工们彼此随意发发牢骚，也可以就管理问题提出自己的看法。他们先发泄牢骚，可能是“你上次拖延了时间导致我也没能按时完成工作”，或者“你平时工作中脾气有点大”等，都是日常工作中的琐碎小事。虽然那些雇员们从来只把“宣泄会”当成宣泄的机会，当成“八卦”的场所，只顾说自己的不快，只顾抱怨别人，可是领导们是动了脑筋与大家沟通的，他们在交流之中发现了潜在的问题，了解了大家怨言的症结所在，发现问题并思考问题，进一步想出解决办法，以实现更好的领导，使企业获得更大的进步。

有些人之所以成功，就因为他们时时刻刻动脑筋，获取有用信息，来提升自身价值。成功者的大脑就像一台计算机，任何与别人沟通的信息一经输入，便进行快速的处理，对有用信息快速地反映出自己想要的结果。沟通对于他们来说这么有意义、这么有效果，成功者自然就更乐于与人进行开放式的顺畅的沟通，来获取更大的成功。

你知道现在著名的“观光电梯”的创意怎么来的吗？据说，美国的摩天大厦因为游客的增多出现了令人困扰的拥堵问题。为了解决这个问题，工程师决定再修一条电梯。电梯工程师和建筑师做好一切勘查准备，在现场正准备进行穿凿作业。这时工作还没有开始，工程师便与每天在这里工作的清洁工攀谈起来。

“你们要把各层地板都凿开？”“是啊！不然没办法安装。”“那大厦岂不是要停业好久？”“是啊！但是没有别的办法。如果再不安装一台电梯，情况比这更糟。”“要是我，我就把新电梯安装在大厦外！”清洁工不以为然地说。就这样，这个“不以为然”的草根智慧，成就了“观光电梯”。不过是闲聊，成功者却在几分钟内获取了新的想法，极大地帮助了自己的工作。若是一个无聊的人，肯定只会关心一些“你收入多少”“每天工作几小时”之类的话题，还怎么能获取有用信息呢？恐怕观光电梯到现在还没诞生呢！

交流信息、群策群力是通向成功的捷径。著名的作家萧伯纳曾经说过：“假如你有一个苹果，我有一个苹果，彼此交换后，我们每人仍只有一个苹果。但是，如果你有一种思想，我有一种思想，那么彼此交换后，我们每个人都有两种思想。甚至两种思想发生碰撞，还可以产生出两种思想之外的其他思想。”任何一个人，他所掌握的知识、技能，他的直接经验都是有限的。人要想适应无穷无尽不断变化的外部世界，就必须凭借沟通来获得别人的宝贵经验，沟通使他们无论在思想观念上还是在情感上都变得无限丰富。

谁都不会拒绝良好的沟通，企业希望与合作伙伴和顾客沟通无碍，个人希望和家人、朋友、同事融洽相处。真正聪明的人从来都是带着“脑子”与别人交流，尽可能获取更多信息，尽可能多联想，以期沟通的效应最大化。走出自己的小圈子，多与别人交流，了解彼此的想法，掌握最新的动态，才能开辟更广阔的天地。时刻做个有心人，在交流之中获取有助于自己发展的信息，唯有这样的沟通才是值得的。

美国有一位名叫阿瑟·华卡的农家少年，在杂志上阅读了某些大实业家的故事，他很想知道得更详细些，并希望能得到他们的忠告。有一天，他跑到纽约，也不管几点开始办公，早上7点就来到威廉·B·亚斯达的事务所。在第二间房子里，华卡立刻认出了面前这位体格结实、浓眉大眼的人是谁。亚斯达刚开始觉得这少年有点讨厌，然而一听少年问他：“我很想知道，我怎样才能赚得百万美元？”他的表情变得柔和并微笑起来，两人竟谈了一个钟头。随后亚斯达还告诉他该怎样去访问哪些实业界的名人。华卡照着亚斯达的指示，遍访了一流的实业家。在赚钱这方面，他所得到的忠告并不一定对他有所帮助，但是能得到成功者的接待，给了他自信，他开始仿效他们成功的做法。过了两年，这个20岁的青年，成为他学徒的那家工厂的所有者。24岁时，他成了一家农业机械厂的经理。不到5年，他就如愿以偿地拥有百万财富了，这个来自乡村粗陋木屋的少年，终于成为银行董事会的一员。华卡在活跃于实业界的67年中，实践着他年轻时来纽约学到的基本信条：多与有益的人相结交。他坚信会见成功立业的前辈，能转换一个人的机运。看似平时不经意的交往，往往能让自己受益无穷。

成功者不仅注意在与人交往的过程中展现自己的魅力，发挥自己的特长，博得别人的一致好评，他们更注重主动与人接触，一点点将自己的人脉向外扩展，使自己的发展空间更宽广、更结实。

(三)沟通帮助你完善自我意识

你需要在与他人沟通中明白：你是谁？你喜欢自己吗？你的生理、心理和社会自我是什么样的？是自信的、自负的、自卑的，还是自我封闭的？父母、老师、同学怎么看你，你在乎他们的评价吗？你知道如何科学地评价自我，如何获得愉悦的心境，如何挖掘自身的无限潜能吗?

自我意识是个体对自己的各种身心状态的认识、体验和愿望，它对人格的形成、发展起着调节、监控和矫正的作用。一个人对自己的意识包括自我认知、自我体验和自我控制三个部分。自我认知是个人对自己的认知和评价;自我体验是个人对自己怀有的情感体验;自我控制则是个人对自身的思想、言语和行为的控制。从内容上说,自我意识可以分为生理自我、社会自我、心理自我。如果一个人的自我意识出现障碍,他的认识就会变得模糊,行为就会变得荒唐、失控,不知所措,他就是一个人格不健全的人。

“人生的意义在于成长。”青少年时期正处于从不成熟走向成熟的成长时期,生理发展迅速,心理变化显著。在这一过渡时期,很多孩子的独立性和自我调节能力较差,时常会感受到很大的心理压力和冲突。这些问题如果长期得不到解决,就会在情绪、行为等方面有异常表现,甚至出现一些过激行为。这些问题都可以从心理学角度找到相应的原因和应对方法。因此,对青少年进行必要的心理健康教育就显得日益重要。

素质教育虽然提倡很多年了,但从目前来讲,许多家长和老师仍然对青少年知识的获得和智能的提高更为重视，而忽视了他们优良心理品质的培养和优良性格的塑造。青少年心理教育是素质教育的一个重要方面,它的目标是使人的潜能得到充分的挖掘和发挥,人格不断地优化、完善,变成心理健全的人。人格的完善与优化比知识、能力的增长更为重要。青少年心理健康教育的主要内容包含:积极自我意识的建立、学习心理辅导、挫折的应对、情绪的良好调节、人际关系的协调、优良性格的塑造以及心理障碍的预防和初步矫正等。只有身体、心理都健康,才能有良好的社会适应能力。而心理健康教育需要家庭、学校和社会都能与青少年建立畅通有效的沟通渠道。

当然,青少年朋友也应该重视自我教育、自我学习、自我帮助,自觉地汲取社会各方面有利于自己成长的积极因素,抵制消极因素的不利影响,不能把成长中的不如意全部归咎于父母、老师、社会。只要坚持不懈地努力,自己的某些个性不足都是可以改变的。而自我的教育矫正依然需要通过与他人的有效沟通,以获取有效的信息,所以青少年朋友要主动与他人交流沟通。人生的命运由自己把握,相信每个青少年都能塑造出良好的个性心理素质:有自信、会学习、耐挫折、乐观开朗、善于交际、意志坚定。

1.青少年自我意识的发展特点

为了能够实现有效沟通,我们需要了解青少年的自我意识发展特点。青少年期是个过渡期,就其心理发展水平来说,是迅速走向成熟而又尚未达到完全成熟的阶段,也是自我意识逐渐形成时期。

每个学期,我都会接触到200名左右的学生,在与一批又一批学生的交流中,我感受到青年学生的自我意识的特点有一定的共性。他们的自我意识中有着非常积极向上的力量,但是如果遇到障碍或阻力,也可能出现消极的心理。

青少年自我意识发展中的积极和消极特点有:

第一,朝气蓬勃,勇往直前。由于生理和心理上都处于成熟高峰,具有充沛的青春活力,对自己充满信心,感到没有任何力量能够阻碍自己不断前进,表现为意气风发、朝气蓬勃、无所顾忌、勇往直前。这种积极的"闯劲"如超过一定限度或是不能得到认可,就会出现消极情绪,甚至会做出一些无益甚至有害的事情。

第二,主动积极,勇于创新。抽象思维在这一时期发展很快,对新鲜事物特别敏感,勇于探索和创新,但有时也会把尚未认识清楚的片面甚至错误的东西当作真理来接受。抽象思维能力较强,善于推理论证,但是也容易脱离实际得出片面性结论,并可能为坚持己见而强词夺理。

第三,类似成人的新需要大量涌现,激起对生活的美好憧憬。由于知识越来越丰富,现代的科技使得人们的交往范围迅速扩大,于是新需要也随之出现,比如渴求独立;希望受到别人尊重;乐于参加社会活动,关心政治;喜欢丰富多彩的业余文化生活;渴望与同辈人广泛地交往,能够有志趣相投的知心朋友;强烈希望获得异性的关注;对未来充满美好的向往。但是需要不等于现实,许多要求未必能被环境所许可,即便是合理的需要,也可能因为现实条件限制而无法实现。当需要难以实现,可能会对现实不满;或凭冲动蛮干,一旦受挫又悲观失望。同时富于想象,易陶醉在憧憬的快乐中,则可能疏于行动。

第四,情绪强烈,情感丰富。情绪、情感和需要是紧密相连的,强烈的需要也会引发强烈的情绪。青少年往往会认为自己的需要是合理的,如果需要不能被满足就会产生不满情绪;青少年对自己认为不公平的事也会特别反感,对自己认为受到不合理待遇的人富有同情心。富有激情,但是由于认知、判断能力还不够成熟,可能会导致盲目的行为。

总之,青少年富有理想、向往真理、积极向上,但也往往由于认识上和心理上正在走向成熟,容易在客观现实与想象不符时遭受挫折打击,导致消极情绪甚至萎靡不振，强烈的自尊也有可能转化为自卑、自弃。

2.青少年自我意识中的矛盾

青少年逐渐由儿童时代的眼光朝外、着重于认识外部世界，变为朝内认识内在的自我，其自我意识会表现出矛盾的一面。

第一，孤独感与强烈交往需要的矛盾。正在走向成熟的孩子，往往不愿把内心世界或个人秘密向外吐露。长辈如果不能正确地和他们交流沟通，那么就可能造成他们心理上的闭锁性。闭锁性导致他们与父母、师长及交往熟悉的人之间产生距离，感到缺乏理解自己的知心人，于是沟通障碍会更深。如果成人对他们训诫多于鼓励，批评多于同情，则可能加重由闭锁性产生的孤独感。

第二，独立性与依赖性的矛盾。青年度过儿童的他律阶段，进入自律阶段，认为自己已经成人，强烈要求自己的事情自己做主，竭力摆脱家长的管束，会有自以为是的倾向。有些青少年最不愿意别人不把他当作成人对待，希望在各种场合从各个方面来表现自己的独立性，甚至表面上做出一种不需要父母照顾和干涉的姿态。其实希望自己有独立性并不是坏事，但是这样的心理往往面临许多矛盾，比如许多青年特别是在求学期间在经济上还得依靠父母供给，不可能得到真正的独立；由于既往的意识倾向作用，要想摆脱多年来形成的对家庭的依赖性也并非易事，许多大事一般都要征求父母意见；社会实践阅历少，当处于陌生的复杂的环境时，心中没底等等。矛盾处理不妥可能会导致心理障碍。

第三，求知欲强与识别力不成熟的矛盾。求知欲旺盛，对增长知识十分有益，但由于识别能力不够成熟，有时会瑕瑜不分。对不理解的东西往往不像儿童那样去询问别人，而是按自己的想法去理解，自圆其说，因而可能造成一误再误。

第四，情绪与理智的矛盾。青年人渴望自己的需要能够尽快满足，并往往容易感情用事。虽然他们也懂得一些处事的道理，但却不善于处理情感与理智之间的关系，一般难以做到理智的控制。情绪爆发后又往往为此后悔苦恼。

第五，幻想与现实的矛盾。青年人想象丰富、抽象思维活跃，对未来充满希望，对当前一时难以满足的需要，往往容易靠想象构思美妙的幻境，以“梦想”来补偿现实。这种梦想或幻想，容易和现实发生矛盾，容易导致对现实不满，轻者苦闷爱发牢骚，重者可能受不良倾向影响而做出超乎常规的事情。此外，这种矛盾也会表现为“理想我”与“现实我”的冲突，自寻苦恼，造成心理不平衡。

青少年自我意识发展过程中的矛盾是复杂多样的，除了上述这些以外，还有反抗与屈从、自负与自卑、自信与气馁等矛盾。其实这些都是一个人心理不成熟的必然表现。所以长辈和老师要用心去理解青少年的自我意识和行为特点，正确地运用沟通的艺术，善于和青少年交知心朋友，循循善诱，平等、友好地给以指导，真诚地交流沟通，用正确的钥匙打开青少年的心灵之门。

3.青少年完善自我意识的途径与方法

青少年应该如何有效地完善自我意识呢？

第一，正确的自我认知。“人贵有自知之明”，全面而正确的自我认知是培养健全的自我意识的基础。自我认知是从多方面建立的，既有自己的认识与评价，也有他人的评价。我们不妨自己认真仔细地想一想，用尽量多的形容词描述自己，要忠实于自己的内心。在此基础上，进行第二步，客观地进行自我描述，描述父母眼中的我、同学眼中的我、老师眼中的我、恋人眼中的我、兄弟姐妹眼中的我，再寻找这些描述中共同的品质，将其归类，描述的维度越多，越会找到比较正确的自我。

第二，客观的自我评价。这种评价必须建立在正确的自我认知、正确的自我悦纳、积极的自我体验、有效的自我控制基础上。自我悦纳是自我意识健康发展的关键所在。悦纳自我首先要接纳自己，喜欢自己，欣赏自己，体会自我的独特性，在此基础上体验价值感与满足感；其次是理智与客观地对待自己的长处与不足，冷静地看待得与失。

第三，积极的自我提升。提高自我效能感，让自己提升对自我完成某项工作的期望。当人们期望自己成功时，他们必然会尽自己最大的努力，并且当面临挑战性任务时，会表现出更强的坚持力，从而提高成功的可能性。自我效能感与成就动机呈正相关性。对自己能力程度的焦虑带来的不安全感，是一种自我障碍。就如同有人会说“由于高考前状态不好，所以高考成绩不理想”，“由于我不喜欢这个老师，所以我对这门课学得不好”等等，这就是典型的自我障碍，为自己考试或学习不成功找借口。一个渴望自我发展的人必须主动克服自我障碍，进行积极的自我提升。

第四，关注自我成长。自我的发展需要不断的自我反思、自我监控，但将成长作为一条线索贯穿于人的始终时，整理自己成长的轨迹就非常重要。按照过去、现在和未来进行清理，深刻了解与把握自己。请记住：自我体验永远是个体的，当我们在分享自己和他人自我成长的硕果时，也在促进我们自己的成长。

无论是哪一个途径，都需要青少年朋友用开放的心态学会并愿意与他人沟通，展现真实的你。

第二节 沟通让人生精彩

在现代社会，人际沟通无处不在，无论你工作多么繁忙，你都必须为沟通留出时间。再聪明的主意，如果不与人分享，就无法实现价值。我们都能感受到会说话的人很受欢迎，那是因为会说话的人人际吸引程度较高。说话是人际沟通最重要的方式。培根在《人生论》中说道："温和的语言胜过雄辩。不善答问是笨拙的，没有原则的诡辩是轻浮的，讲话绕太多弯子令人厌烦，过于直截了当又显得太唐突。"所以，只有掌握沟通的艺术，才能步入沟通的世界，让你的人生更精彩。

现代社会竞争激烈，一个人要想在社会上立足，必须懂得沟通。在工作中在家庭生活里，都需要有效沟通。我们在教育孩子的时候，如果用的是滔滔不绝的长篇大论，孩子会用茫然的表情告诉你"我不知道你讲的是什么意思"。这就说明沟通没有达到预期的目标。同样的道理，在表达时，我们对年幼的孩子使用的语言与对一个成年人使用的语言，显然是不同的，要有不同的表达方式。沟通要看对象，要讲究互动，是双向的信息交流，而非单方面的独角戏。

一天，孔子带着他的几名学生外出讲学、游览。他们来到了一个村庄，找到了一个有荫凉的地方休息。突然，孔子的马挣脱了缰绳，跑到庄稼地里吃了人家的麦苗。一个农夫看见了，十分气愤，上前抓住马，将马扣下。子贡一向口才很好，是孔子最得意的学生之一。他认为自己有着出色的口才，于是自告奋勇走上前去，准备说服那个农夫，使事情得到圆满的解决。然而他之乎者也了半天，讲了一堆道理，农夫对其置之不理。而一个刚刚跟随孔子学习的学生，看到子贡没有说服农夫，就走到农夫面前说："你并不是在遥远的东海种田，我们也不是在遥远的西海耕地，我们彼此之间相隔得如此之近，我的马怎么可能不吃你的庄稼呢？也许某一天你家的牛也会吃掉我的庄稼呢，你说是不是？所以，我们应该彼此谅解才对。"农夫觉得他这番话很有道理，于是就把马还给了他们。

沟通是人与人之间信息、情感、需要和态度等内容的传递与交流过程，体现在人际关系、人际吸引和人际互动等方面。

一、人际关系

心理学家舒茨以人际需要为主线提出了人际关系的三维理论，他称自己的理论是基本人际关系取向理论。人有三种基本的人际需要：包容需要、支配需要和情感需要。人际需要决定了个体与其社会情境的联系,如果不能满足,则可能会导致心理障碍及其他严重问题,如精神崩溃等。对于这三种基本的人际需要,人们有主动表现和被动表现两种满足方式。三种基本的人际需要再加上主动与被动的满足方式,就构成了六种基本的人际关系取向。人际关系取向包含:主动包容式、被动包容式、主动支配式、被动支配式、主动情感式、被动情感式。童年期的人际需要是否得到满足以及由此形成的行为方式,对个体成年后的人际关系有决定性影响。舒茨用三维理论解释群体形成与群体的解体,提出了群体整合原则。群体形成过程的开始是包容,而后是控制,最后是情感,这种循环不断发生。群体解体的过程顺序相反,先是感情不和,继而失去控制,最后难于包容,导致群体解体。

我听辅导员介绍过一个特别的案例。

某职业院校一年级的一名学生,性格十分内向、孤僻,不善言谈,不会处世,很少与人交往。入学半年多来,他和班上同学很不融洽,跟同宿舍人曾经发生过几次不小的冲突,关系相当紧张。后来经老师允许搬出宿舍,与外班的同学住在一起。从此,他基本上不和同班同学来往,也很少参加集体活动,与同学的感情淡漠、隔阂加深。他认为自己没有一个能相互了解、相互信任、谈得来的知心朋友,常常感到特别的孤独和自卑,情绪烦躁,痛苦之极,而巨大精神痛苦无处倾诉,长期的苦恼和焦虑使他患上了神经衰弱症。经常的失眠和头痛使他精神疲惫,体质下降,学习效率极低,成绩急剧下降,考试出现了不及格的现象。他的心境和体质也越来越坏,深感自己已陷入病困交加的境地而无力自拔,失去了坚持学习的信心。他开始厌倦学习,厌恶同学和班级,一天也不愿再在学校待下去了。于是,他听不进老师的劝告,也不顾家长的劝阻,坚决要求退学。

我们不妨来分析一下这位同学的人际关系特点。他由于内向孤僻,不愿交往,不善交往,在与同学交往过程中引发人际冲突,与周围同学关系紧张,无法融进新的班集体,心理上感到非常孤独、痛苦,进而引起神经衰弱、失眠、头痛,学习效率降低,失去自信。他不仅搞僵了人际关系,而且搞垮了身体,荒废了学业,最终还造成被迫休学的结果。人际关系问题是许多大中专学生中存在的常见问题,由于社会影响、家庭教育和自身素质的原因,不少学生都存在着不同程度的人际关系不良和心理障碍问题,严重影响学生的正常学习和生活。

年轻人在学习阶段或刚步入社会时,往往会出现人际交往和沟通不畅的情况,影响身心健康和学习进步。年轻人在人际交往与沟通中存在的问题主要有以下几种类型:

(一)自我中心型

在与别人交往时,“我”字优先,只顾及自己的需要和利益,强调自己的感受,而不考虑别人。在与他人相处时,不顾场合,不考虑别人的情绪,自己高兴时,就高谈阔论,眉飞色舞,手舞足蹈;不高兴时就郁郁寡欢,谁都不理,或是乱发脾气,根本不尊重他人,漠视他人的处境和利益。

(二)自我封闭型

这种类型有两种情况,一种是不愿让别人了解自己,总喜欢把自己的真实思想、情感和需要掩盖起来,往往持一种孤傲处世的态度,只注重自己的内心体验,在心理上人为地建立屏障,故意把自我封闭起来;另一种情况是虽然愿意与他人交往,但由于性格原因却无法让别人了解自己。这样的人一般性格内向孤僻,处于一种自我封闭的状态,喜欢一个人独来独往,不喜欢与他人接触,做什么都一个人,很难融合到集体中。

(三)社会功利型

任何人在交往过程中都有这样那样的目的、想法,都有使自己通过交往得到提高、进步的愿望,这些都是好的。但如果过多、过重地考虑交往中的个人愿望,利益是否能够实现和达成,实现的可能性有多大等,就很容易被拜金主义、功利主义等错误思想影响,使个人交往带上极其浓厚的功利色彩。

二、人际吸引

人际吸引是个体与他人之间情感上相互亲密的状态,是人际关系中的一种肯定形式。按吸引的程度,人际吸引可分为亲和、喜欢和爱情。亲和是较低层次的人际吸引,喜欢是中等程度的吸引,爱情是最强烈的人际吸引形式。

影响人际吸引的因素有:

(一)熟悉与邻近

熟悉能增加吸引的程度。如果其他条件大体相当,人们会喜欢与自己邻近的人交往。熟悉性和邻近性均与人们之间的交往频率有关。物理空间距离较近的人们心理空间也容易接近。常常见面有利于彼此了解,相互喜欢。交往频率与喜欢程度的关系呈倒U形曲线,过低与过高的交往频率都不会使彼此喜欢的程度提高。

(二)相似性

人们往往喜欢那些和自己相似的人。相似性主要包括:信念、价值观及人格特征的相似;兴趣、爱好等方面的相似;社会背景、地位的相似;年龄、经验的相似。实际的相似性很重要,但更重要的是双方感知到的相似性。

(三)互补性

当双方在某些方面看起来互补时,彼此的喜欢也会增加。互补可视为相似性的特殊形式。以下三种互补关系会增加吸引和喜欢:需要的互补、社会角色的互补、人格某些特征的互补,如内向与外向。当双方的需要、角色及人格特征都呈互补关系时,所产生的吸引力是非常大的。

(四)外貌

容貌、体态、服饰、举止、风度等个人外在因素在人际交往中的作用也是很大的。在交往的初期,好的外貌容易给人一种良好的第一印象,人们往往会以貌取人,外貌美能产生光环效应,即人们倾向于把其他优秀品质与外貌美的人主观联系在一起。

(五)才能

才能一般会增加个体的吸引力。如果这种才能对别人构成社会比较的压力,让人感受到自己的无能和失败,那么就不会对增强吸引力有帮助。研究表明,有才能的人如果故意犯一些"小错误",会增强他们的吸引力。

(六)人格品质

人格品质是影响吸引力的最稳定因素,也是个体吸引力最重要的因素之一。美国学者安德森研究了影响人际关系的人格品质。排在序列最前面、喜爱程度最高的六个人格品质是:真诚、诚实、理解、忠诚、真实、可信,它们或多或少、直接或间接同真诚有关;排在系列最后受喜爱水平最低的几个品质如说谎、假装、不老实等也都与真诚有关。安德森认为,真诚受人欢迎,不真诚则令人厌恶。

三、人际互动

人际互动就是人际相互作用。人的相互作用可能是信息、情感等心理因素的交流,也可能是行为动作的交流。比如两个认识的人碰面了,总归应该要互相问候互动一下。擅长人际互动的人见面时会对对方表现出亲切热情,可能会说"我正好遇到一件事准备找你聊聊呢,真巧,在这儿遇到了你……"而不擅长交际的人见面后会纠结"该说点什么好呢?"而这样的冷场尴尬会让对方觉得"跟你交流真没意思"。

(一)人际交往的互动形式

1.合作

合作双方为达到共同的目的而互相配合。合作双方对共同目标、实现目标的途径有基本一致的认识,有着相互依赖的合作氛围。

2.竞争

竞争中可能出现零和冲突，即一方赢另一方输，也可能出现双赢；竞争是有理性的，按照一定的社会规范进行。如果竞争中又有合作，具有互利互惠、共生共赢的理念，实现共赢的局面，是比较理想的人际互动形式。越是竞争激烈的环境，越需要寻求共生共赢的互动。

小王和小曹是某高职院校的同班同学，同住一个宿舍。入学不久，两人就成为形影不离的好朋友。小王活泼开朗，小曹性格内向、沉默寡言。小王学习成绩好、工作能力强，很讨老师喜欢。渐渐地，小曹觉得跟小王比起来，自己就像一只丑小鸭，而小曹却像一位美丽的公主，心里很不是滋味。她认为小王处处都比自己强，把风头抢尽，于是就开始远离小王，自己努力学习，暗中和小王较劲。一年级期末考试结束后，小曹总分高居班级榜首，获得一等奖学金，小王获得二等奖学金。小曹的心态一下子变得平和了，觉得自己也有比别人强的地方，有了自信，心情也开朗起来，二年级开始就经常和小王一起学习讨论，在技能操作方面帮助小王，两人联合参加学校组织的技能大赛，小曹获得个人一等奖，小王获得个人二等奖，二人组合获得团体一等奖。二人都特别高兴。小王和小曹从形影不离到互相竞争到实现双赢经历了一段时间，说明只要遵守理性竞争的规则，就会有理想的人际互动效果。

不正当的嫉妒竞争心理则会严重影响身心健康。如何克服这样的心理呢？①认清嫉妒的危害。嫉妒的危害一是打击了别人，二是伤害了自己、贻误自己。遭到别人嫉妒的人自然是痛苦的，嫉妒别人的人一方面影响了自己的身心健康，另一方面由于整日沉溺于对别人的嫉妒之中，没有充沛的精力去思考如何提高自己，恰恰又误了自己的前途。认清这些是走出嫉妒误区的第一步。②克服自私心理。嫉妒是个人心理结构中“我”的位置过于膨胀的具体表现，总怕别人比自己强，对自己不利。因此，要根除嫉妒心理，首先应根除这种心态的“营养基”——自私。只有驱除私心杂念拓宽自己的心胸，才能正确地看待别人，悦纳自己，也就是人们常说的“心底无私天地宽”。③正确认知。客观公正地评价别人，也要客观公正地评价自己。别人取得了成绩并不等于自己的失败。“人贵有自知之明。”强烈的进取心是人们成功的巨大动力，但冠军只有一个，尺有所短，寸有所长，一个人不可能事事都走在人前。

（二）沟通的特点

人生在人来人往中开始和结束，丰富愉快的人际交往可以让人生丰富多彩。很多人缺乏真诚有效的人际沟通环境，就会感慨世界缺少真情与爱，感叹命运不公……其实这样的人生状态，可能就是因为自己没有掌握沟通的艺术。在这里，我们来了解一下沟通的特点。

1.准确性

信息传递与交流的过程就是沟通。因此信息必须是准确清晰的，是客观真实的。所有沟通者都希望接受准确又简单的信息，一旦信息传递失真或者信息过于琐碎，不能及时准确地从中了解自身的任务和要求，那么这样的沟通显然是无效的，也会影响到沟通的积极性。在工作中，没有谁主观上喜欢和一个半个小时过去了还不知道要表达什么主题的人沟通。对一个处在过度兴奋或过度悲伤状态下的人传递信息，接受度就可能不理想，因为接受者会担心信息的准确性。因此我们在沟通时，要注意让对方感受到自己传递的信息是准确的。

2.双向性

我们的信息传递是互相的，每一方都既是传递者，又是接受者。单向的交流是无法实现有效沟通的。正所谓"你有来言，我有去语"、"往而不来非礼也，来而不往亦非礼也"。在一个组织的工作中，只有实现上情下达和下情上传，才能实现组织行为的有效管理和控制。双向的沟通过程如下图所示：

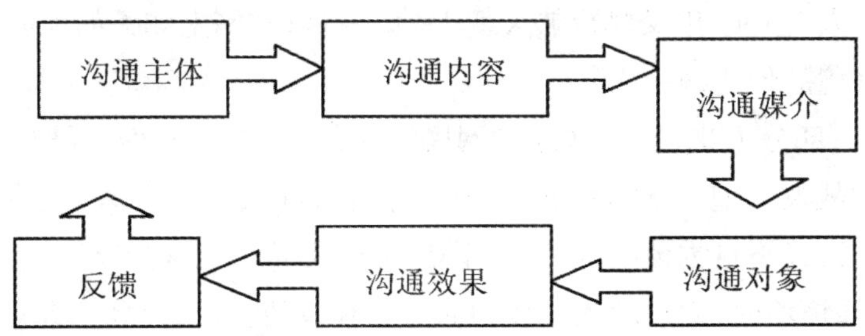

3.互赖性

沟通越深入，彼此之间的依赖性就会越强。人际吸引程度越高，人际互动越活跃，越会实现亲密互惠的沟通。沟通需要互相配合，信息需要互相补充，双方互相依赖实现自己的沟通目标。

我们在读鲁迅先生的《祝福》时，记住了祥林嫂整天唠唠叨叨的样子，我们在人际沟通中，对那些见人就说个没完没了的人，会打趣对方是"祥林嫂"，这就是人际沟通中典型的单向的"沟通依赖"，而非互赖性。他们与"沟通恐惧"者截然相反。他们热衷于人际沟通与交流，过分地迷恋，甚至达到了一种成瘾的状态。他们试图通过人际交流来建立一种内心的安全感,并体现其价值。这并非我们所追求的双向互赖的高效沟通。

在高科技不断发展的今天,“沟通依赖”还出现了一个十分引人注意的现象:一些人,尤其是年轻人,形成了长时间依赖于手机短信和网络手段进行人际沟通。这种沟通是一种单一的隐性沟通,沟通双方屏蔽了必要的视觉信息或听觉信息,仅靠单一的文字或图形等来传情达意,严格说来,这是一种不周全的沟通形式。心理咨询师们将这种新的隐性沟通称为“手指沟通依赖”。很多“手指沟通”族要找人沟通时,通常的流程就是先飞信、QQ 等,如果对方未在线,就在网上留言,如果得不到对方的回应,就给对方发手机短信。凭借网络和手机,喜爱“手指沟通”的人给人的感觉是健谈的,然而,一旦彼此完全“裸现”在对方的视野时,他们反而无话可说。

我有一个亲戚,是一个大学毕业刚工作两年的白领。她告诉我一次真实的经历。她的大学同学从厦门到北京出差。由于两人经常通过 QQ 交流,早就知道好友要来的她提前一周就订好了请客的餐厅。然而,让她始料不及的是,两个经常在网上谈天说地、互通有无的老同学见了面却感到无话可说。终于熬过了一次尴尬的宴请,分别时两人都感到了一些无聊。可是让她更加郁闷的是,几天后,那位大学同学回到厦门,两个人在 QQ 里又聊得热火朝天。陷入这种“网上聊天如火如荼,见面不知如何开口”窘境的何止她一人?

对于相当一部分人来说,那些通过网聊结交的“网友”,看博客结交的“博友”,玩网游结交的“战友”,泡论坛认识的“坛友”,已经和实实在在生活在他周围的人同样重要,很多人已经不自觉地陷入了对“手指沟通”的依赖。这会导致“手指沟通”者在面对真实沟通情境时,由于缺乏直接沟通经验和技巧,“沟通恐惧”进一步加剧。

相当比例的成年人对于像互联网、电子邮件和智能手机这些技术产物有着很强的上瘾倾向。网络成瘾与赌博成瘾或酒精成瘾一样,会带来很多不良后果。当你每五分钟就要检查一下你的智能手机,当你玩游戏两个小时还乐在其中,当你沉迷于这样的数字娱乐的时候,你每天还能集中多少注意力用于工作沟通?每天还能留下多少时间与你的亲人朋友交流?所以,警惕自己的网络成瘾倾向,别让键盘隔离了你和真实的世界。

许多学生也面临着这样的问题。一个班级的同学坐在一起上课,近在咫尺,有事情讨论都不面对面直接说,却习惯于用手机交流。这种情况下,学生的口才锻炼几乎无从谈起。网络当然是当今社会进行高效沟通的必备工具,有些时候觉得难以启齿说的话用信息发送,也不失为一种沟通艺术。可是它并不能取代人与人之间的有声语言的交流沟通。有些项目谈判、矛盾解决、情感联系等等，必须通过面对面的直接沟通才是正规有效的，电话无法取代，邮件无法取代，网络信息更无法取代。

（三）沟通的目标

明白沟通的特点，才能实现沟通的目标。每一个沟通的目标都包含以下几项内容：

沟通是意义上的传递。如果信息和想法没有被传递到，则意味着沟通没有发生，也就是说，说者与听者之间没有形成沟通，说者没有听众。

信息不仅要传递到，还要被充分理解。要使沟通成功，信息不仅需要传递，还需要被理解。有效的沟通，应该是信息经过传递后，接受者感知到的信息与发送者发出的信息一致。

所传递的信息被对方接受，这是沟通目标的更高层次。但是信息是否可以被对方接受，不能成为判断沟通是否高效的标准，信息可以被接受，这只是我们追求的目标。

引起对方的反响。沟通的目的不是行为的本身，而在于结果。如果对方在接受、理解我们所传递的信息，并改变了自己的行为或态度，那么，沟通就产生了预期的效果，这样的沟通目标就得到了最完美的实现。

沟通的目标可以更直接地用图标的形式表示如下内容：

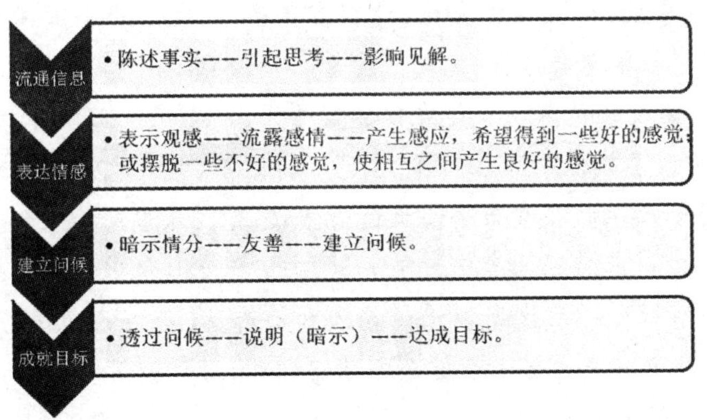

15年前，比尔·盖茨和沃伦·巴菲特是两个互不相干的人，彼此只闻其名不识其人，两人之间甚至还有很深的成见。盖茨认为巴菲特固执、小气，靠投资发财，不懂时代先进技术；巴菲特则认为盖茨不过是运气好，靠时髦的东西赚了钱而已。但是，后来他们却成了商场上不多见的莫逆之交。巴菲特多次公开说，此生最了解他的人就是盖茨；而盖茨尊称巴菲特为自己人生的老师。这种转变起源于他们在1991年春天的一次很重要的交往。

那天，盖茨收到了一张邀请他参加华尔街CEO聚会的请柬。当发现聚会的主讲人就是巴菲特时，他不屑一顾，随手把请柬丢到一旁。盖茨的母亲微笑着劝儿子："我倒是觉得你应该去听听，他或许恰好可以弥补你身上的缺点。"母亲的话让盖茨清醒了许多，决定熟悉一下这位大他25岁的前辈。在会议室，同样在臆测中对盖茨抱有偏见的巴菲特见到盖茨后，傲慢地说："你就是那个传说中非常幸运的年轻人啊？"盖茨是以一颗真心来结交巴菲特的，因此他没有针锋相对，而是真诚地鞠了一个躬："我很想向前辈学习。"这出乎巴菲特的意料，心里不由得对盖茨产生了好感。离会议开始还有一段时间，巴菲特和盖茨有意坐到了一起，一个讲诉，一个倾听，彼此聊到了自己的童年和对世界经济的看法。两人惊异地发现，他们有太多的共同点，都是白手起家、热衷冒险、不怕犯错等，不知不觉中，时间溜过去一个多小时。意犹未尽的巴菲特被催促着来到讲台上，他的开场白竟然是："在开始讲话之前，我想说的是，今天我第一次和比尔·盖茨交谈，他是一个比我聪明的人……"

随着交往的深入，盖茨逐渐认识到巴菲特是个不可多得的"真人"，他并非一毛不拔的"铁公鸡"，而是对金钱有着超凡脱俗的深刻见解，他说"财富应该用一种良好的方式反馈给社会，而不是留给子女"；他的家庭生活幸福美满，每当爱人危难的时候，就守候在她的身边；为记录三个孩子成长的经历，他坚持写了30本日记；他不但支持妻子从事慈善事业，而且身体力行，计划在自己离世后，将全部遗产留给妻子，由她把这些财产捐献给慈善事业；他助人为乐，对待朋友非常真诚；他的人格魅力经常打动每一个与之交往的人。就是在他的影响下，一心忙于工作、对婚姻持怀疑态度的盖茨终于学会了热爱家庭。同样，在巴菲特眼里，盖茨也是个年轻有为的"真人"。2006年6月15日，盖茨宣布将逐步退出微软，专心从事慈善基金会的事业。紧随其后，6月25日，巴菲特因为妻子过早去世，决定把370亿美元财产捐给盖茨的慈善基金会，他动情地说："我之所以选择盖茨和梅琳达（盖茨的妻子）慈善基金会，一方面是因为我认为它是世界上最健全的慈善组织，另外就是我十分信任盖茨和梅琳达，他们是我最好的朋友。"

一个人的个性、习惯并不是通过表面现象能够全面了解的。假如先入为主，抱着冷漠和警惕甚至"老死不相往来"的态度，纵然像比尔·盖茨和沃伦·巴菲特这样杰出的人物也会对真正值得交往的人心存偏见，与之失之交臂，留下人生遗憾，改写事业轨迹。让我们积极与人交往、真心与人交往，学会人际沟通的艺术，拒绝寂寞，活出精彩。

CHAPTER 6 第六章

具备沟通的前提

沟通并不是一个永远有效的过程,要进行有效的沟通,就必须具备沟通的前提。有了前提的保证,才可能使沟通顺畅完成。

首先,我们需要遵循沟通的基本原则。美国管理协会提出了“良好沟通的十项原则”:

1. 沟通前概念澄清,对一项信息作一个系统的分析,沟通才能明确清楚。

2. 讨论并确定沟通的真正目的。

3. 研究环境和人的性格等情况。

4. 听取他人意见,计划沟通内容。

5. 选择沟通时采取的态度、语言和表情等。

6. 及时获取下属的反馈。

7. 保持传递资料的准确可靠。

8. 既要注意切合当前需要,又要注意长远目标的配合。

9. 言行一致。

10. 应成为一名好听众。

在这里,我想特别强调几个通用的前提。第一,具备良好的社交礼仪修养和形象,“人无礼则不立,事无礼则不成”,礼仪先行,这是成功沟通的第一步,因此我们要修炼好礼仪的基本功。相关内容我们已经在前面阐述过,这里就不再重复。第二,提供的信息要清晰准确完整,信息量要控制得当。第三,要让对方感受到你的真诚与尊重。

第一节 尊人者，人尊之

相互尊重是良好沟通的前提，也是沟通者修养的体现。人立于世，一是做人，二是做事，做人是做事的前提，做人、做事都要与人打交道。尊重别人，是与人和睦相处的必要条件。在工作和生活中，对人心理影响最大的是人际关系，人际关系不好，会带来心理上的不愉快，影响工作和生活。心理学专家说，一个人的成功，80%靠情商，情商就是理解别人，能够与人进行良好合作，取得他人尊重、支持、帮助的能力。你想别人如何对待你，你首先应如何对待别人。越有自尊的人，也越懂得尊重别人。尊重别人就是尊重自己。尊人者，人尊之，正所谓"敬人者，人恒敬之"。

一位颇有名望的富商在散步时，遇到一个摆地摊卖旧书的瘦弱的年轻人，这个年轻人在寒风中啃着发霉的面包。富商怜悯地将8美元塞到年轻人手中，走了。没走多远，富商忽又返回，他从地摊上拿了两本旧书，并说："对不起，我忘了取书。其实，您和我一样也是商人！"两年后，富商应邀参加一个慈善募捐会时，一位年轻书商紧握着他的手，感激地说："我曾经以为这一生只有摆摊乞讨的命运，直到听到您亲口对我说'我和你一样都是商人'，这才使我树立了自尊和自信，从而创造了今天的业绩……"不难想象，没有那一句尊重鼓励的话，这位富商当初即使给年轻人再多的钱，年轻人也不会产生人生的巨变，这就是尊重的力量！

在人际交往与沟通中，你需要让他人感受到你是一个平等相待、谦恭礼让、能够与他人和谐相处的人。不论是在工作中，还是在家庭生活中，或者是在与朋友相处中，都要相互尊重，这是沟通的艺术。

比如在家庭生活中，夫妻之间要平等尊重，父母与孩子之间一样要互相尊重。我目睹不少家长在学校门口接到孩子时，就会马上询问当天学习或考试的情况，如果考试成绩不理想，马上劈头盖脸地训责。殊不知孩子会有什么感受？这样的沟通能够达到目的吗？校门口是一个公共场所，许多老师、学生、家长来往进出，孩子在众目睽睽之下被家长训骂，就会觉得同学都看见了可能会取笑自己，觉得自己很没有面子。为了维护自己的尊严，孩子会在心理本能地对家长的训骂产生抵触。没有一个人愿意自己在众人面前被人指责被人训骂。多次长期采取这样不尊重孩子的沟通方式，轻的会对孩子的性格产生负面影响，严重的会使孩子产生心理阴影，甚至人生观和价值观都会慢慢扭曲。我担任过几个班级的班主任，遇到过不少有个性的学生，其中不乏常常违纪性格很执拗的学生。多年的学生工作经验让我总结出：

越是性格执拗脾气急躁的学生，越是不能在班级里贸然批评，越是需要给予他们足够的尊重和理解，只有这样做，沟通才会比较顺畅。

一、平等相待

当我们在和他人沟通交流时，不论对方的身份如何，我们都要平等地尊重每一个人。平等相待是尊重的基础。双方的对等交流，是沟通的前提，也是双方教养的体现。尊重领导是天职，尊重同事是礼貌，尊重下属是风度，尊重所有人是一种教养。也许你在接触过许多企业管理人员后会发现，越是成功的管理者往往越是懂得尊重下属。

尊重是一种修养，一种品格，一种对人不卑不亢、不俯不仰的平等相待，是对他人人格与价值的充分肯定。任何人不可能尽善尽美、完美无缺，我们没有理由以高山仰止的目光去审视别人，也没有资格用不屑一顾的神情去嘲笑他人。假如别人某些方面不如自己，我们不要用傲慢和不敬的话去伤害别人的自尊。如果你那样做了，肯定不会赢得别人的尊重。生活在社会大家庭中的每一个人都希望得到别人的充分肯定，得到别人的尊重。如何才能得到别人的尊重呢？首先要学会尊重别人。怎样才能学会尊重别人呢？

（一）平等地对待每一个人

心理学研究表明，人的受尊重的愿望非常强烈，如果你能以平等的姿态与人沟通，对方会觉得受到尊重，而对你产生好感；相反，如果你自觉高人一等、居高临下、盛气凌人地与人沟通，对方会感到自尊受到了伤害而拒绝与你交往。

（二）必须牢记：每个人在人格上都是平等的

只有在心里有尊重别人的想法，才可能具有尊重别人的言行。“礼由心生”，“言为心声”。

（三）学会欣赏别人

欣赏是一种积极的乐观向上的人生态度，是建立在善于发现别人的优点和摒弃嫉妒的不良心理的基础之上的优秀品质，包括欣赏别人的容貌、职业、学识等。一个人只要学会了欣赏，就学会了尊重。也许发现和承认别人的优点要难于原谅别人的缺点，因为自己过不了自己心里的那道坎儿，说得简单点，就是自己跟自己过不去，而别人的优点是客观存在，并不会因为你的不承认就不存在。有人说：一个真正智慧自信的人从来不会夸耀自己的优点和议论别人的缺点，因为他（她）从来没有觉得自己不如别人。你觉得这句话是不是有道理呢？

（四）注意使用文明用语

文明用语看似简单，通常也是人们容易忽略的，却很重要。比如很多服务行业的训练有素的接线员，接起电话的第一句话就是："您好！请问有什么可以帮助您？"客户听了是不是很有好感？你如果能习惯使用文明用语，你也许就学会了尊重别人，别人也一定会尊重你。例如"您好""您需要帮助吗""对不起""没关系""再见"等文明用语，表达出的是尊重，体现出的是修养。一句"您好"，表示了你的真诚的问候、美好的祝福，体现了你对别人的尊重，可能就能拉近你与别人的感情，别人也往往会回敬你一句"您好"，表示对你的尊重。

（五）工作中秉承平等互利的原则

平等互利原则是指沟通对象之间平等相处、共同发展、利益兼顾。在企业就是为企业的既定目标和任务服务，但这种服务要以一定的道德责任为前提，以利他的方式"利己"。既要对企业负责，又要对他人负责，通过"利他"实现"利己"。尊重双方的共同利益和各自的独立利益，信守企业与他人共同发展、平等互利的坚定信念。平等互利的原则包括：

1.尊重他人的独立的人格

人们在社会交往中都希望得到他人的尊重，在待人处事时往往表现出明显的独立性、自主性、主动性。人们的这种需求，会表现在社会交往的一些具体细节中。在和他人接触过程中，要十分注意尊重他人的人格，满足他人独立的人格需求，真心实意地对待他人，设身处地地为他人着想，以公正平等的态度为人处事。对他人一视同仁，虚心征求听取他人意见，不挖苦、奚落他人，不盛气凌人。只有尊重他人的独立人格，才称得上平等对待他人，他人才能理解你，才愿意与你合作。

2.满足他人利益需求

把能满足他人的利益作为第一因素考虑，这是平等互利的基点。要满足他人利益的需求，首先要对他人负责，即对由企业行为引起的相关他人负责，实际解决由企业行为引起的问题，同他人一起承担社会问题的责任；其次要把企业生存、运行和发展建立在满足大众利益需求的前提下；再次，必要时即使牺牲企业的眼前利益，也要满足公众的利益需求，这是对企业生存环境的维护。

一个人把自己看得太重，总是一副高高在上的姿态，有效沟通根本就无法实现。美国加利福尼亚州立大学对企业内部进行研究后得出了一个成果：沟通的位差效应。他们发现，来自领导层的信息只有20%~25%被下级知道并正确理解，而从下到上反馈的信息则不超过10%，平行交流的效率则可达到90%以上。进一步研究发现，平行交流的效率之所以如此之高，是因为平行交流是一种以平等为基础的交流。

为检验平等交流在企业内部实施的可行性，他们试着在整个企业内部建立一种平等沟通的机制。结果发现，与建立这种机制前相比，在企业内部建立平等的沟通渠道，可以大大增加领导者与下属之间的协调沟通能力，使他们在价值观、道德观、经营哲学等方面很快达成一致；可以使上下级之间、各个部门之间的信息形成较为对称的流动，业务流、信息流、制度流也更为通畅，信息在执行过程中发生变形的情况也会大大减少。这样，他们得出了一个结论：平等交流是企业有效沟通的保证。

其实，无论是企业上下级之间、朋友之间、师生之间、父母与子女之间，还是夫妻之间，最重要的一点就是在交流中坚持平等的理念。只有把自己放在和对方平等的位置上，沟通才有意义。

二、和谐相处

在工作生活环境中，我们会与许许多多的人相遇相识相交。每一个人都有自己的特点，人与人相比都是不同的，我们要与他人和谐相处。在自然和谐的氛围中，才可能实现有效的沟通。

在与别人交往的过程中，要懂得理解别人、尊重别人、善待别人，善于化解矛盾、增进友谊，让自己自信亲切的微笑、理性不俗的谈吐、善良宽厚的心灵为别人带去温暖的阳光，而不要用自己的伶牙俐齿去伤害别人。用言语伤害别人，就会失去别人对你的信任尊重，甚至贬低你的人格，你将失去一个和谐的生存环境。所以说在争吵谩骂中的双方，都没有真正的赢家。

有一天，苏东坡和老和尚一起打禅。老和尚问苏东坡："你看我打禅像什么？"苏东坡想了一下，并没有回答，而是反问老和尚："那你看我打禅像什么？"老和尚说："你真像是一尊高贵的佛。"苏东坡听了这一番话，心里暗自高兴。老和尚说："换你说说你看我打禅像什么？"苏东坡心里想气气老和尚，便说："我看你打禅像一堆牛粪。"老和尚听完苏东坡的话淡淡一笑。苏东坡高兴地回家和苏小妹谈论起这件事。苏小妹听完后笑了出来。苏东坡好奇地问："有什么可笑的？"苏小妹告诉苏东坡，人家和尚心中有佛，所以看你如佛；而你心中有粪，所以看人如粪。当你骂别人的同时，也是在骂自己。

这个有趣的故事告诉我们：从一个人的言行能看出其学识与修养。尊重他人，用自己希望他人对待自己的态度和方式去对待他人，与人和谐相处，是有效沟通的前提。

古代有一位国王，一天晚上做了一个梦，梦见自己满嘴的牙都掉了。于是，他就找了两位解梦的人。国王问他们："为什么我会梦见自己满口的牙全掉了呢？"第一个解梦的人就说："陛下，梦的意思是，在你所有的亲属都死去以后，你才能死，一个都不剩。"国王一听，龙颜大怒，杖打了他一百大棍。第二个解梦人说："至高无上的国王陛下，梦的意思是，您将是您所有亲属当中最长寿的一位呀！"皇上听了很高兴，便拿出了一百枚金币，赏给了第二位解梦的人。

同样的事情，同样的内容，为什么一个会挨打，另一个却受到嘉奖呢？因为挨打的人不会说话，得赏的人会说话而已。"一句话说得人笑，一句话说得人跳。"关键就看你能不能把话说得巧妙。所谓的巧妙就是能够说出最善解人意或最贴切的话。要达到巧妙的境界，就必须对周围的人事十分敏感，并掌握说话的技巧，随时都能果断地陈述自己的意见，并且不会引起他人的反感，与他人保持和谐的关系。艺术地处理棘手的情况或人际关系，你自然会令人感觉"如沐春风"，而不是"言语可憎"。当你无法判定自己该怎么说话的时候，不妨记住古希腊的一句民谚：聪明的人，借助经验说话；而更聪明的人，根据经验不说话。只要我们专心致志地听对方讲，努力地全神贯注地听，对方就一定会有一种被尊重和重视的感觉。

尊重他人也尊重自己，与他人和谐相处，没有这一点，成功的沟通是不可能的。这也促使我们要努力获得和给予好的信息。如果这些都做得好而彻底，取得进展就是水到渠成的事情了。

三、谦恭礼让

要想成就良好的人际关系，还要有礼让别人的做法，这是尊重别人的表现。谦恭礼让就是在人际交往中有谦虚的态度，尊重别人。对人恭敬，懂得礼貌，是中国人的传统美德。谦恭礼让能与别人友好相处，也能赢得别人的尊重、友谊和帮助。

谦恭，是一种积极的生活态度。它包含着对群体和他人智慧、能力、贡献的肯定和对自己的永不满足。礼让，是谦恭的外部表现，这种美德带来了人际关系的和谐、群体的团结和事业的成功。在市场经济条件下，要提倡竞争意识，但不应把竞争意识与谦恭的传统美德对立起来，应当把两者在道德的基础上统一起来。随着社会的快速发展，人们所处的人事环境、物质环境也在急速变化中，面对这种复杂多变的环境，很多人往往会感叹，现在不仅做事难，做人更难。

一个颇负盛誉的企业家在一次内部培训会上传授他从业十余年的成功秘诀时说道："事业成功与否，关键在于如何处世做人。"的确，处世之道，就是为人之道。今天我们要立足于社会，就得先从如何做人开始明白如何做人，才能与人和睦相处，待人接物才能通达合理。这确实是一门高深的学问，值得我们终身学习。打开处事之道的钥匙之一："与人共事，礼让为先。"

病态的人际交往，使许多现代人身心疲惫，苦不堪言。在人际交往中形成良性的互动和信义友善关系，是我们人人所希望的。既然人心同此，只要有人迈出真诚改善的一步，定会有人相感而动，在您身边聚集一群互利、互助的同事、朋友。在工作事业上争强，在个人利益上礼让。忠厚传家远，刻薄难久长。因为点滴私利而影响同事关系，为蝇头小利而失去朋友的做法，都是得不偿失的。

清代河南人张英在京城任文华殿大学士。家人与邻居吴氏为争一堵墙，寄信到京城，想让他出面解决。张英在信上写了一首诗寄回去："千里寄书只为墙，让他三尺又何妨。万里长城今犹在，不见当年秦始皇。"家人收到信后就让了三尺给吴氏，吴氏很感动，也退让三尺，在两家之间形成了"六尺巷"，也称为仁义巷。此事遂传为千古美谈。

唯利是图，不多赚一点就认为吃了亏，处处都想多得一点的人，肯定不会有好的人际关系，最终也是不可能多得的，退一步天高海阔就是这个道理。"让他三尺又何妨"是一种境界，也是一种品质。如果一个人在工作生活中不会礼让、宽容，很多事都只求己利而与人针锋相对，那不仅会影响人际关系的和谐，而且会逐渐使自己处于孤立境地。只有做到宽容别人，别人才能宽容你。"让他三尺又何妨"更是一种修养。世间一切事物正如老子说的那样"曲则全，枉则正；清则盈，敝则新；少则得，多则惑"。老子以朴素的辩证思想告诉世人：一个人只有受得了委屈才能保全自己；只有善解冤屈才能让事理伸直；也只有低洼才能盈满，凋敝才能新生，少取才能多获，而贪多则反倒会迷失。"天下有大勇者卒然临之而不惊，无故加之而不怒"，善于宽容者，方为大勇者。"让他三尺"，互相宽容，社会就会和谐；家庭就会美满；夫妻就会幸福；友谊就会天长地久。

李丽是家里的独生女，家庭经济条件比较好，父母很宠爱她。上大学以前没住过校，上大学了，与 4 个同学共住一室，她总是对一些小事情斤斤计较，很容易生气。别的同学早上起床时间早了、洗漱的声音大了或者是晚上睡觉的时间不一致都会让她心生厌烦，有时还会态度蛮横地和别人理论。同学都觉得李丽对人太苛刻，不愿和她交往。

现在很多学生都来自独生子女的家庭,平常生活自由自在。上大学后和几个同学共住一个寝室,难免会有些不适应。同学们要想和别人相处融洽,就必须学会包容别人的生活方式。人与人之间不可能完全一样,不要过分苛求别人,要学会容忍、礼让,严于律己,宽于待人,学会设身处地为别人着想。如果别人的生活方式妨碍到自己的生活,应该委婉地提出意见,但一定要注意态度和方法,并适当地进行自我调整。当我们无法改变环境的时候,只能让自己学会适应环境。

沟通是需要学习的,我们只有具备正确的沟通态度,才能把握沟通的艺术。我们需要在不断的学习、实践和思考中提高自己的沟通能力。

第二节 感人心者,莫先乎情

沟通从心开始。人是有感情的,真挚的情感最能打动人心,更易受到人们的欢迎。“感人心者,莫先乎情。”“功成理定何神速,速在推心置人腹。”

一把坚实的大锁挂在大门上,一根铁棒费了九牛二虎之力还是无法将它撬开。钥匙来了,它瘦小的身子钻进锁孔,只轻轻一转,大锁就“啪”的一声打开了。铁棒奇怪地问:“为什么我费了那么大力气也打不开,而你却轻而易举地就把它打开了呢?”钥匙说:“因为我最了解它的心。”

每个人的心,都像上了锁的大门,任你再粗的铁棒也撬不开。唯有关怀,才能把自己变成一把细腻的钥匙,进入别人的心中,了解别人从而也能让别人接纳你。正如孟子所说:“人之相识,贵在相知。人之相知,贵在知心。”

我曾经给一个海外直通班的学生上过课,这些孩子在课堂上非常活跃,课堂纪律控制比较困难,所以老师上完课后就会觉得很累。可是每一个老师在第一次上完这个班级的课后,回到办公室,都会发现办公桌上静静地躺着一张卡片。在这张精美的小卡片上,这个系的书记亲笔写下:“某某老师,您辛苦了。谢谢您!”这样简单的问候就像一缕清风,轻柔地拂去老师的疲惫和烦躁。

我多次提到人际交往要“真诚”。我曾经让几百名学生做过一道选择题,我罗列出几十个人际交往的词语,包括真诚、幽默、善良、健谈、忍耐等等,请学生选择自己最喜爱的一个词语,结果82%的学生选择了“真诚”。这说明我们都希望他人和自己真诚沟通。

真诚,是我们做人的原则,我们都希望自己能够结交真诚的朋友。真诚原本对人来说很简单,只要自己出发点正确,对待身边的人善良有爱心,人人都如此,世界就是真诚的。但是也许你看到了一些虚伪狡诈的东西,所以便会告诉自己“逢人只说三分话,莫要全抛一片心”。这样的处世之道虽然为自己构筑了保护屏障,但也有可能把自己封闭起来。

其实生活工作中,会有不真诚的人,但是毕竟是少数,这样的人最终必然是孤独的。我们可以从中学会随机应变保护自己的人际交往技巧,但是不能因为极少数的个案就让自己的真诚友善被埋葬。

我们生活在人群之中,渴望被关怀,渴望被理解,渴望真挚的情感在人群之中传递,我们有沟通的渴求。那么,首先从让别人感受到你的真诚可信做起。

一、以诚相待

做人做事要讲究诚信。诚信,顾名思义就是诚实守信。诚实就是忠诚老实,不讲假话,不歪曲事实,不文过饰非,光明磊落,言行一致,表里如一。守信就是遵守诺言,有诺必践,有信必守,承担责任履行义务,获得信任。

诚信是沟通的前提。父母诚信,孩子才会把心中真实的想法告诉你;夫妻诚信,家庭才能幸福;朋友诚信,友谊才能长青;老师诚信,才能在教书中育人;领导诚信,才能管理成功……试想,一个贪污腐化的领导者,要求员工廉洁奉公,听起来是不是像笑话?一个在全校大会上嘀嘀咕咕聊天的老师,靠什么教育学生们上课不要聊天?

“言必行,行必果”,“一言既出,驷马难追”,这些流传了千百年的古话,都形象地表达了中华民族诚实守信的品质。在我国几千年的文明史中,人们不但为诚实守信的美德大唱颂歌,而且努力地身体力行。自古以来,诚信一直受到人们高度赞赏。每个人都不可避免地要与别人打交道,信守诺言是与人交往合作的原则。

孔子早在2000多年前就教育他的弟子要诚实。在学习中,知道的就说知道,不知道的就说不知道。所谓“知之为知之,不知为不知”。他认为这才是对待学习的正确态度。曾子也是个非常诚实守信的人。有一次,曾子的妻子要去赶集,孩子哭闹着也要去。妻子哄孩子说:“你不要去了,我回来杀猪给你吃。”她赶集回来后,看见曾子真要杀猪,连忙上前阻止。曾子说:“你欺骗了孩子,孩子就会不信任你。”说着,就把猪杀了。曾子不欺骗孩子,也培养了孩子讲信用的品德。秦朝末年有个叫季布的人,一向重诺言,讲信用,人们都说“得黄金百斤,不如得季布一诺”。旧时中国店铺的门口,一般都写有“货真价实,童叟无欺”八个字,提倡的就是公平交易、诚实待客,不欺诈、不作假的行业道德。

18世纪,英国有一位富有的绅士,一天深夜他走在回家的路上,被一个蓬头垢面、衣衫褴褛的小男孩儿拦住了:"先生,请您买一包火柴吧。""我不买。"绅士回答说。说完,绅士躲开男孩儿继续走。"先生,请您买一包吧,我今天还什么东西也没有吃呢。"小男孩儿追上来说。绅士看到躲不开男孩儿,便说:"可是我没有零钱呀。""先生,您先拿上火柴,我去给您换零钱。"说完,男孩儿拿着绅士给的一个英镑快步跑走了。绅士等了很久,男孩儿仍然没有回来,绅士无奈地回家了。第二天,绅士正在自己的办公室工作,仆人说来了一个男孩儿要求面见绅士,于是男孩儿被叫了进来。这个男孩儿比卖火柴的男孩儿矮了一些,穿得更破烂,他说:"先生,对不起,我的哥哥让我给您把零钱送来了。""你的哥哥呢?"绅士问。"我的哥哥在换完零钱回来找你的路上被马车撞成重伤了,在家躺着呢。"小男孩儿说。绅士深深地被小男孩儿的诚信所感动,"走!我们去看你的哥哥!"他到男孩儿的家一看,家里只有两个男孩的继母在护理受重伤的男孩儿。一见绅士,男孩连忙说:"对不起,我没有给您按时把零钱送回去,失信了!"绅士被男孩的诚信深深打动了。当他了解到两个男孩儿的亲生父母都双亡时,毅然决定把他们生活所需要的一切都承担起来。

诚信是做人处世之本。诚信待人,它会点燃你生命的明灯,生活不会亏待诚信待人的人。一个守信用的孩子,长大以后,也一定会成为对自己、对家庭、对社会都能承担起责任的人。

诚实守信的美德表现在工作和学习上,就是专心致志、认真踏实、实事求是;表现在与人交往中,就是真诚待人、互相信赖;表现在对待国家和集体的态度上,就是奉公守法、忠诚老实。

二、信息真实

沟通过程中要以事实为基础,据实、客观、公正、全面地传递信息,反映情况。通过信息的传播和交流来确立良好的形象。因此,信息的真实准确就成了沟通获得成功的基本前提。

有效沟通必须是对有意义的信息进行传递,对于没有真正意义的信息进行传递,哪怕整个沟通的过程全部完整,沟通也会因为没有实质内容而失去其价值和意义,使完整无缺的沟通成了无效与无意义的沟通。无效沟通是对沟通资源包括时间、精力、渠道、金钱等的一种浪费,不仅沟通本身无意义与价值,有时甚至还会产生负效应。一个良好的沟通过程,必须有富有意义的信息,即有效沟通的内容必须真实有意义,这是有效沟通的前提。

比如，一对夫妻之间发生矛盾，丈夫每天回家很晚，当妻子询问的时候，丈夫回答说“工作忙”，于是妻子要求丈夫每天晚于六点下班必须提前打电话告知。丈夫同意，也这么做了。而事实却是丈夫觉得妻子非常凶悍强势，自己在家里没有被尊重，产生厌烦情绪，故意下班不按时回家。那么，妻子与丈夫之间关于晚下班的问题的沟通显然是没有意义的，根本没有发现症结所在，显然不能解决实际的矛盾，结果更加令人担忧。

再比如，一名员工去找领导提意见，表达自己对绩效考核结果的不满。刚开口说几句，领导就接过话题，先是顺着你的心情说几句，接下去不知是有意还是无意，说着说着就话题“跑偏”，而你也不由自主地顺着他的话题跟着“跑偏”。等沟通结束，你回到自己的办公室，冷静下来就不由得要想一想：我跟领导沟通了半天，都谈了些什么？是啊，都谈了些什么？沟通的目的实现了吗？

在一个组织里，管理沟通的正确实施更是依赖于真实有意义的信息传递。组织必须致力于培养组织的信誉观念，让每一位员工充分认识到企业的信誉是无价之宝，以真诚树立良好的公关形象，对公众以诚相待、诚以待人是取得信誉的法宝。沟通者要坚持真实地传播信息，组织有关的信息，对内对外都要公开事实真相，报喜亦报忧。要以公众利益为出发点，不欺骗愚弄公众，排除各种虚假因素的干扰，对公众负责。

看看下面两则故事，体会一下什么是真诚守信。

美国国际商用机器公司的优质服务举世闻名，“IBM 就意味着最佳服务”是其成功的公关口号。公司是这么说的，也是这么做的。公司要求对用户的每一条意见必须在 24 小时内予以答复。有一次，美国佐治亚州亚特兰大市一家公司使用的国际商用机器公司的计算机出了毛病，8 小时内，公司就派了 8 名专家来处理问题，其中 4 位来自欧洲，1 位来自加拿大，1 位是从拉丁美洲来的，充分体现了对公众负责、有诺必践的精神。员工十分重视塑造公司的良好形象。一次，一位在菲律宾工作的女服务人员乘车前往某地为顾客送一个小零件，谁知遇上瓢泼大雨，通往目的地的十六座桥梁只剩下两座可以通车，汽车头尾相接，交通堵塞。这位女代表担心误了顾客的工作，于是抛下汽车，一路急行，把小零件准时送到。这位女服务人员将公司信誉视为自己的生命，怎么能做不好工作？

英国航空公司所属波音 747 客机 008 号班机准备从伦敦飞往日本东京时，因故推迟起飞 20 小时。为了不使在东京候此班机回伦敦的乘客耽误行程，英国航空公司及时帮助这些乘客换乘其他公司的飞机。共 190 名乘客欣然接受了英航公司的安排，分别改乘别的班机飞往伦敦。但其中一位日本老太太叫大竹秀子，说什么也不肯乘坐其他班机，坚决要乘008号班机。无奈之下，原拟另有飞行安排的008号班机只好照旧到达东京后再飞回伦敦。一个罕见的情景出现在人们面前：英国航空公司的东京—伦敦的008号班机上只载着1名旅客，这就是大竹秀子。她一人独享该机的353个飞机坐席以及6位值班人员和15位服务人员的周到服务，美美地享受了一顿大马哈鱼，看了一部电影。有人说，这次航行，使英国的航空公司至少损失约10万美金，然而正是由于英国航空公司一切为顾客服务的行为，在世界航空领域塑造了用金钱难以买到的良好形象。

三、沟通开放

在一个组织内部，沟通的真诚还体现在以开放式的沟通营造良好的沟通氛围。所谓开放式的沟通，是在一个组织管理沟通的过程中，沟通的方式、方法、渠道及沟通的内容要求都公开。公开是指对参与沟通的个人、团队和部门都全面公开，而不是对部分沟通成员公开。只有参与管理沟通的所有成员都十分清楚地知道自己应该参与沟通的详细过程和要求，才能遵循规则，产生真实有效的沟通行为。当然这是对组织中绝大多数不需要保密的管理沟通行为而言。

对于需要严格保密的管理沟通来说，对所有该保密性管理沟通小系统内部沟通成员来说，管理沟通的规则、方式、方法、渠道、内容要求一样是公开的。在该保密性沟通系统内，人人都应做到：自己只有掌握自己有权获取和掌握的信息的权力；保密沟通系统内的信息对系统外成员严格保密。

例如某公司在全国范围内有上千名员工，实施业务流程重塑后，面临的一个重大挑战是让员工对质量与成本负责。由于在流程再造过程中减少了员工，引起了员工对管理层与企业未来极大的不信任，管理人员与基层员工之间的沟通极度缺乏，而且不信任影响了沟通效果，导致生产效率低下。为此，人力资源部(HR)首先与高管人员及运营管理人员协商，确定关键的运营问题及绩效指标，然后对员工低绩效的主要因素进行了一个定性与量化的分析。结果发现，员工知道需要做些什么来改善绩效，只是对管理层没有信心，认为他们不会采纳员工的建议。换言之，员工仍然对企业及品牌有相当的忠诚，只不过执行力略有下降。而各部门在做员工绩效沟通时，只是单纯针对绩效表格所列的项目进行沟通，缺乏对员工就企业发展战略进行互动式对话。了解到这些情况后，HR实施了一系列的组织沟通：运用高接触的领导力沟通方式，包括年度的领导对话会议等，集中向员工表达企业清晰的愿景与价值观,重建管理层的信任度,并推动员工关注企业运营结果。公司公开明确管理人员在与基层员工做绩效沟通时,重复阐明公司未来的目标及员工所能做的部分;同时,在绩效沟通中,帮助员工建立行动计划流程,让员工能够自己进行管理。采取这些措施后,一线员工的士气大大提升,生产效率重新回到正常水平。

只有开放式的沟通,才能使沟通传递的信息真实有意义。美国通用公司的历史上有一位伟大的领袖人物——杰克·韦尔奇,他刚到通用上任时,感觉到自己无法获得最真实的来自员工的声音,无法实现高效沟通。他把一层层的组织机构比作穿在身上的外衣,几十件外套穿在身上将会让皮肤无法自由呼吸、无法感受空气变化,所以必须进行组织机构的精简,让组织内部上下沟通都能快速顺畅。

韦尔奇在通用电气公司这样庞大的公司中创造了一种少有的非正式沟通和共享的氛围。他很少给人发送正式的信件,几乎所有的信息都是依靠个人便条、打电话或面对面直接沟通传递的。韦尔奇每年都要为公司设置年度议程和为通用电气新诞生的英雄举行庆贺活动,为来自不同事业部的经理和他们的同行创造交流思想的机会。这些非正式的聊天会通常持续到午夜两三点钟。对于每次会晤,韦尔奇都会亲自参加。在会议即将结束时,他会发表一个精心策划的讲话,讲话被录制下来,翻译成 8 种语言,然后传递到世界各地通用电气的分公司。在那里通用电气的经理们用这段录像与自己所属的团队来商讨通用来年所要应对的问题。其他正式的沟通还有每季度召开的企业执行官理事会,在那里通用电气的 30 名高级官员相互交换意见。执行官们把这种会议誉为利益共享、人人有份,因为不管是好的还是坏的信息都是公开的。韦尔奇时刻与下属保持着高效的沟通状态。每周韦尔奇都要对工厂或办公室进行突击访问,和通用电气的各个层次的人员进行交谈,他定期地和那些与自己低好几级的经理们共进他们想都想不到的正式午餐。在进餐期间,他可以吸收他们的观点和看法。韦尔奇平均每年要会见通用电气的几千名员工并与之交谈。

开放的沟通,可以在组织内部营造良好的氛围。管理人员与下属交流时,应该注意营造一种良好的氛围,因为良好的气氛是谈话、讨论工作、集思广益的重要前提。良好的气氛可以让员工心情放轻松,渐渐进入"畅所欲言"的状态,才能进行有意义的信息传递。比如许多企业都会有"加班",如果把偶尔"加班"营造出一种"氛围"、一种"文化",甚至演变成为一种管理员工的方式,那么这种传统意义上的"苦差事",在调和式"氛围"营造理念下,是能够让偶尔加班的员工在工作中收获更多的快乐的。让加班在一种似乎很自由随意的环境中进行,人与人之间边分工合作边自由沟通，工作的辛苦可以得到领导及时的肯定，这无疑会提升员工的价值感。

优秀的管理者在管理知识型的员工的时候，往往是采用一种超越制度的管理模式，就是以企业文化来熏陶员工，激发员工的潜能。其实企业文化在某些时候可以是管理者创造出的一种企业的氛围，一种和谐、舒适、温暖的环境，让员工觉得在公司里工作是一种享受、一种快乐。能让所有的员工都产生对企业文化的认同，让企业文化产生巨大的向心力和凝聚力，企业管理就是成功的。这种超越制度的管理方法正契合了用激情配合规范来完成对员工潜能的挖掘。

一名优秀的管理者靠的是理念而非权力。“让他人变得伟大”，这种理念可以很好地培养员工互助合作的意识，实际上还是关于良好氛围的营造理念的具体化。今天的世界是开放的世界，员工的智商往往都很高。对很多事务，你不沟通他也知道，你还不如通过沟通来引导他，你要不引导，他可能就往另外一个方向走，同一个事情引导过来，就朝正面的方向走。沟通是引导员工最好的方法。当然，领导者要具有较强的把握沟通方向的能力。

每个人都渴望有影响力，而影响力发挥的基础是亲和力。管理者只有建立极强的亲和力，营造和谐的沟通氛围，与员工达成相互信赖和支持，才能更好地管理与激励员工，对他们形成影响力。

通过搭建各种平台，鼓励员工谈论他们感兴趣的与组织相关的事情，解决员工关心的切身利益的问题，提高员工的工作能力等等，都可以增强员工对组织的归属感。现行的一些沟通渠道，比如时事通讯、视频杂志、电子邮件公告、季度会议以及企业内部网上的新闻报道等，都是变革沟通文化的有效的载体。

总之，保持开放式的沟通，营造良好的组织氛围，使员工产生强烈的归属感，也许就是组织领导者在管理沟通中追求的目标。正如星巴克的管理者说过的一句话：“我们照顾好员工，而员工照顾好顾客。”

第三节 严于律己，宽于待人

人生活在各种各样的人际关系之中，人的社会生活离不开个体之间的信息交流，也就是离不开沟通。每个人的性格都有独特性，每个人的价值观、世界观都有差异，因此人际交往沟通中遇到矛盾和分歧在所难免。如果一味固执己见，放纵自己对他人的责难，那么很可能对人际关系造成伤害，于己于人都是损失。沟通需要包容，我们要“严于律己，宽于待人”，用包容之心消除人与人之间的隔膜，缩短心与心之间的距离,沟通的艺术之花就会越开越芬芳。

古人云:“律己宜带秋风,处世须带春风。”它的意思是说,要求自己须严厉如秋风一般,与人相处要像春风般温暖和煦。它劝诫人们对人要宽,对己要严;不计较他人,不放纵自己。这是一种高贵的境界,一种豁达的情怀。我们在人生的旅途中,肯定会遇到顺心的和不顺心的人和事。如果每个人在工作中或是生活中都能严于律己,宽于待人,就会赢得他人的尊重。当发现他人出现差错时,以指桑骂槐、横加指责的态度教训他人,他人一定不会愿意接受,哪怕你指责的问题是客观存在的。但是如果能以一种诚恳、真实、宽容的心劝解、指正他人,他人一定会感激不尽,人与人的关系一定会是纯净快乐的。著名思想家波普说:“错误在所难免,宽恕就是神圣。”

一、沟通以宽容为桥梁

俗话说:“金无足赤,人无完人。”我们在人际交往互动中,要善于发现他人利于交往的品质。美国哈佛大学有一位教授专门研究意大利社会。这位教授发现意大利合唱团多的地方,当地的民主化程度就高。原因很简单,因为参加合唱团唯一的条件就是嗓音好,无论工人、农民、穷人、富人,道德高尚的人、品质低劣的人,都可以参加。合唱团定期开展活动,不同政治观点、经济状况、道德理念的人都能得以沟通,民主、平等的理念自然就在沟通中产生。

会原谅别人是美德,会宽容别人是高尚。宽容的人能容人之长,也能容人之短,甚至能容人之过。有了这样的境界,就会有良好的人际关系,就能快乐地学习、生活和工作。

一头牛和一头驴在一个槽子里吃饭,牛稳重勤恳,平常不怎么喜欢说话,它看不惯驴得瑟的样子,认为驴事儿多,不过它不愿意得罪驴。如果它看不惯驴了,在心里骂几句就算了。不过它只要说话,就能把驴噎得够呛。驴正直,性子急,想到什么就说,只要它认为是对的,从来不顾及对方的感受,干活当然也比较毛躁。有一天,由于主人给的饭不是很多,吃着吃着,牛心里就想了,我每天跟着主人去翻地,干很多的重活,而旁边这头驴却吃得比我还要多,让我看着真是不爽。但是不喜欢说话的牛在旁人眼里看来没有什么变化。其实旁边的驴心里也不爽,它在想,每天都是我跟主人去野地里割草, 我一大车一大车地往回拉, 回来后还得让旁边的牛一起吃,它有什么功劳?于是它很委屈地说:“喂,这些草都是我拉回来的,你是不是能少吃点呢?大哥!”牛正在气头上,听了这话当然不高兴了,“好!草都留给你,这些苞米豆子都是我跟着主人一天一天地辛辛苦苦翻地种出来的,连大粪都是我上的。那么这些饱满、白白胖胖的豆子和苞米，你就别碰了，咱俩各吃各的。”驴急了，给了牛一蹄子；牛积攒多年的怨气一瞬间好像山洪暴发一样，头一低，对着驴就撞了过去。驴也不是省油的灯，用蹄子踢牛。它们谁也不服谁，几个回合过后两败俱伤。第二天，主人发现了此种情景，立刻给它俩敷药疗伤，并且给它俩分别准备了几顿丰盛的大餐。主人了解了事情的缘由，意识到问题的严重性，就耐心开导，与牛和驴一起分享对方的优点，重新分配了它俩的工作，让它们互相协助。

牛和驴互不服气的故事其实是告诉我们沟通需要包容，要严于律己，宽于待人。在工作与生活中，你认为谁干得多了，谁干得少一点了，谁挑你的毛病了，等等，这就是抱怨。很多的抱怨导致的结果只有一个，那就是：你心情不好。怎样化解？只有多看他人的优点，多些理解，在沟通中体现你的包容，你的沟通艺术会提升，人际关系会得到深化。

古人云：“以责人之心责已，以恕已之心恕人。”意思是说，以严格要求别人的态度要求自己，以宽容自己的态度宽容别人。法国大作家维克多·雨果曾经说过：世界上最宽阔的是海洋，比海洋更宽阔的是天空，比天空更宽阔的是人的胸怀。大海因为宽容，而变得浩瀚无边；天空因为宽容，云彩绵绵，美丽动人；山峰因为宽容，汇集细土尘沙而巍峨耸立。人应该学会宽容，生命才能放出异彩。律已宽人是我们民族的传统美德之一，是一个人具有良好教养的体现。正所谓“和为贵”，人与人之间发生矛盾，产生分歧，如果各自都能“以责人之心责已，以恕已之心恕人”的态度去平和沟通，就能化隔阂为理解，化矛盾为友谊，生活就会和谐幸福，事业就会兴旺发达。

二、沟通中及时反省自己

任何人出现差错时，都不该推卸责任，应勇于承担责任，应诚恳接受他人的批评、指正，知错即改。我们不论在工作还是生活中，不能只知道出现问题就责备别人，总看着别人的缺点。如果我们总是用自己的优点和他人的缺点去比较，显然是一叶障目、有失公允的。

生活中，我们有时候会犯故事中牛和驴一样的错误，总是能“及时清楚”地发现别人的缺点，却无法意识到自己的缺点。“如果你自己没有这样的缺点，为什么知道别人有这样的缺点？”这句话说得非常有道理。我们也总是会用一些特定的词语来形容周围的同事、上司、客户或朋友，比如细心、大方、小气、自私、仗义等。无论你使用的词语是褒还是贬，你已经无意之中把自己的思想禁锢在一个固定的思考模式中。这会影响你的判断力，会使你与他人的沟通出现阻碍。因此，在沟通之前先反省自己是否戴着有色眼镜看人，抛弃对他人固有的偏见和你的固执，是有效沟通的必备前提。我们要学会用多角度的眼光来看人看事，要把眼光放开一点、放宽一点。相信别人，就是给了自己更大的空间。

当出现问题的时候，你所表现出来的诚实的反省精神，往往会比问题本身更能留住人们的注意，甚至可能会让你“转危为机”。随着时间的推移，人们可能会忘记问题本身，但是却会记住你在问题面前展现出来的勇气和负责任的态度。一个人最难战胜的敌人是自己，能够正确审视自己、打败自己缺点的人，无疑会是一个具有人际吸引力的人，在事业发展中必然会成为杰出的人才。

在多年的班级管理和学生社团的指导工作中，经常会有学生跟我交谈他们在同学之间交往时遇到的困惑与难题，有的是在同宿舍室友相处中遇到的不愉快，有的是在学生工作中遇到的不顺心，有的是在同学之间的竞争中产生的矛盾，还有的是在恋爱中遇到了挫折。我经常喜欢把一句类似于开玩笑的话送给他们：当有人打你左脸的时候，你幸福地把右脸伸过去给他打。听起来是玩笑，其实这是一种境界。中国自古以来就有“君子宽于待人，严于责己”的处世原则。待人与律己的态度，既决定一个人的人际交往关系，又可以充分反映一个人的修养境界。许多学生在说问题的时候，往往都是带着被误解或是非常委屈的心情，似乎总能说出一些让自己生气、怨恨、恼怒、委屈的理由。同学们都是生活学习在一起，朝夕相处，难免会有误会矛盾，可能一语不和就“针尖对麦芒”。但一般的矛盾都不是大是大非的问题，基本都是因为缺乏理解，不太懂沟通的艺术。每一个学生都有自己的特点，都在走向成熟，每一个孩子都是善良纯真的，只要静心想一想，都可以做到包容有爱，化干戈为玉帛。

沟通需要以宽容做桥梁，宽容需要在沟通中体现。不同的心态就会产生不同的人际关系。没有对己严，就不能正确认识自己，就没有进步；没有待人宽，就不能正确认识别人，就会出现嫉妒、争吵甚至敌视的行为。如果连一句刺耳的话都不能接受，何谈有效沟通呢？

沟通的艺术，需要耐心、爱心，没有爱心和耐心，谈不上包容。爱人者，人恒爱之；敬人者，人恒敬之。当你的心沉下去的时候，轻轻摇摇杯子，让爱心在胸中充盈。爱是包容。包容，从爱你身边的人做起，爱你的家人、同事、朋友，包括你自认为敌视你的人。用平和、淡定的心态，带着一颗宽容感恩的心去接纳别人，你将会感受到别人的爱与真诚。

春秋时齐国丧君，大臣们紧张地开始策划拥立新君。齐国正卿自幼与公子小白非常要好，便暗中派人去莒国召小白回国即位。同时，也有人要接年长一些的公子纠回国为君，而鲁国也正准备护送公子纠回齐，并派管仲带兵在途中拦截回国的小白。双方相遇，小白被管仲一箭射中身上铜制的衣带钩，险些丧命。为了迷惑对方，小白佯装中箭而死，乘一辆轻便小车，昼夜兼程向齐都驶去。公子纠及鲁军以为小白已死，稳操胜券，便放慢了回齐的速度，六天后才赶到。这时小白早已被拥立为齐君，并发兵讨伐鲁军，一举获胜。小白登上了齐国国君的宝座，他就是历史上赫赫有名的齐桓公。

齐桓公做了国君，心记一箭之仇，常想杀死管仲。当发兵攻鲁之时，鲍叔牙对桓公说："您要想管理好齐国有高傒和我就够了；您如想称霸，则非有管仲不可！"桓公胸怀大度，放弃前嫌，当即接受了鲍叔牙的意见，并派他亲自前往迎接管仲，厚礼相待，委以重任。得到管仲之后，桓公如鱼得水，如虎添翼。管仲在桓公的大力支持下，大刀阔斧地进行了改革：在政治方面，实行了"参其国而伍其鄙"的制度，使人民各安其居，各守其业，不任意迁徙流亡，以发展社会生产，巩固统治；在军事方面，推行了"作内政而寄军令"的措施，扩大了兵源，提高了战斗力；在经济方面，实行了增加国家赋税收入的措施，为齐国称霸诸侯奠定了物质基础。齐国很快国富兵强，实力雄厚，在诸侯林立的政治舞台上担任了主要角色。

第四节 雄辩是银，倾听是金

沟通中一定会有交谈，但是沟通的目的不是"说"，而是"听清楚，说明白"。在人际交往中，最善于与人沟通的高手，往往是善于倾听的人。俗话说："雄辩是银，倾听是金。"倾听，既是对别人的尊重，也是对对方的赞美和敬重，更是你在"说"之前的准备。

一、倾听不只是听

倾听与听是两个互相联系而又有区别的概念。听是人体听觉器官对声音的接受和捕捉，是人对声音的生理反应，是人的本能。只要一个人的听觉器官是完善的，就可以听，就不得不听各种各样的声音。而倾听是一种特殊形态的听，它是以听为基础，是人主动参与的听。人必须对声音有所反应，在这个过程中，人必须思考、接收、理解，并做出必要的反馈。一般情况下，倾听还需要视觉器官的参与，因为在倾听的过程中必须理解别人在语言之外的手势、面部表情，特别是眼神和感情的表达。

二、倾听的奇妙作用

倾听可以调动人的积极性。倾听能激发对方的谈话欲。说话者感到自己的话有价值,他们会乐意说出更多有用的信息,好的倾听者会促使对方思维更加灵敏,产生更深刻的见解。一个优秀的管理者都会对员工强调倾听的重要性,并且会抽出时间来聆听下属的讲述,并仔细做好记录,由此满足员工的自尊心和一吐为快的愿望,调动他们的积极性。

倾听可以改善人们的关系。倾听能给说话者提供说出事实、想法和感情等心里话的机会。倾听的时候,你会更好地理解他们,而你对他们的讲话表现出的兴趣和理解会使他们感到愉快。这样,彼此的关系可以得到改善。也许你并不一定很喜欢对方,更不一定很赞成对方,但理解会让彼此相处得融洽。

我的一位朋友曾因为面临着就职选择的困扰而找大家一起商量。有两家公司都愿意录用他,他不知道选择哪一家更合适。在近两个小时的谈话中,绝大部分时间我们都是在倾听他讲述录用的过程和两份工作的特点,他一边陈述一边也在思考,不时地表达出自己对每一份工作的认识。我们只是一边仔细倾听,一边提出一些问题让他自己思考。最后他非常轻松地告诉我们:"我知道该怎样选择了。谢谢你们的启发和提醒。"而事实上,我们并没有提出什么明确的建议。可是交流的结果大家都很高兴,我们高兴的是朋友有了愉快的选择。

倾听,可以使对方尽情诉说,使对方感觉很舒服。有一群推销员一起接受六个月的训练,并准备卖同样的商品。在训练中,他们的销售技巧、习惯和个人性格都经过严格的审核,说明技巧方面并没有太大的差异。不过,10%说服力最高的人和10%说服力最低的人之间,有一点非常耐人寻味的差异:说服力低的一群,在每一次拜访中,平均说话30分钟;而说服力高的一群,在每一次拜访中,平均只说话12分钟;表现平平的一群,其说话的时间通常比客户多三倍。由此我们可以看出,如果你希望他人做件事情,比如买你的产品,那么就不要向他滔滔不绝地推销。许多成功的推销员在说到自己的成功经验时,往往都会说"我是一个很好的听众"。有调查数据显示,在人们的沟通交流中,倾听占40%,而交谈占35%。

一名推销员从内地刚来到深圳时去拜访一个保险客户。那个客户不会说普通话,只会说上海话。推销员听了半天也不太明白对方在说什么,唯一听明白的是:好像他的子女对他不太好。对方从表情上也看得出推销员听不懂他的方言,但仍然自顾自地说个不停。他只是想满足自己倾诉的欲望。这位推销员刚入行做保险,什么都不会,面对这个客户,他唯一能做的就是聆听。没想到,谈话结束的时候,他签到了他的第一份保单。这就是聆听的作用。

倾听是一种能力,也是沟通与交流的基础。一个人要和别人交谈,不仅自己要懂得如何去说,更要懂得如何去聆听。缺乏聆听的技巧,往往会导致轻率的批评。一个人会任意地批评或发出不智的言论往往是因为他不管别人说什么,只想主控整个谈话。如果你仔细聆听别人对你的意见的回馈或反应,就能确定对方有没有在听你说话,得知对方是否已了解你的观点或感觉。而你也可以看出对方所关心、愿意讨论的重点在哪里。成败是说出来的,机遇是听出来的。只有插上"听""说"这两只翅膀,我们才能高高地飞翔。

善于倾听,才能与人有良好的沟通,才能有良好的人际关系。聆听是沟通的基础,也是沟通的技巧,是我们取得关于他人第一手信息、正确认识他人的重要途径,也是我们向他人表示尊重的最好方式。倾听使我们成为一个反馈者,一个置自己于第二位的人。会聆听的人到处受欢迎。聆听可以帮助我们获取重要信息,激发对方谈话,获得友谊与信任,还可掩盖自身弱点,发现说服对方之关键所在。善听才能善言。因此,倾听既是一门与人有效沟通的技巧,也是一个人的美好品德的体现。倾听不仅是耳朵听到相应的声音的过程,而且是一种情感活动,需要通过大脑、面部表情、肢体语言和话语的回音,向对方传递一种信息——我很想听你说话,我尊重和关心你。

有人说:"沟通的关键不在于说多少,而是要学会少说话。"你觉得有道理吗?多听少说,做一个好的听众,表现出愿意倾听、接受别人意见和想法,很重要。

倾听,是迈向成功的第一步。英国首相丘吉尔说过:"站起来发言需要勇气,而坐下来倾听,需要的也是勇气。"

事实上,生活中我们往往难得遇到善于倾听的人。一个善于倾听别人说话的人,能给对方及时的反馈,使说话的人对其产生惺惺相惜之感,并给予热情的回报。因为每个人都希望获得别人的尊重,得到别人的重视。当我们专心致志地听对方讲,努力地听,甚至是全神贯注地听时,对方一定会有一种被尊重和被重视的感觉,双方之间的距离必然会拉近。

但是,有相当一部分人在听人谈话时很难做到虚心倾听。有些人觉得在某个问题方面自己知道得更多,就经常打断对方的讲话,中途接过话题,迫不及待地发表自己的意见,不顾对方的想法而自己发挥一通,这是一种不尊重对方的表现,而实际上你也未必在此时就真正把对方的意思听懂、听明白。可以想象,如果在对方发言时你就急于发表自己的观点,根本无心思考对方在说些什么,甚至在对方还没有说完的时候就在心里盘算如何反驳,你从哪里找到说服对方的契机?这样的沟通是难以合拍的。

在生活中,有些人常常会走进这样一种误区:当别人向你诉苦的时候,往往误以为别人需要你给他出主意,于是非常有“责任感”地发表自己的意见与评论。结果呢?可能是越帮越乱。其实别人在苦闷的时候,往往需要的就是一个好的听众。他(她)只需要有一个人静静地听其倾诉,你只要让他(她)感受到你在认真地听,就足矣。他(她)倾诉完毕,心情就会明亮起来,因为精神垃圾已经倒出去了。而你的多说可能反而会让他(她)思绪混乱。

比如子女陪老人聊天,很多时候子女不一定要说多少话,你只需要做父母的听众,你就满足了老人让你陪的愿望。有时候老人长时间的“唠叨”,都没有让子女明白他们说话的主题究竟是什么,子女没有必要追问,没有必要说服,此时“倾听”就是最好的回应。

三、倾听的规则

在人际沟通中,我们要掌握倾听规则,提高沟通的效率。

(一)全神贯注,耐心倾听

我们在听对方谈话时,一定要有意识地集中注意力,努力把环境的干扰降低到最小,防止走神分心。全身的姿态都要保持一种积极的状态,积极的姿态可以帮助我们集中注意力,防止倦怠,还可以告诉对方你在认真倾听。你的目光、神情、姿势、手势等都可以告诉对方你很积极地在听。要知道,说话者都喜欢与积极的听者沟通。

当我们听到不同的意见时,不要急着同对方争论,争论对于沟通和解决问题毫无帮助。争论没有赢家。我们需要保持耐心,用心倾听,实现有效沟通。

(二)察言观色,边听边想

交流沟通,除了用语言表达思想之外,还有非语言或类语言可以传递信息。因此我们在倾听中要善于察言观色,包括对方的面目表情、说话的语气语调语速、与你保持的距离等等,从中发现言外之意。

倾听者在听的过程中,总有时间空隙让自己思考。在对方说话的空隙里,要回味说话人的观点、意图,以保证自己真正理解对方说的话。千万不能听得粗枝大叶,不能连听带猜地把对方的话串在一起进行曲解。因此,从这个角度说,倾听是很辛苦的,不仅用耳用眼,更要用脑。

(三)适时回应,理解赞同

只知道听而没有回应,那是木头人。没有人会喜欢和一个木头人交流。理解对方的意图,适时地回应对方的要求或表达你的意见,都可以保持良好的沟通气氛。比如可以向对方提出问题,可以积极地表达你听到了什么,可以表示你称赞的态度等等。

(四)自然过渡,角色转换

在大多数情况下,你需要不断地在听与说的角色之间来回转换。积极的听者会自然过渡,在说与听的角色之间流畅地转换。从听者的角度来说,这意味着要集中注意力听说话人的发言,而不是要考虑一旦有机会你要说什么。

在倾听中,你可以分析你所听到的东西,并提出相应的问题。这样可以澄清意义、确保理解,并使说话者确信你在用心听。

为了确保自己理解的准确性,你可以用自己的话去复述说话者所说的内容。积极的倾听者会说“我听到你说……”或“你的意思是……”之类的话语,通过用自己的语言来复述说话者所说的并把它反馈给对方,就可以判定自己理解的准确性。

(五)自我审视,检查习惯

很多的人都不在意听人讲话的玄妙之处,往往会产生一些不良习惯。你需要了解自己在听人讲话时,有哪些好习惯,有哪些坏习惯。不良的倾听习惯包括:打断别人的说话;经常改变话题;抑制不住个人的偏见;生对方的气,不理解对方;不听讲话人发表的意见;贬低讲话人;在头脑中预先完成讲话人的语句;只注意听事情过程,不注意讲话人的感情;在对方还在说话时就想如何进行回答;使用情绪化的言辞;急于下结论,不要求对方阐明不明确之处;显得不耐心,思想开小差,注意力分散;假装注意力很集中,回避眼神交流;双眉紧蹙,神情茫然,姿势僵硬;不停地抬腕看表等。

乔·吉拉德向一位客户推销汽车,交易过程十分顺利。当客户正要掏钱付款时,另一位销售人员跟吉拉德谈起昨天的篮球赛。吉拉德一边跟同伴津津有味地说笑,一边伸手去接车款,不料客户却突然掉头而走,不买车了。吉拉德苦思冥想了半天,不明白客户为什么对已经挑选好的汽车突然放弃了。他终于忍不住给客户打了一个电话,询问客户突然改变主意的理由。客户不高兴地在电话中告诉他:“今天下午付款时,我同您谈到了我的小儿子,他刚考上密西根大学,是我们家的骄傲,可是您一点也没有听见,只顾跟您的同伴谈篮球赛。”吉拉德明白了,这次生意失败的根本原因是因为自己没有认真倾听客户谈论自己最得意的儿子。

倾听方面的研究者迈克尔·普尔迪对900名年龄在17岁至70岁的大学和军队学院的师生进行了调查，该调查显示了好的和差的倾听者的特性。

好的倾听者

1.适当地使用目光接触。

2.对讲话者的语言和非语言行为保持注意和警觉。

3.容忍且不打断（等待讲话者讲完）。

4.使用语言和非语言表达来表示回应。

5.用不带威胁的语气来提问。

6.解释、重申和概述讲话者所说的内容。

7.提供建设性（语言和非语言）的反馈。

8.移情（起理解讲话者的作用）。

9.显示出对讲话者外貌的兴趣。

10.展示关心的态度，并愿意倾听。

11.不批评、不判断。

12.敞开心扉。

差的倾听者

1.打断讲话者（不耐烦）。

2.不保持目光接触（眼光迷离）。

3.心烦意乱（坐立不安），不注意讲话者。

4.对讲话者不感兴趣（不关心、做白日梦）。

5.很少给讲话者反馈或根本没有（语言或非语言）反馈。

6.改变主题。

7.作判断。

8.思想封闭。

9.谈论太多。

10.自己抢先。

11.给不必要的忠告。

12.忙得顾不上听。

有效的沟通，需要我们首先会做一位用心的倾听者。“善听者善交人”，让我们从倾听开始，进入万花筒般的沟通世界。

CHAPTER 7 第七章

增强沟通的能力

沟通的能力指一个人与他人有效地进行沟通信息的能力，包括外在技巧和内在动因。沟通能力是一个人生存与发展的必备能力，也是决定一个人成功的必要条件。从表面上来看，许多人会认为沟通能力似乎就是一种能说会道的能力，实际上沟通能力包括一个人的理解能力和表达能力。一个具有良好沟通能力的人，可以充分释放出智慧的光芒，成为一个真正的智者。

对人对事，理解清楚了才能表达。而往往许多人了解自己要比了解他人主观得多，因此可以说完全准确了解自己很困难。而只有了解自己，才能更好地理解他人。

第一节　自知者明，自信者强

我们常说“人贵有自知之明”，一个不能认识自我的人，人际交往中肯定会存在很大的沟通障碍。有了自知之明，才可能具有应有的自信。

一、了解自己，追求沟通的成功

人生在世，都想有所作为，但成功者还是少数，很多人因不了解自己而使人际交流沟通失败。俗话说“知己知彼，百战不殆”，要想“不殆”，必先“知己”，“知己”就是了解自己。对于我们每一个人，了解自己非常重要，只有这样，沟通才可能成功。

一位著名企业家说："我们每个人做任何事必须要搞清楚三个 W，第一个 WHO——我是谁；第二个 W 是 WHERE——我在什么位置；第三个 W 是 WHAT——我想干什么。看似简单的问题，做到却并不容易。"此外，认识自我是职业生涯规划的基础，是职业生涯成功的起点。有人说："你对自己了解得越多，就越能更好地包装自己，把自己定位在最有价值的地方。"所以认识你自己，才能拥有美好的前程与命运。

正确地认识自己，应该包含以下几方面：

一是全面认识自己。首先是内外兼顾，既要了解自我的外在形象，诸如外貌、衣着、举止、风度、谈吐方面的情况，又要认识自己的内在素质，诸如学识、心理、道德、能力等方面的特点；其次是要优势、劣势兼顾，既要看到自己的长处，又要看到自己的不足。看到自己的不足就不会因高估自己而沾沾自喜，骄傲自大；看到自己的长处，就不会因妄自菲薄而贬低自己，自卑失望，止步不前。

二是正确认识自我与他人、集体、社会的关系，懂得个人的成长离不开集体，懂得自我的价值在于对社会有所贡献的道理。

三是用发展的眼光看待自己。由于人总是在不断地发展变化的，我们的优点和缺点也不是一成不变的。我们应该用发展的眼光看自己，古人云"吾日三省吾身"，就是不断进行自我反思，及时发现自己新的优点和新的缺点，通过内省，改正缺点，不断修正自己，完善自己。

对于工作中的自我认识，还需要从以下两方面来考虑：

第一，要了解自己的个人能力。能力可以是指一般的、先天的能力，可以是特殊的能力，例如：有些人特别有学习的能力，表达能力也特别好；有些人领悟能力特别强，常有独到见解；有些人或是办事沉稳冷静，富于理性；有些人似乎天生就是当领导的料，拥有领导、管理的能力。

你一定发现过有些人智力测验的成绩很好，工作学习却表现不佳；有些人智力测验显示智力平平，但是工作学习表现却很好。这说明了先天的资质，一定要加上后天的培养，才能增强自己的能力。我们可以在生活的各种领域中多多接触、体验，发现并培养自己的特别能力，我们了解了自己的潜力或者是特殊能力，才能知道自己该向什么方向努力。

第二，要了解自己的兴趣是什么。我们常常会对一些事物感兴趣，却对另一些事物不感兴趣。兴趣可以激发个人去从事某项活动，但有兴趣不代表就有此方面的特别能力，也不一定可以预测在此方面上会有所建树。比如：有些人常喜欢注意服装的款式，但是不一定有能力成为时装设计师，因为时装设计师需对服装的潮流、色彩、款式、工艺等方面有敏锐的感知和专门的研究。

因此，从工作的角度来说，我们需对自己的兴趣和能力有明确的了解。你可以注意一下日常生活中自己喜欢做的是什么，什么样的事物对自己较有吸引力。如果你的兴趣能配合你所从事的工作，不仅能让自己从工作中享受乐趣，而且能使自己在工作时发挥更大的创造力和潜能，取得成功的可能性更大。

了解了自己的个人能力和兴趣爱好，在与人沟通时，就会目标明确，就可以扬长避短，放弃不适合自己的机会。一个人必须首先学着了解自己，了解自己的长处，也了解自己的缺点。发现了自己的潜能与长处，正确与人沟通，就为自己开创了一片事业的天空。另外，从心理、情商、智商、思维方式、性格等方面深入剖析了解自身，也能帮助你破解自身密码，找准自己的优缺点，在择业、交友等人生各方面的沟通中知己知彼，扬长避短，更顺利地步入人生成功的彼岸。

世界歌王帕瓦罗蒂到北京音乐学院参观访问，很多家长都想让这位歌王听听自己的儿女唱歌，目的就是想拜他为师。帕瓦罗蒂出于礼貌，只得耐着性子听，一直没有表态。海涛是农民的儿子，凭着自己的辛苦努力考入了这所著名的音乐学院，他也想得到帕瓦罗蒂的指点，但他知道自己没有背景。难道白白浪费这么好的机会吗？海涛不甘心，灵机一动，就在窗外引吭高歌世界名曲《今夜无人入眠》。一直茫然的帕瓦罗蒂立即有了反应："这个年轻人的声音像我！他叫什么名字？愿意做我的学生吗？"海涛就这样幸运地成为这位世界歌王的学生。1998 年，意大利举行世界声乐大赛，海涛取得了第二名的优异成绩，由此成为奥地利皇家剧院的首席歌唱家，名扬世界。

这个成功案例说明：要取得成功，至少应具备三大要素：了解自己的能力和兴趣；充满自信；妙用沟通技巧。缺少一个，要么是唱破嗓子没人理，要么是机会白白溜走，要么就是浪费了自己的能力。

小杨是某职业院校数控技术专业的学生，这个专业的毕业生一般都去大型企业从事技术工作。凭着学校的声誉以及学生自身的素质，该校学生的发展都很不错。但小杨认为，虽然从事技术工作是普遍的就业去向，可自己对此并不是十分感兴趣。通过回顾自己的上学经历以及向周围人询问对自己的看法，小杨得出结论：自己不适合从事技术工作，无论从能力还是兴趣还是追求，自己更适合从事营销工作。基于这一点，小杨不急不躁，积蓄力量，等到某企业需要销售人员前来招人时，他果断出击,最终以良好的表现获得了机会,开始了向往已久的销售之旅。

小杨不仅能正确认识自己,还能听取别人的意见,这为他选择正确的职业奠定了基础。

那么一个人怎样才能正确地认识自己呢?

(一)分析他人对自己的评价

正确地认识他人对自己的评价,是自我认识的一条重要途径。旁观者清,可以帮我们指出盲点。苏轼诗曰:横看成岭侧成峰,远近高低各不同;不识庐山真面目,只缘身在此山中。要想了解自己,最好问问别人,只有在人群中间才能认识自己。他人的反馈对正确认识自己的作用非常重要。

(二)从他人身上得到启发

为了认识自己,可以理性地将自己和他人进行比较,在比较的过程中发现自己的优势,明白存在的问题,认识自己能力的高低、道德品质的好坏,确定追求目标是否恰当等。

(三)寻找和发现自己的优势

每个人都有无限的潜能,通过参加各种活动才能寻找和发现自己的优势。通过参加各类活动,正确分析自己的活动表现和成果,客观地认识自己的才能、兴趣爱好,进一步发挥自己的长处,弥补自己的短处。

(四)自我反省

自我反省是自我认识的一个重要途径。很多人的自我评价带有较强的主观性,即使已具备了一定的自我反省的能力,但是还不习惯于事事、时时、处处反思自己,因此需要养成适当的自我反省的习惯。成功的时候要反省自己,发现自己的优点和长处,失败的时候也要反省自己,发现自己的缺点和不足。

总之,做一个有心人,你如果真想真敢于认识自己,你就一定可以对自己有正确的认知。2500 年前,古希腊德尔菲神庙上刻着这么一句话:认识你自己。可见,人类在很早就明白认识自己是多么的重要。人人皆知的朴素道理必须成为人人践行的处世智慧。

二、了解对方,达到成功的彼岸

美国著名的人际关系学家卡耐基的处世艺术不仅表现在对自我的了解上,而且表现在了解对方的观点。因为只有弄清楚对方的观点,自己才能找到合适的应对措施。卡耐基每年夏天都到缅因州钓鱼。他个人非常喜欢用草莓和乳脂作饵料,但他奇怪地发现,鱼儿较喜欢小虫。因此,每次去钓鱼,他不想自己所要的,想的是鱼儿所要的。卡耐基的钓钩上不装草莓和乳脂,他在鱼儿面前垂下一只小虫或炸蚝,说:"你不想吃这个吗?"当你"钓"别人的时候,为什么不同样地使用这种常识呢?为什么要谈论我们所要的呢?这是孩子气的荒谬想法。当然,你感兴趣的是你所要的,你永远对自己所要的感兴趣,但别人并不对你所要的感兴趣。其他的人,正跟你一样,只对他们所要的感兴趣。因此,唯一能影响别人的方法,是谈论他所要的,教他怎样去得到。

某一天,爱默生和他的儿子要把一只小牛赶入牛棚,但他们犯了一个一般人所犯的错误——只想到他们所要的:爱默生在后面推,他儿子在前面拉。但那只小牛所做的正跟他们所做的一样,它所想的只是它所要的。因此牛蹬紧双腿,顽固地不肯离开原地。那位爱尔兰女仆看到了他们的困境,她虽不会著书立说,但是至少在这一次,她比爱默生具有更多关于牛马的知识。她想到了那只小牛所要的,她把她的拇指放入小牛的口中,让小牛吮着手指,轻轻地把它引入牛棚。

要想使沟通达到理想的效果,一定要了解对方。美国汽车工程师、企业家亨利·福特说过:"如果成功有任何秘诀的话,就是了解对方的观点,并且从他的角度和你的角度来观察事情的那种才能。"大多数人应该第一眼就能看出其中的道理,但是世界上有百分之九十的人在百分之九十的时间里忽视了其中的道理。对于人际交流沟通来说,这是一句至理名言。

三、读懂他人,改进沟通的效果

一个人的行为是外显的,而他的思想却是内隐的。有时候,行为和思想并不一致。与人相处,必须先了解他人行为背后思想的"秘密"。主动地接近对方,真正地读懂他。我们对他人的态度取决于我们对他人的认识,而我们对他人的认识,很大程度上又受到第三方的影响——他人的描述,然后加上自己的主观臆测,便形成了对一个陌生人的认识。这就是偏见产生的重要原因之一。在抱着偏见与某人相处时,你很难发现他的"庐山真面目"。从表面很难全面了解一个人的个性、习惯。积极与人交往、真心与人交往,是洞悉真相、结交朋友的最可靠、最必要的途径。所以,在真正接触到他人之前,对他人的看法不要过于武断。人们会以貌取人,会用第一眼收集到的信息来判断一个人。为了迎合他人的这种直觉判断,我们要尽量给人留下良好的第一印象。但是当我们判断他人的时候,又要尽量规避这个判断人的"印象误差"。也许你说这不是矛盾吗?而事物就是在矛盾中发展的。

第二节 巧舌如簧，以迂为直

沟通是一门实践的艺术，不同的环境，应该采用不同的沟通方式。但是不同的沟通方式都遵从沟通的基本技巧。在实际生活中，因为不同情景要求采用不同的沟通方式，无论是什么样的沟通方式，都需要掌握一定的语言沟通技巧，正所谓“三寸不烂之舌胜过百万雄师”。别人喜欢听什么，你可以巧舌如簧地迎合对方的心理；不能答应对方的要求，你也可以以迂为直，不伤和气。能这样做，就说明你是沟通的行家。

在与人沟通中最重要的一点就是要“烧香看佛，说话看人”。鬼谷子曾经说过：“与智者言依于博，与博者言依于辩，与辩者言依于事，与贵者言依于势，与富者言依于豪，与贫者言依于利，与战者言依于谦，与勇者言依于敢，与愚者言依于锐。”一个人自出生起就一直处在一个人际沟通的环境中，但有的人人际沟通是良好的，有的人则相反，会出现沟通障碍。比如，一个朋友对我们说的话没有听明白，产生了误解，影响了友谊；演说时，不了解听众喜欢听什么，令听众厌烦。此时你就会明白，面对不同的场景，采用不同的沟通技巧很重要。

一、赞美的技巧

赞美是一种放之四海皆实用的说话办事技巧。赞美是一种低成本、高回报的人际交往法宝。没有人会不喜欢被人赞美，即便是理性低调的人，恰当的赞美也会激起他们内心愉快的涟漪。赞美是人际交往中最能打动人心的语言。懂得赞美的人，在生活中能够更多地感受到给予他人奋进力量的快乐；得到赞美的人，则能在生命的长河中泛起更多的五彩光波。

赞美能让人更自信，激发人们心灵深处巨大的潜能，助人创造出非凡的业绩。用赞美来鼓励孩子，孩子会欢腾雀跃，为自己的成绩而自豪；用赞美来欣赏领导，领导会精神振奋，效率倍增；用赞美来感激父母，父母会满足欣慰，心情愉悦；用赞美来对待恋人，恋人会羞中带俏，笑如桃花。没有赞美，就没有发自内心的开心和快乐；没有赞美，就没有健康和谐的人际交往。赞美是发自内心的欣赏和热爱，是溢于言表的热情和鼓励。甚至人们可以使用“反弹簧法”，把批评变成赞美，让犯错的人得到灵魂的洗礼。

在非洲南部的巴贝姆巴族中至今依然保持着一种古老的生活仪式，当族里的某个人犯错误的时候，族长便会让犯错的人站在村落的中央，公开亮相。那时，整个部落的人都会放下手中的工作，从四面八方赶来，用赞美来洗涤他的心灵。围上来的族人从最年长的人开始发言，依次告诉这个犯错的人，他有哪些优点和善行，他曾经为整个部落做过哪些好事。叙述时既不能够夸大事实，又不能重复别人已经说过的赞美。整个赞美的仪式，要持续到所有族人都将正面的评语说完为止。在这些赞美中，犯错的人感受到灵魂的洗礼，重新看到向善的方向。几千年来，巴贝姆巴族部落的族人相依为命，互助互爱，不分彼此。因赞美而焕发出来的凝聚力，让族人相濡以沫，经受住了非洲恶劣的自然条件的考验，代代繁衍生息。

当然，人们最渴望的是真诚的赞美，真诚的赞美发自每个人的心里，只有从内心深处发出来的赞美，才能感动他人，让他人感受到赞美的诚意。赞美应该及时而发，及时的赞美如天降甘霖，能滋润百草。在适当的时机发出得体的赞美，能让被赞美者快马加鞭，奋发向前。赞美要具体，它不是随口的、空泛的高腔，也不是敷衍的语言。赞美要针对具体的事情，才能让他人信服。赞美要做到恰如其分。如果把武大郎说成英俊挺拔，就不是赞美而是讥讽了。把绿豆大的优点说成黄豆大还可以算得上赞美，把黄豆大的优点说成西瓜大就是言过其实。因此，我们要把握好赞美的原则。

（一）赞美的原则

1.赞美必须真诚

这是赞美的先决条件。只有名副其实、发自内心的赞美，才能显示出它的光辉和魅力。一是赞美的内容应该是对方拥有的、真实的，而不是无中生有，赞美更不能将别人的缺陷、不足作为赞美的对象；二是赞美要真正发自肺腑，情真意切。言不由衷的赞美无疑是一种谄媚，最终会被他人识破，只能招来他人的反感。

2.赞美要适时

交际中认真把握时机，恰到好处的赞美是十分重要的。一是当你发现对方有值得赞美的地方，就要善于及时大胆地赞美，千万不要错过机会。二是在别人成功之时，送上一句赞语，就犹如锦上添花，其价值可“抵万金”。比如别人考了好成绩、评上先进、受到奖励，这时人的心情格外舒畅，如果再能听到一句真诚的夸赞，其欣喜之情可想而知。

当别人计划做一件有意义的事时，开头的赞扬能激励对方下决心做出成绩，中间的赞扬有益于对方再接再厉，结尾的赞扬则可以肯定成绩，指出进一步的努力方向，从而达到“赞扬一个，激励一批”的效果。

3.赞美要恰如其分

赞美的尺度掌握得如何，往往直接影响赞美的效果。恰如其分的赞美才是真正的赞美，别大手大脚地将赞美到处乱扔。

赞美的效果在于见机行事、适可而止，真正做到“美酒饮到微醉后，好花看到半开时”。赞美过度变成吹捧，赞美者并不会收获交际成功的微笑。古人说得好，过犹不及。所以赞美之言不能滥用，赞美一旦弄巧成拙，反而让人尴尬。

对于自己还不太了解的人，最好是先不要急着恭维、赞美。要等你找出他的喜好后，才能用对方喜欢的方式赞美，这样才能收到效果。最重要的是，如果随便地恭维别人，也许会产生反效果，因为有的人根本不吃这一套。一把钥匙开一把锁，因此赞美要准，对不同的人，要用不同的赞美方式。

此外，赞美并不一定总用一些固定的词语，见人便说好，有时，投以赞许的目光，做一个夸奖的手势，送一个友好的微笑也能收到意想不到的效果。

那么，应从哪些方面入手才比较容易让赞美恰如其分呢？

(1)赞美对方与你的需求相对应的能力或成绩。

当一个人很有兴趣地谈到他的专长，或他所取得成绩，或他所开展的某项业务的辉煌时，你适时地提出与之相关的需求，在这样的时刻，他拒绝你的可能性最小，你的要求得到满足的成功率最大。这是经过心理学家及社会学家的实验证明的。那么，当你有求于人时，就需要运用赞美，营造一个合适的氛围，使你的需求最大可能和最大限度地得到满足。

(2)赞美与对方密切相关的事物。

在一些特定的场合，对陌生人直接的赞美会显得矫揉造作，不妨借助与对方密切相关的其他事物，表现出自己对对方眼光独到、经营有方的欣赏，使其心情愉快，然后再提出自己的请求。因为好的心情会使一些本来难以处理的事情变得顺利。

(二)赞美的技巧

赞美是一件好事，但绝不是一件易事。赞美别人时如不审时度势，不掌握一定的赞美技巧，即使你是真诚的，也会变好事为坏事，所以，开口前我们一定要掌握以下技巧：

1.寻找赞美点的方法

(1)外在的、具体的。如衣服打扮(穿着、领带、手表、眼镜、鞋子等)、头发、身体、皮肤、眼睛、眉毛等。这一部分可以称为硬件。虽然人都喜欢听赞美的话，但并非任何赞美都能使对方高兴，能引起对方好感的只能是那些基于事实、发自内心的赞美。

（2）内在的、抽象的。如品格、作风、气质、学历、经验、气量、心胸、兴趣爱好、特长、做的事情、处理问题的能力等。这一部分可以称为软件。人的素质有高低之分，年龄有长幼之别，因人而异，突出个性，有特点的赞美比一般化的赞美能收到更好的效果。

（3）间接的、关联的。如籍贯、工作单位、朋友、职业、用的物品、下级员工、家人等。这一部分可以称为附件。在日常生活中，人们有非常显著成绩的时候并不多见。因此，交往中应从具体的事件入手，善于发现相关联的哪怕是最微小的长处，不失时机地予以赞美。

通过这些方法，可以找出一个人身上许许多多的赞美点。一般说软件要比硬件效果好，而附件效果更好，因为附件是间接赞美。

俗话说："患难见真情。"最需要赞美的不是那些早已功成名就的人，而是那些因被埋没而产生自卑感或身处逆境的人。他们平时很难听到一声赞美的话语，一旦被人当众真诚地赞美，便会心存感激。因此，"锦上添花"固然很好，而"雪中送炭"更是人之向往。

许多大学毕业生走上工作岗位后，普遍感觉到称赞自己的领导很难。不论在公共场合还是私下里，赞美领导都需要鼓足勇气，否则是很不容易说出口的。称赞领导不像赞美父母、老师、朋友那么"简单"，只需要坦诚地让感情自然流露出来即可，赞美领导需要考虑每一个细节。这是一门特殊的艺术。在社会上，领导是有地位、有权力、有身份的人。不论是公司经理、董事长，还是政府官员，在人们眼中都是位高权重的人物，从这个意义上讲，领导是值得尊重和羡慕的。赞美领导是对领导的认可、支持和褒扬，是下属与上司交流的"润滑剂"。没有不喜欢听赞美的领导。如果大家都众口一词地批评一个领导而没有赞扬他、支持他的声音，那么这个领导肯定就不称职，工作搞不好，人际关系也不好。领导是球队的"队长"，需要大家的鼓励和喝彩。

明朝开国皇帝朱元璋年幼时曾在皇觉寺为僧，曾在寺内墙上涂抹过一些打油诗以消遣时日。后来做了皇帝，怀旧之心顿生，他想起在皇觉寺为僧的那些日子，想看看那些打油诗还在不在，于是，驾幸皇觉寺。朱元璋进入寺内，一言不发，四处寻找。方丈摸不着头脑，急忙启奏道："圣上，您在找什么？"朱元璋气呼呼地说："找什么？找诗呀，朕当年题的那些诗呢？"方丈方知大祸临头，"扑通"一声跪下道："老僧该死！老僧该死！诗没了，我有罪！"好在昔日这位方丈待朱元璋不错，朱元璋念及这一点，说："朕念你当年对朕不错，免了你的死罪。"不过，朱元璋厉声问道："朕的那些诗你为什么不保护好呢？”这时方丈稍稍安下心，答道：“圣上题诗不敢留。”朱元璋奇怪：“为什么？”方丈不慌不忙答道：“诗题壁上鬼神愁。”朱元璋又问：“那你把它擦了？”方丈奏道：“谨将法水轻轻洗。”朱元璋追问：“一点痕迹也没留下？”方丈又奏道：“犹有龙光射斗牛。”“好！好！不敢留就不留吧。”朱元璋终于转怒为喜，笑逐颜开，遂厚赐寺僧。

方丈的赞美让朱元璋转怒为喜，可见与人沟通要有技巧，学会寻找赞美点。只有找到对方贴切的、闪光的赞美点，才能使赞美显得真诚而不虚伪。每个人身上都有很多的闪光点，只是我们要有一双善于发现的眼睛。

二、说服的技巧

生存在这个世界上，你不是说服别人就是被别人说服。说服，是一门精湛的处世学问，如何让被说服方主动地“起而行”，是检验你说服能力高低的标准。

说服就是摆事实、讲道理来使人相信、信赖、赞同其观点和主张。说服不一定要口若悬河、滔滔不绝，它可长可短、可多可少，这其中的关键就在于说服中的玄机，也就是说服要有精妙的道理藏于其中，这些道理能让人心悦诚服，让人体会到你的用心进而接受你的要求。在生活中，很多时候都需要说服别人，面对的说服对象可能是你的父母、朋友、老板、顾客等。针对不同的对象，应该采取不同的说服方式，才能达到说服的目的。

有一次，卡耐基突然同时接到两家研究机构的演讲邀请函，一时之间，他无法决定接受哪家邀请。但在分别和两位负责人洽谈过后，他选择了后者。在电话中，第一家机构的邀请者是这样说的：“请先生不吝赐教，为本公司传授说话的技巧给中小企业管理者。由于我不太清楚您所演讲的内容，就请您自行斟酌吧。人数大概不超过一百人……万事拜托了！”卡耐基认为，这位邀请者说话时平淡无力，缺乏热情，给人的感觉，便是为工作而工作的态度，让人感受不到丝毫的热情，也给他留下相当不好的印象。此外，对方既没明确提示卡耐基应该做什么，要做到什么程度，也没有清楚交代听讲人数，叫他如何决定演讲内容呢？对此，卡耐基自然没有什么好感。而另一家机构的邀请者则是这样说的：“恳请先生不吝赐教，传授一些增强中小管理者说话技巧的诀窍。与会的对象，都是拥有五十名左右员工的企业管理者，预定听讲人数为七十人。因为深深体悟到心意相通的时代离我们越来越遥远，下属看上司脸色办事的传统陋习早已行不通。因此，此次恳请先生莅临演讲的主要目的，是希望让所有与会研习者明白，不能用语言清楚地表达出自己想法的人，是无法成为优秀的管理人才的。希望演讲时间能控制在两个小时左右,内容锁定在:①学习说话技巧的必要性;②掌握说话技巧的好处;③说话技巧的学习方法。这三方面,希望您能带给大家一次别开生面的演讲。万事拜托了!”卡耐基可以感觉到这家机构的邀请者精明干练、信心十足,完全将他的热情毫无保留地传达给了自己。更重要的是,对方在他还没有提出问题的情况下,就解答了所有的疑问。因此,在卡耐基的脑海里立刻浮现出自己出现在讲台的情景,并且很快就能够想象出参加者的表情以及自己该讲述的内容等。卡耐基显然被后一种邀请方式给说服了,对后来的邀请者很有好感。

把话说得极其“动听”,达到说服别人的目的,是需要一定技巧的。以下几方面可以提供借鉴:

(一)吸引对方的注意和兴趣

为了让对方同意自己的观点,首先应吸引、劝说对象将注意力集中到自己设定的话题上。利用“这样的事,你觉得怎样?这对你来说,是绝对有用的”之类的话转移他的注意力,让他愿意并且有兴趣往下听。

怎样才能在你刚说话时就能引起对方的注意呢?俗话说:“到什么山上唱什么歌”,随机应变很重要。变是永恒的法则,如果你能做到见什么人说什么话,到什么时候说什么话,在什么位置上说什么话,遇什么场合说什么话,便达到了说话的变通境界。会说话者之所以能够成功说服对方,是因为他们充分运用了随机应变的说服艺术,把自己的语言天赋完全彻底地展现给对方,令对方折服。掌握了随机应变说服的方法和技巧,就能在职场上纵横捭阖,游刃有余;就能在朋友们面前谈笑风生,侃侃而谈;在恋人面前蜜语甜言,爱意无限;在上司面前不卑不亢,应付自如;在演讲台上妙语生花,挥洒自如。

(二)抓住对方心理诱导劝说

中国古语说“对症下药”。这个“对症”,要求在说服他人时要抓住对方的心理。人都有一个共同的特点,谁都不愿意做“非出本意”的事情。如果我们不能够抓住别人的心理,“对症下药”地去说服别人,别人当然不会接受你的观点。俗话说“人心隔肚皮”,意思是不容易看出别人真正的意图,不容易抓住别人的心理。不同的人,内心世界肯定是不同的,而人的内心世界并不是绝对“秘不示人”的,如果掌握一定的技巧,就不难了解到对方的心理。更多地了解对方的心理,说服对方时才能说到要害,引起对方的共鸣,使对方有“知音”之感,对方才会乐意接受你的观点。

诸葛亮的说服技巧,可以充分地体现在说服孙权与刘备联手抗击曹操一事中。

以刘备当时的实力,要与曹军抗衡,则必须与孙权联手。如果一般的使者,为了请求对方的援助,一定会低声下气。但是诸葛亮却相反,而是摆出一副强硬的态度,以激起孙权的自尊心:"将军您是否也要权衡自己的力量,以处置目前情势?如果贵国的军力足以和曹军抗衡,则应该早早和曹军断交才好;若是无法与曹军相抗衡,则应尽快解除武装,臣服于曹操才是上策。"孙权年轻气盛,果然被激起了强烈的自尊心:"照你的说法,为什么刘备不向曹操投降呢?"诸葛亮就紧接着"火上浇油":"你知道田横的故事吗?他是齐国的壮士,忠义可嘉,为了不愿侍二主而自我了断。更何况我主刘备乃堂堂汉室之后,钦佩刘君之英迈资质而投到他旗下的优秀人才不计其数。不论事成或不成,都只能说是天命,怎可向曹贼投降?"说到这里,孙权的自尊心已被充分激发起来了,于是他激动地表示:"我拥有江东全土以及十万精兵,又怎能受人支配呢?我已经做好决定了。"最后,刘备在"赤壁之战"中转败为胜。诸葛亮步步诱导,激起孙权的自尊心,进而说服孙权。

(三)晓之以理,动之以情

如果你要劝说对方做出正确的选择,往往需要站在对方的立场上分析问题,晓之以理,动之以情,这样能给对方一种为他着想的感觉,具有较强的说服力。

当然说服他人的技巧都建立在"知己知彼"的基础上,唯有这样才能从对方立场上考虑问题。

一次,小贝利要去参加一场非常激烈的足球比赛。赛后,伙伴们都精疲力竭,有几位小球员点上了香烟,说是能解除疲劳。小贝利见状,也要了一支。他得意地抽着烟,看着淡淡的烟雾从嘴里喷出来,认为自己很前卫、很潇洒。不巧的是,前来看望他的父亲撞见了这一幕。晚上,贝利的父亲坐在椅子上问他:"今天你抽烟了吗?"贝利红着脸,低下头说:"抽了。"他已经做好了接受父亲训斥的准备。但是,父亲并没有像他想象中那样做。他从椅子上站起来,在屋子里来回走了好半天,才开口说话:"孩子,你踢球有几分天赋,如果你勤学苦练,将来可能会有些出息。但是,你应该明白做足球运动员的前提是具有良好的身体素质,可今天你抽烟了。也许你会说,我只是第一次,我只抽了一根,以后再也不会有了。但你应该明白,有了第一次便会有第二次、第三次。"

他改掉了毛病,成为世界级的球王。

美国著名学者霍华曾经提出让别人说"是"的30条指南,现摘录几条如下,可以作为参考:

尽量以简单明了的方式说明你的要求。

要照顾对方的情绪。

要以充满信心的态度去说服对方。

找出引起对方关注的话题,并使他继续关注。

让对方感觉到,你非常感谢他的协助。如果对方遇到困难,你就应该努力帮助他解决。

直率地说出自己的希望。

向对方反复说明,他对你的协助的重要性。

切忌以高压的手段强迫对方。

要表现出亲切的态度。

掌握对方的好奇心。

让对方了解你,并非是“取”,而是在“给”。

让对方自由发表意见。

要向对方证明,为什么赞成你是最好的决定。

让对方知道,你只要在他身旁,便觉得很快乐。

三、迂回的技巧

人们常说:说话要有绕弯子的艺术。不论是拒绝别人还是表达自己的批评意见,都需要掌握以迂为直的技巧。

“今晚我请你共进晚餐,你愿意赏脸吗?”如果不想去,该如何拒绝别人的好意?

“助人为快乐之本”,是一句朗朗上口的格言,但是,当别人前来要求协助时,自己难免有力不从心的时候,怎么办?

生活中面对别人的请求时,我们往往难以说出心中的“不”字,通常都会把这个拒绝的字眼吞到肚子里。原因是什么?是因为不想伤害彼此的感情。说“不”字需要勇气,如果你掌握了说话的技巧和拒绝的策略,做到“拒绝有方”而不伤感情,那么,把“不”字说出口并非是难事。如何把“不”字说得让别人听得入耳呢?这就需要我们学习拒绝的技巧。

(一)拒绝的技巧

当我们面对自己的亲人、老师、好朋友、同学或者一些陌生但又善意的朋友,如果他们提出的要求你不能接受,但又不想伤害他们,你将怎么做呢?最好的方法就是不要立刻拒绝,要学会婉转拒绝。

在美国一所大学的演讲大厅里,一位中国当代女作家的演讲赢得了一阵阵掌声。演讲结束前,她照例留下一点时间,接受听众的提问。这时,有人提出了一个尴尬的问题:“女士,听说你至今还不是共产党员。请问,你对中国共产党的感情如何?”问话者也许别有用心,如果拒绝回答会让对方失望,也会影响自己的形象,于是她从容不迫,笑着说道:“这位先生的情报真灵通,我确实还不是一个共产党员。不过,我的丈夫可是个老共产党员呀!直到现在,我还没有和他离婚。你看,我和共产党的感情有多深。”

女作家的回答幽默机智,既拒绝了对方提问的本来要求,又达到了不伤害对方感情的目的。这种方法就叫婉转拒绝。在日常生活中,这种交际方式有着很重要的作用。

任何人都不希望品尝被拒绝的滋味,也不愿将拒绝的话说出口,可是,很多时候迫于无奈又不得不说。此时,如果能把拒绝的话说得动听,该多好。除了可以在拒绝中加些微笑、幽默之外,还可以把握以下一些原则:

1.学会倾听,真心说“不”

当对方向你提出请求时,你不能简单地马上说“不”,而是要注意倾听对方的诉说或询问,了解事情的前因后果,了解对方的想法。这样对方会有一种被尊重的感觉,在平和的状态下拒绝对方,可以避免伤害。听清了对方的请求,还可以根据实际情况,向对方提出一些有效的建议,用另一种替代的方法去帮助他。对方感受到你的真诚之后,就更能心平气和地接受你的拒绝了。

2.根据场合,适时说“不”

在很多情况下,我们很难正面拒绝对方的要求。我们要考虑根据不同的场合和对象,选择恰当的方法婉转地拒绝,不伤害对方的感情。

一位企业经理来到教授的办公室,邀请教授一起吃晚饭。不巧的是,教授正忙于准备学术报告会的演讲稿。教授亲切地笑了,带着歉意说:“对你的邀请,我感到非常荣幸,可是您看到了,我正忙于准备演讲稿,实在无法脱身,十分抱歉!下次可以吗?”教授适时说不,但是态度非常友好。

3.讲究技巧,弹性说“不”

婉转拒绝对方可以讲一些技巧。比如,当别人向你提出你不可能答应的要求时,可以先顺着对方的意思,肯定他的合理性,然后再婉转说明不能答应的理由。顺着意思说可以消除对方的心理障碍,让对方有听你说完的心理准备,从而为拒绝打下基础。还可以不直接说自己的观点,而是引用其他人的观点或反面的例子说明,使对方放弃原来的要求,再自然而然地引到自己的看法上来。这种方法避免了拒绝语言的生硬与直接，有弹性特征，能让拒绝者化被动为主动，使对方了解自己的苦衷，减少拒绝的尴尬和负面影响。

放学后，小王时小李说："小李，今天是周末，不用上晚自习，我们放松放松，去网吧玩玩怎么样？我请客。"小李不想去又碍于面子，他想该怎样婉转拒绝呢？于是反问小王："我们学校的规章制度是什么啊？" 旁敲侧击，让小王想到学校的规定——不准进"游戏厅"，意识到这样做是一个错误。这样小王就达到拒绝的目的了。小王用了迂回战术，抓住了对方薄弱点，旁敲侧击，暗示对方，引起对方思考。

4.注意语气，温和说"不"

我们听了对方的请求，并认为应该拒绝的时候，态度要坚决，但也要温和。与长辈谈话，一定要注意称呼和语气。用虚拟或商量的口气、语气柔和、外柔内刚、小声音说大道理等都是交流的好方式。如果在拒绝语言中多用一些"可以吗""好吗""你说呢"等征询性的反问，语气就会温和得多。

"婉转拒绝"的表达方式和技巧，就是在需要的时候拒绝得体、回答委婉，这样所表现出来的不仅仅是对别人也是对自己的关心和尊重。喜剧大师卓别林曾说：学会说"不"吧！你的生活将会美好得多。

钱钟书先生是我国著名的作家，他的作品《围城》享誉海内外。有一位外国女士特别喜欢钱钟书。有一天，她打电话给钱钟书先生说："钱钟书先生，我十分喜欢您的作品，我想去拜访您一下。"这是一个善意的请求，人家是慕名而来的。但钱钟书先生一向淡泊名利，不爱慕虚荣，在电话里婉转地拒绝了这位外国女士。他说："当一个人吃了一个鸡蛋，觉得很好吃，但他有没有必要去看一看下蛋的母鸡是什么样子的呢？"

钱钟书先生运用了比喻的修辞手法暗示对方，婉转含蓄地拒绝了对方的请求，对方通过自己的思考定能明白钱先生的意思。这样的交际语言起到了很好的表达效果。学会拒绝的艺术，既可减少许多心理上的紧张和压力，又可使自己表现出人格的独特性，也不会使自己在人际交往中陷于被动，生活就会变得轻松、潇洒。

拒绝别人，尤其是对不很熟悉的人，说话要谨慎，适当使用一些委婉语言，或比喻，或幽默，或暗示，或引用，或假设。方法多种多样，目的却是一样的——既达到拒绝的目的，又不伤害对方。

罗斯福还未担任总统前，曾在海军部任职，有一位朋友向他打听海军在加勒比海一个小岛上建立潜艇基地的计划。这里有两种可能的不同的拒绝方式：一是罗斯福听后，一丝不快在脸上一闪而过，随即字正腔圆地微笑着对他的朋友说："这么重要的事你也能问么？"朋友听了，只能尴尬地笑了笑，觉得很不自在。二是罗斯福向周围看了一眼，压低声音说："你能保守秘密么？"对方答道："当然能。"罗斯福笑着说："我也能。"当然，罗斯福采用的是后一种方式回答的。

我们可以从这两种方式中看到，同样是拒绝，前一种拒绝会让人难堪，甚至让人如坐针毡，后一种拒绝在幽默风趣中让对方接受自己的拒绝，同时也给对方一个台阶下，不至于让对方在心理、情感上无法接受。从这个例子中，我们不难领略出罗斯福的高超的语言技巧。罗斯福把对方的提问要求拒绝了，只因为运用了婉转代替拒绝的方法，达到了不伤害对方感情的目的，这就把拒绝的技巧体现出来了。

（二）批评的技巧

一位教育家说过："批评，这是正常的血液循环，没有它就不免有停滞和生病的现象。"我们每一个人都不是生活在真空里，就像我们身上要沾染许多病菌一样，在我们的思想意识和言谈行为上，也会不可避免地出现一些缺点、错误，积极开展批评，才能使我们保持身心健康。但是，在开展批评时，一定要讲究方式、方法，有艺术性，别人才会欣然接受。

渴望被肯定、被尊重是人类普遍的心理需求。为了适应这一心理需求，就需要施展言语技巧和沟通艺术对某些人的过错不直接点破。用类比的方法启发对方认识自己的过错，自动改正过错，岂不是更好？有的人"大毛病不犯，小毛病不断"，对这种人可以旁敲侧击，进行适当的暗示，使他们认识到自己的言行已构成或即将构成过错，要避免再犯。尤其对于自尊心较强的人更要注意批评的技巧。人都是有一定自尊心的，也都有一定的认识能力。为了照顾人们的自尊心，可以通过旁敲侧击、迂回暗示的方法去批评，通过委婉含蓄的语言方式让人认识自己存在的缺点和错误，自觉改正。这是维护人际关系和谐稳定的有效的沟通艺术。

卡耐基曾讲过这样一件事：卡耐基的侄女约瑟芬·卡耐基，十九岁那年来到纽约，成为卡耐基的秘书。当时，她刚刚高中毕业，做事的经验几乎等于零，因此，在工作中总是出现这样或那样的错误，而卡耐基也会毫不客气地批评她，这样约瑟芬感到了巨大的压力。一天，约瑟芬在工作中又出错了。卡耐基刚想开始批评她，但马上又对自己说："等一等，你的年纪比约瑟芬大了一倍，你的生活经验几乎是她的一万倍，你怎么可能希望她与你有一样的观点呢？还有你十九岁时，又在干什么呢？还记得那些愚蠢的错误和举动吗？"经过仔细考虑后，卡耐基想出了一个好的办法对付约瑟芬的毛病。从那以后，当约瑟芬再犯错误时，卡耐基不再像以前那样当面指出她的错误，他总是微笑着对约瑟芬说："亲爱的，你犯了一个错误，但上帝知道，我所犯的许多错误比你更糟糕。你当然不能天生就万事精通,成功只有从经验中才能获得,而且你比我年轻时强多了。我自己曾经做过那么多的傻事,所以,我根本不想批评你或任何人。但是你不认为,如果这样做的话,不是比较聪明一点吗?”听到这样的话,约瑟芬感到不再有压力,而是充满了动力。后来,她成为西半球最出色的秘书。

同样的意思,不一样的表达方法,产生的效果是十分不同的,人的接受程度也十分不同。卡耐基改变了劝说方式,达到了让侄女改掉缺点的目的。人人都渴望获得别人的赞扬,同样,每个人都害怕别人的指责。你为了说服对方要批评他时,他即使认为你是对的,自己确实错了,也会对你心怀不满乃至愤恨。但是,如果你能换一种方式,先礼后兵,先表扬他一番;然后,用类比的方法趁着他心神愉快时再指出他的缺点,相信他一定会虚心接受,同时还会对你心存感激。

批评的目的是为了解决问题,因而批评方式的采用是为批评的目的服务的。并不是说为了“利于行,忠言必须逆耳”,也不是“为了是良药就一定要让药苦口”。批评的效果往往不在于言语的尖刻,而在于批评的技巧。

1.侧面批评

批评中如何才能做到“良药不苦口”?我们可以尝试一些侧面批评的技巧:

(1)旁敲侧击法。

即不直接批评对方,就是对被批评者的缺点或错误旁敲侧击,引起其注意,促其改正,使其提高认识,改正缺点。

(2)换位批评法。

不直接批评教育,而是从侧面敲击,设身处地地想一想。设身处地有两种方法:一种是让被批评者站在批评者的角度,让他想想:如果换成是我,你想想,我犯了这样的错,你批评不批评?如果批评,你将怎样批评?让他换个位置来认识自己的过错。二是让批评者站在被批评者的角度,假如我是他,我对自己的过失是否已经有了很深刻的认识,是不是会主动检讨而不希望被人严厉呵斥。

(3)婉转式批评。

在公开场合、大庭广众面前进行公开批评,也可以对其他人产生教育效果。但公开批评容易伤害被批评者的自尊心,超出对方的心理承受力,会发生非理智对抗。所以,应慎用公开批评,尽量用含蓄的婉转的方式进行间接式批评。比如含而不露、柔中带刚的影射批评;或者运用比较温和的语言,迂回地提出问题,引起他人的注意,进行暗示式批评。当然,婉转也需要让对方最终能领会自己的意思,否则你的婉转只能是自说自听。

朋友带着他的孩子前来你家里做客，大人谈话时，小孩儿爬到床上蹦跳，孩子的父亲不阻止孩子的行为。你也不宜直接批评，就可以对孩子说："你的蹦跳能力很强，可是如果不小心从床上摔下来，叔叔可担不起责任哦！"相信你的话友人听后一定会知道该怎么做。

(4)谅解式批评。

通过原谅错误的方式，引起当事人自责的批评方法。这种宽容、谅解式的批评能直接触动当事人，产生较好的批评效果。

(5)幽默式批评。

批评是件严肃的事情，必然要触及人的内心。如果做法不当，就会伤及人的自尊心。一个有效的办法，就是创造愉悦的心理环境，用幽默的口吻进行批评。在批评对象时，运用诙谐的语言、形象的双关语、有哲理的故事，缓和批评过程中的紧张气氛，增进相互间的情感交流，使批评收到较好的效果。不过，幽默式批评应注意考虑被批评者的水平，要使被批评者感到善意，批评中的幽默要适度。既让被批评者接受，还增进了相互间的情感交流，当然是皆大欢喜的好事。

批评中的质问会使人产生一种不信任感，会把对方逼到敌对、自卫的死角；被训斥会让人觉得低人一等、被藐视，感觉人格上受到污辱，会使对方感到很压抑、反感；而口气温和、委婉，会使对方心理上产生内疚感，从而愉快地接受批评。因此批评时，态度要诚恳，语气要温和。运用得体的语调、表情或其他身体语言，可以避免沟通意见时的敌意，这样的说话方式别人才容易接受。

2.疏导批评

批评的方式多种多样，因人而异，需要充分考虑被批评者的心理承受能力和被批评者的意见。尤其在对待学生对待孩子的批评教育中，更多的是要疏导。语言的交锋最终是心理的撞击，在批评时是直言还是疏导，产生的效果是不一样的。

一次，魏书生老师讲公开课，一位学生将蔡桓公念成了蔡恒公，引起哄堂大笑。怎么办？魏老师说："我发现这名同学有了进步，他开始独立思考问题了。'桓'和'恒'是形近字，上课时，该同学没听课，这是他的错，但他能根据桓字的字形，想到恒字的读音，这说明他进行了一番独立思考，而不是遇到不认识的字就不读。如果他经常这样思考问题肯会有更大的进步。"

在疏导批评中，学生理解了什么是尊重，什么是理解和平等；体味到了独立人格的尊贵和老师的拳拳之心。疏导无痕，它不伤害学生的自尊心，不丢学生的面子，因此,它不会引来抵触情绪。批评无痕,润物无声。虽然无痕却有着惊心的力量!于无声处听惊雷,在心与心愉悦和谐的感应中,学生醒悟了;在心与心的碰撞中,学生的思想得到了升华。

运用疏导批评的技巧要坚持以下的原则:

(1)友善性原则。

疏导者要和被批评者交朋友,对他们尊重、关心、热情,这是疏导工作能够顺利进行并富有成效的重要保证。遵守这个原则,尊重被批评者的人格,热情对待他们,耐心倾听他们的诉说,而不是简单地批评他们的错误;相信他们的诚意和谈话的内容,但又要认真调查、询问,不以一次谈话作为唯一参照。

(2)真诚性原则。

真诚性原则是指疏导者的回答应当意思清楚、语词明确,针对被批评者的具体情况提出积极的分析意见,而不是迁就搪塞、语词模糊,但同时又委婉可亲,让人易于接受。当然,这不是说要板起面孔训人,不是可以不讲语言艺术和疏导批评技巧。事实上,一个道理、一个结论怎样表达,效果是大不一样的,所以委婉地表达自己的意见很重要。

(3)保密性原则。

这是指疏导批评者要保守与被批评者谈话内容的秘密,不得随意公开和泄露被批评者所谈到的涉及个人隐私的秘密。疏导批评者了解这些情况完全是为了有效地进行疏导工作,是被批评者对自己信任的表示,决不能够将了解到的这些秘密用于其他目的和其他方面。即使有某种特殊需要,也应隐去真实姓名。

我们了解了批评的技巧后,在实际工作和学习中,在批评他人时应该注意以下几个方面:

一是不要当众揭对方的短处,以免使对方感到难堪。当众批评人,最大的心理学错误在于损坏了被批评者的社交形象,极大地损伤了其自尊心。最好是采取个人谈话或在批评时无他人在场的形式,这样容易使被批评者心理放松,易于接受批评意见。

二是不要故意渲染对方的错误。人有失手,马有失蹄,人无完人,金无足赤。对那些无关大局的小过错,不要张扬或故意渲染,否则会破坏批评者和被批评者双方的形象。

三是批评人时不要侮辱对方的人格。批评的目的是为了让对方改正错误,如果批评者控制不住自己的情绪,用尖刻的话语来贬低对方的人格,不仅达不到批评的目的,直接的人身攻击还会使对方愤怒。

四是批评人时不要算老账。感谢他人的时候,可以同时提及对方过去对自己的帮助,而在批评他人时候,则不可算老账,否则对方会认为你是在找他的岔子,反抗情绪会油然而生,即使批评意见百分之百的正确,也难以收到预期的效果。

五是批评人时切忌只讲缺点不讲优点。人人都有优点和缺点,要批评一个人时,如果用"赞赏—批评—激励"的方式,会使对方口服心服。因为渴望被肯定,是人的基本心理需求,如果只讲缺点不讲优点,缺少心理上的平衡和缓冲,会使对方产生对抗情绪。

六是切忌以"高高在上"的方式批评人。如果在批评他人时目空一切,处处显示自己,或者处处以长者自居到处教训人,都会让对方产生抵触情绪和厌烦心理。

批评的技巧在于:对于不同的人不同的问题,应采取不同的策略。对态度诚恳、性格坦率的人,不妨直道其详,提出建议;对于性格含蓄、态度固执的人,可以比较多地从反面提出问题,引起他的思考,由他自己得出结论;对于一时难以改变观念的人,也不必操之过急,可以循循善诱,逐步进行开导。

最后,我想说最理想的沟通是:能用赞美或说服替代批评,捕获对方的心,释放沟通的魅力。

卡耐基小时候是一个公认的坏孩子,甚至被认为无药可救。

在他9岁的时候,父亲把继母娶进家门。当时他们还是居住在乡下的贫苦人家,而继母则来自富有的家庭。卡耐基当时就十分不适应。

当父亲第一次向继母介绍卡耐基时,他说:"亲爱的,希望你注意这个全郡最坏的男孩,他已经让我无可奈何。说不定明天早晨以前,他就会拿石头扔向你,或者做出你完全想不到的坏事。"

当时卡耐基十分伤心,更想表现得坏一些来气气父亲。但出乎意料的是,继母没有露出嫌恶的表情,反而微笑着走到他面前,托起他的头认真地看着。接着她回头对丈夫说:"你错了,他不是全郡最坏的男孩,而是全郡最聪明最有创造力的男孩。只不过,他还没有找到发泄热情的地方。"

继母的话说得卡耐基心里热乎乎的,眼泪几乎滚落下来。在继母到来之前,没有一个人称赞过他聪明。他的父亲和邻居认定:他就是坏孩子。但是,继母只说了一句话,便改变了他一生的命运。就是凭着这一句话,他和继母开始建立友谊。也就是这一句话,成为激励他一生的动力,使他日后创造了成功的28项黄金法则,帮助千千万万的普通人走上成功和致富的道路。

当卡耐基14岁时，继母给他买了一部二手打字机，并且对他说，相信你会成为一名作家。卡耐基接受了继母的礼物和期望，并开始向当地的一家报纸投稿。

他了解继母的热忱，也很欣赏她的那股热忱，他亲眼看到她用自己的热忱如何改变了他们的家庭。所以，他不愿意辜负她。最终，在这样的信念下，凭着继母当时一句相信的言语，他成了众所周知的成功学大师。

当今世界最著名的成功学励志大师卡耐基，正是被继母一句赞美的话所激励，最终获得了成功。赞美是一种激励，可以使人信心十足，表现得比以前更好。

赞美的力量是无穷的，它能改变一个人的自我评价，令人重拾信心和希望，产生进取的力量，乃至改变人的一生。难怪卡耐基在成名后也非常注意对人的赞美："用你的表情、声调和动作来表示他犯了错误，你就好比当面告诉人家他错了。但是你能够当面说出他的错误吗？绝对不行！因为这样做会伤害他的自尊、判断力和理智。如此，对方只会反击，而不会改变他的主张，即使用柏拉图或康德的理论去说服对方，也不会使他改变意见。因为你已伤害他了。"

CHAPTER 8 第八章 展示沟通的艺术

生活在大千世界中,每一个人都需要有多方面的人际关系。人际交往带给人们幸福与快乐。卡耐基说:“与人相处的学问在人所有的学问中应该是排在最前面的,沟通能够带来其他知识所不能带来的力量,它是成就一个人的顺风船。”

“沟通”走进了我们的生活学习与工作。组织内部需要沟通,组织与外部公众需要沟通,同事之间需要沟通,亲人之间需要沟通,朋友同学之间需要沟通……我们要学会沟通的技巧,在不同的情境中都善于展示沟通的艺术,拉近彼此之间的距离,达成理解共识,碰撞出快乐的火花。

第一节　亲人沟通让情感之花更美

家庭是我们内心归属和爱的需要,是我们一辈子的情感依托。家庭成员之间有爱但难免也会有不愉快的问题。家庭内部沟通,是经营家庭情感的伟大事业。假如你要维持家庭生活的幸福、快乐,就要记住学会沟通的艺术。不论亲人之间出现何种矛盾,都请记住:亲人在注视着你,在等待着你去交流去沟通去化解矛盾。亲人之间的沟通,会让情感之花开得更加姣美。

一、夫妻之情，在沟通中传递

夫妻之间缺乏沟通，这一现象往往被人们所忽略。也许你可以在社会人际交往中展现出沟通的能力，可是回到家却会因为种种因素很少和家人沟通，甚至由于工作疲劳，回到家里都不想说话。为什么面对家人，你的健谈都不知跑到哪里去了？如果都不能了解对方的思想感情，那么婚姻关系该如何维系？

有一对夫妻几乎三天一大吵，两天一小闹，但这样磕磕绊绊也生活了几十年。到了金婚纪念日这一天，他们商量不再吵架，而且还做了几个菜庆祝，妻子做了一条鱼。当菜上桌后，老头子习惯性地把鱼头夹给老太太。没想到，老太太却掉起了眼泪。老头子很奇怪地问："我今天可没欺负你，你怎么又哭了呢？"老太太说："我跟你这么多年，你总是把鱼头给我吃。可今天这样的日子，你还把鱼头给我吃！你知不知道，我最不愿意吃的就是鱼头。咱们结婚第一天，你给我鱼头时，我就觉得你这个人特别的自私，把不好吃的鱼头给别人吃。"

听了老太太的话，老头子叹了口气说："真是冤枉啊，其实我最爱吃鱼头，我自己爱吃的东西我就认为是好东西，所以几十年来我一直舍不得吃，让给你吃，没想到你是不爱吃的呀！"

我们总以自己的方式来对待身边的人，总觉得相处多年，已对他有了足够的了解，却不知有时候我们给的并非是对方想要的。在生活中，我们也总是把最美丽的一面展示给外人，而把最丑陋的一面留给自己身边的人；我们总会以极大的耐心对待外人，但当我们面对身边的人时却变得暴躁不安；面对外人，我们总会侃侃而谈，可是面对身边的人，我们发现曾经道不尽的甜言蜜语如今再也说不出口。生活在同一个屋檐之下的这个世界上最亲的两个人，可能已感受不到对方温馨的情怀，有的只是感叹：过日子就这样呗。

夫妻情感之所以趋于平淡，是因为很多人都以为夫妻多年，彼此之间已经熟识到无所不知，没什么好说的。于是，夫妻之间由缺乏言语沟通就可能慢慢走向缺乏心灵交汇，甚至在一次次自以为是的误会中不断加深矛盾。

（一）沟通的原则

婚姻中的沟通，是稳固婚姻的必需。沟通也并非是简单地说说话，聊聊天，而是要夫妻双方以积极的、具有建设性的沟通去解决婚姻中存在的问题，让婚姻向更好的方向发展。那么，怎样采用较好的沟通方式呢？以下原则须注意：

1.表达要明确具体

沟通时要清楚、具体，不可以让对方猜或觉得无所适从。夫妻间常说的话是：

“那还用我讲吗?”意思是,作为夫妻,似乎本该先知先明。但是,事实并不像人们所期望的那样。因此,作为夫妻可以做的是直接明确告诉对方你的意见,比如妻子如果觉得丈夫回家晚,就直接告诉他最好几点回家,而不只是说:“下班早点回来。”

2.说话力求客观

在批评对方时,不能用“你从来什么家务都不做”、“你总是把臭袜子到处乱塞”等夸大的表达方式,否则对方会说“我不是从来”“我不是总是”,不但不承认被指责的事,而且可能指责对方不讲理,并纠缠在到底做过多少的“次数”上,以至于转移主要矛盾,还会引起更多的矛盾。

3.感受对方的心境,倾听对方的意见

我们说倾听是沟通的前提,夫妻互为最信任忠实的听众。夫妻应当知道彼此的需求,如果丈夫回到家里表现忧虑和沮丧,妻子就应给丈夫多一点亲昵和爱抚。同样,当妻子郁郁寡欢时,丈夫也该坐下来去聆听妻子的心声。这是需要双方增加沟通和了解,帮助对方解决内心的冲突。无论哪一方在学习、工作和生活中受挫,另一方都应冷静明智地以无限爱恋给予关怀。

4.注意沟通语言的艺术性

婉转表达是一种艺术。比如妻子说:“我不漂亮,你应该找个漂亮的女人。”丈夫如果直接说:“是的,我是应该找个比你漂亮的。”妻子听了一定很伤心。但是如果丈夫说:“我如果真找了个漂亮的,就不一定能碰上你这么贤惠的。”这话既不违心,又能使妻子得到安慰,是一种比较好的表达方法。

不吝啬赞美之词。不断鼓励和表扬对方,是夫妻良好沟通的有效方式。夫妻之间的相互赞美多于指责,非常有利于夫妻关系健康地发展。当然,表扬时应具体,不论事大事小,只要对方做得好,就要不断进行肯定。这样做,可使对方感到你真的很在意他,并会促使双方做得更好。

把批评变成表扬。例如妻子批评丈夫:“你对孩子太不关心了!”这往往会使丈夫难以接受地反问:“我怎么不关心了?”如果妻子换一种积极性的委婉的说法:“你对孩子比以前关心多了,如果再能多分点心,我就更显得年轻了。”这样的话,自然不会让丈夫反感。

伤人的话不说。如果因为发生争吵就用伤人的话语来解一时之气,就是对双方感情的伤害。比如这样指责对方:“你就和你妈妈一样不讲道理,不懂得关心别人,只知道自己的感受!”对方听了怎么可能不反感?

幽默是最好的良药。一方生气,另一方能够用幽默缓和气氛,完全可能消除怒气。比如当你看到对方生气时，你能故作轻松地说："谁欺负你了？快告诉我，我一定帮你出气。"相信对方的心会随即柔软起来。

征求对方的意见。夫妻之间沟通交流，也要尽量避免使用命令式的祈使句，应该多用协商式的征询意见的语气。这样会让对方产生平等相待互相尊重的感觉。

理解肢体语言。超过一半的沟通都是非语言的，人的一举一动都包含着沟通的信息，如果夫妻之间能尽量体会、准确感觉到相互之间的非语言信息，将有助于夫妻之间的良好沟通。

5.时刻表达感激和爱

聪明的人对丈夫或妻子的每一件小事都应表示感激之情，哪怕是妻子给丈夫洗了一下袜子。夫妻双方对于在生活上的体贴、经济上的贡献也应该互相表示感激。夫妻双方时刻使用"谢谢"两个字，看来无关紧要，实际上这是情感交流的一种有效方式，因为彼此能感觉到自己是被人需要的。有时候，感情交流还需要亲口说出来，最能表达夫妻情意的就是甜言蜜语，即便你们结婚多年且关系良好，它会帮助夫妻之间架起一条全天候的通信线路，使辛苦的日子可能变得容易些，使美好的日子变得更加幸福。

相恋、相爱的人之间，通过甜言蜜语，可以使双方的情更浓、爱更深。从现在开始，将爱意传达给对方，把最动听的话在最快的时间说到他(她)心里去。

6.求大同，存小异

为了让夫妻的感情沟通畅通无阻，交流思想更富有意义，夫妻双方应该在共同的生活中求大同、存小异，以免彼此之间的心理距离悄悄变大。

现实生活里，许多夫妻不能像"知音"一样相处，会用责怪、奚落甚至谩骂来攻击对方，其实这是在不知不觉中犯下了愚蠢的错误。很多时候我们会对家里人犯下对外人不会犯的愚蠢错误。口无遮拦、肆无忌惮地发泄自己的不满情绪，往往被一些人认为是在家里的特权，其实感情就是在这样不正确的沟通中慢慢被伤害。"我真高兴你能用心听我说话"和"你从来就不听我说"相比，给人的感觉有什么不同？比如一大早该起床了，你看到全家人还在睡觉，你提高声音，唱着歌，让歌声充满整个屋子，以告诉家里人，家里最忙的人已经在做早餐了。可是如果你跑到每个卧室，大声呵斥"起床了"，屋子里的氛围会怎样？夫妻之间相处要讲究艺术，用艺术的开放的沟通来对待家人，尊重你最亲的他(她)，不要无谓地去伤害对方。艺术的沟通并不意味着永远顺应对方的一切，一味地顺应对方，就会导致不满和愤怒情绪的累积，总有一天会爆发而严重挫伤双方的感情。

家庭幸福,需要夫妻间的沟通。如果一个男人有了难事,可以告知自己的妻子,那这个男人无疑是幸福的,他的压力也被分解了、减轻了,夫妻之间再商量着去解决难事,就能事半功倍了。夫妻理应同呼吸,共命运。如果夫妻同心,在生活中步调一致,沟通顺畅,共同面对问题和困难,那一定会事业顺风顺水,家庭和和美美!

情感是家庭幸福的根源。我们要想有家庭天伦亲情,就要学会积累感情,少生是非,多些谅解,少些批评,家才能成为幸福的港湾。

(二)妻子爱唠叨怎么办?

有人说唠叨是女人的天性。大部分女人可能都会唠叨,而大部分男人可能都烦女人的唠叨。我们从妻子和丈夫两个角度来谈一谈“唠叨”。

1.男人告诉自己:唠叨是一种爱

首先我想对男人说:女人善意的唠叨也是一种爱。善意的唠叨是美丽的带刺的爱,唠叨过后让你感到厌烦的同时,也会带给你谅解与感动,因为你要明白唠叨背后是关心。

男人愿意听妻子的唠叨就是对妻子的包容和爱。婚姻中不爱唠叨的女人不多见。而男人往往最怕最烦妻子的唠叨,不论是关心的唠叨还是聊天的唠叨还是埋怨的唠叨,都会让男人觉得啰唆厌烦。其实男人要告诉自己:唠叨也是爱。

妻子可能会说:“早知道你有这么多缺点,当初绝不嫁你。”男人回敬:“早知你这么爱唠叨,当初绝不娶你。”人无完人,事无尽美。双方成立一个家,就是取长补短,为自己的家各尽所能。彼此互找缺点,单纯从一个视角去评价对家庭贡献的大小,显然是不理智不客观的。

男人乱扔衣服或是不讲个人卫生,妻子唠叨,是让你养成好习惯;男人抽烟喝酒,妻子唠叨,是为了你的身体健康;丈夫经常加班回家很晚,妻子唠叨,是因为她在家里一直想着你。这样的唠叨,丈夫如果能觉得是福,妻子该多感动?

妻子觉得丈夫对自己关心不够而感到委屈,自然要唠叨;妻子和婆婆闹矛盾,自然想让丈夫谅解自己或有个公断,要唠叨;妻子买了东西,想让丈夫欣赏认可,也要唠叨。其实这些都是信任丈夫,把丈夫当作自己最亲密的人的表现。如果一直爱唠叨的妻子慢慢地不唠叨了,也许就是感情危机的信号。

唠叨是一种爱恋。女性的慈爱往往不只是表现在对待孩子上,而且会表现在对待丈夫上。所以妻子喜欢按照自己的方式来雕琢丈夫,吃穿打扮,替丈夫考虑得细致周全,频繁关心,谆谆教诲。所以当丈夫对妻子的唠叨厌烦时,请试想:如果你的妻子用关心你的方式唠叨别的男人,你心里会是什么滋味?

丈夫对于妻子来说也许相当于一件艺术品,对这件艺术品自己既喜欢欣赏,又会让自己觉得不完美,可是又不能随意更换,于是就会用唠叨的方式来表达美的遗憾。

家是亲人的安全岛。夫妻,不仅是爱人,也是亲人,而且视对方为自己最亲密最信任的人。普通的家庭生活里,不可能整天都有浪漫与豪言壮语,只有平凡的琐事始终存在。彼此之间的交流自然会是以"闲聊"居多,把各自的喜乐忧愁向对方倾诉,应该不算过分吧?

2.女人提醒自己:唠叨并非是最佳的沟通方法

纵观古今中外,很多男人因为忍受不了女人喋喋不休的唠叨而逃之夭夭。拿破仑三世曾被玛丽的天姿国色弄得神魂颠倒,为了得到她的欢心,即使摘星星捞月亮也不惜其力,但终因欣赏不了她从早到晚事无巨细的唠叨而与之分手。大文豪托尔斯泰的妻子也是爱唠叨,只要违反她的意志便不让托尔斯泰有片刻安宁。为了不再受她唠叨的折磨,托尔斯泰在 82 岁高龄的时候愤然离家出走,远走他乡。即使在临终前,他还嘱咐友人别让妻子前来,好让自己清净地离开人世。

有人说:"女人的唠叨是男人心中永远的痛。"或许在女人看来,自己的唠叨只是扮演着提醒的角色,是为了让丈夫变得更好。可是请身为妻子的女人想一想:你喜欢听别人唠叨你吗? 你的唠叨丈夫需要吗?

现实生活中, 女人的唠叨往往是婚姻不幸福的原因之一。著名专栏作家桃乐丝·迪克斯曾说过:"一个男人能不能从婚姻生活中得到幸福,他太太的脾气和性情比其他任何事情都重要,即使她拥有全天下的每一种美德,但如果她脾气暴躁、唠叨,那么她所有其他的美德便都等于零。"但在生活中,往往是妻子追着丈夫絮絮叨叨,丈夫却"惜字如金",最后说着说着一场战争也就爆发了。看看下面这对夫妻:

丈夫拖着沉重的身子,一脸疲倦地回到家里。

妻:"你今天很累吧? "

夫:"嗯。"

妻:"吃过晚饭了吗? "

夫:"吃了。"

妻:"都吃了些什么,还饿不? "

夫:"不饿。"

妻:"明天还这么忙吗? "

夫:"还不知道。"

丈夫回到卧室,打开了电视机。妻子还在不停地和丈夫说话。丈夫一边看电视,一边心不在焉地答应着。

终于妻子有些火了,说:“你是块木头呀,能不能多说几句话?你什么意思呀,不想待在这个家就别回来。”

丈夫一听,也不相让,说:“你不知道我工作很累吗?回到家还这么唠叨,你不觉得自己很烦吗?能不能体谅我让我清静会儿。”

妻子更生气了:“一回家就拉个驴脸,给谁看?不想一起过就别过了。”

于是,两人开始争吵起来。

心理学家研究发现,任何一种个性都不会像唠叨、挑剔给家庭生活带来的伤害大。所以,身为妻子的女人要懂得提醒自己:虽然唠叨是关心对方,可是唠叨并不是男人喜欢接受的沟通方式。

其实,唠叨是一种心理问题,是妻子对婚姻的憧憬与现实的落差的无可奈何的心理反应。如果你仔细观察,你就会发现爱唠叨的往往是那些不快乐爱抱怨的女人,因为丈夫没有按照自己的预期做事,认为得不到丈夫充分的关爱,对婚姻产生失望的情绪后,就会通过唠叨来表示对丈夫的诸多不满。可是聪明的妻子必须管理自己爱抱怨爱唠叨的情绪。唠叨不仅无助于解决你提出的问题,反而会引起丈夫的反感,还会时常让丈夫处于防备和自卫状态,以此来逃避你的指责和干涉。因此,聪明的女人,即便你对婚姻有许多不满,也请你尽量少唠叨,管好嘴巴。如果婚姻中的女人发现自己在不知不觉中变得唠叨了,特别是家人开始对自己有不满情绪时,就要引起高度的重视,这表明你需要学习家庭沟通艺术,并采取行动改正自己的唠叨。以下方法可供借鉴:

第一,合理安排生活。长期过度的劳累疲乏往往会导致爱唠叨的倾向,最好的治疗方法就是丰富个人的工作生活,多留点时间给自己,消除疲劳的原因,让自己轻松一些。

第二,训练自己不啰唆。俗话说“好话只说一次”。你只需要认真地对你的他说一次,如果他现在已经在做了,你就不用再浪费唇舌去说了,给他自己做事的空间。

第三,学会控制情绪。晚上下班回到家,在一家人身心都很疲惫的情况下,或者是对方遇见烦心事的时候,唠叨会成为家庭矛盾的导火索。智慧的女人会创造一个温馨的港湾来接纳家人,有不满情绪先控制一下,在合适的时机再说。当你内心有不满时,要会疏导自己的情绪,因为抱怨只会火上浇油,而无益于解决问题。有句话很有哲理:掌控情绪,才能掌控未来。

第四，培养幽默感。幽默感能使女人保持良好的心情。如果一个女人对芝麻大小的事也会生气，早晚会精神崩溃。所以，女人要学会用宽容、幽默的态度对待生活中不如意的事，而不是整天紧绷着脸，更别为了一些微不足道的芝麻小事而将夫妻间的感情变成怨恨。

（三）避免猜疑，让爱值得信任

疑神疑鬼地瞎猜疑，容易束缚人的思维，让人无中生有、捕风捉影、做出错误的判断，伤人又伤己，是婚姻的大忌。

《吕氏春秋》中“疑人偷斧”的寓言，对猜疑心理做了生动形象的描绘，大意是：有个人丢了一把斧子。他怀疑是邻居家的孩子偷的，就暗暗地注意那个孩子。他看那个孩子走路的姿势、脸上的神情及说话的语气，都极像偷了斧子的样子。总之，在他的眼睛里，那个孩子的一举一动都像是偷斧子的贼。过了几天，他在刨土坑的时候找到了那把斧子，原来是他自己把斧子遗忘在土坑里了。从此以后，他再看邻居家那个孩子，一举一动丝毫也不像偷过斧子的样子了。

信任是爱情的底线，也是婚姻中最坚强的力量。婚姻里如若没有了信任，那还能走下去吗？信任是幸福婚姻的一个重要成分。只有彼此以诚相待，以心换心，相互信任，才能使婚姻生活更加幸福和美满。夫妻间的信任建立在彼此了解的基础上，而有效的沟通则能使夫妻双方多一分信任。如果夫妻间出现了疑问，不能进行有效的沟通，而是一方针对另一方的某一点暗自猜测，则很容易陷入思维与行为的不正常，把自己弄得草木皆兵，在疑神疑鬼中折磨对方的同时也在折磨自己。这样的婚姻无疑是痛苦不堪的。

一位妻子怀疑丈夫有外遇，只要丈夫晚上不能按时回家，她就要大吵大闹。平时还会偷偷查看丈夫的通话记录和手机短信，一天会打无数遍丈夫的电话，追踪丈夫的行踪。还按照小报上登的广告，买了窃听器。她把自己变成了一个私家侦探，而不是做好一个妻子。这样的处境下没有一个男人会再把对方当作自己亲密的伴侣，因为她已经失去了对婚姻对爱人的最基本的态度。这样下去，神经过敏的妻子极有可能是作茧自缚甚至弄得对方真的有了外遇。

在某种程度上，猜疑是阻碍婚姻幸福的杀手，有人说“猜疑就等于自毁婚姻”。因为猜疑心重的人习惯于以自己掌握得不全面甚至毫无事实根据的信息，主观臆断地推测、怀疑别人的言行，做出不正确的判断。夫妻双方如果没有了最起码的信任，而是整天疑神疑鬼，无异于把自己的婚姻推向死亡。就像莎士比亚《奥赛罗》中的主人翁奥赛罗，因为发现自己第一次送给苔丝狄蒙娜的礼物——一方绣着草莓花样的手帕在另一个男子的屋里,便断定妻子是“人尽可夫的娼妇”。在谗言的挑拨下,猜疑之火遮蔽了他的双眼,狂怒中的他亲手杀死美丽、贞洁的妻子苔丝狄蒙娜,酿成了千古悲剧。幸福的婚姻是容不下猜疑的。那么该如何克服猜疑心理呢?

真诚沟通。夫妻间在产生怀疑时应平心静气、诚心诚意地谈一谈。这对于融洽关系、加深感情是有利的。保持顺畅开放的沟通,可以消除彼此之间的隔阂和距离。

保持理智。情绪冲动从来都不是解决问题的聪明之举。当发现对方有某些可疑行为背着自己时,最重要的就是让理智控制情绪,防止由于一时冲动做出不理智的行为而留下遗憾,以至抱憾终生。

(四)夫妻吵架怎么办?

世界上不吵架的夫妻估计只有两种:一种是恩爱到极致,另一种就是感情淡漠到连吵架的话都懒得说。夫妻间吵架没有输赢,但却是生活中不可缺少的内容。

萧伯纳说:“检验一个男人或一个女人的素养,就是看他们在吵架时的表现。”吵归吵,但是吵架中间不要说出伤害对方自尊和感情的话。无论吵架因谁而起,任何一方都要有勇气承认错误。能够放下身段给对方以尊重,反而会让对方觉得你更可爱。所以,夫妻吵架可能有益于亲密关系,但重点是,要懂得其中奥妙,善于处理争执,让关系更亲密稳固;处理得不好,则可能导致关系出现裂痕。以下几点可以借鉴:

1.容忍对方偶尔生气

彼此相爱的夫妇也不免会有嫉妒、烦恼和生气的事情发生,但是这并不意味着他(她)对你的感情出现问题了,只是一时闹情绪而已。当然也许你的配偶是因为上司的缘故而情绪低落,没有向你表示缠绵之情,但即使这暂时的不快不是你的过错,你也应该问:“我做了什么事惹你生气了吗?”如果回答是否定的,你可以再问:“那是怎么了?需要我为你做什么呢?”如果对方不需要,你就不必打扰。要知道,这些问候是你能给予的最好的安慰。

2.以冷对热

以冷对热的关键,就是你吵我不吵。在一方感情激动、控制不住自己的时候,任他发火,任他暴跳如雷,不去“硬碰硬”。俗话说:“一只巴掌拍不响。”一个人吵架就是自己在唱独角戏,唱着唱着准没戏,架是吵不起来的。等对方情绪平和以后,再慢慢说理,彼此都容易接受。亲密的伴侣可以互为对方的“出气筒”,允许对方倾倒出情绪垃圾,这难道不是你对于亲密的伴侣来说所独有的价值吗?

3.说话要有分寸

即使忍不住争吵，说话也要有分寸，绝情话不能说，不能嘲讽对方的某些缺陷或揭对方的“伤疤”，更不能为了赌一时之气就不计后果地说伤人的话。绝情话最伤人心。一对小夫妻常为一些小事拌嘴，一旦拌嘴，妻子就说：“结婚前我是没看清你，才落到今天这地步！”丈夫听到这句话很是受伤，于是战事进一步升级，本来是鸡毛蒜皮的小事，最后可能闹得不可收拾。如果你委屈地说“为什么结婚后你不再像结婚前那样爱我？我哪里做得不好”，也许会出现截然不同的效果。

4.就事论事

吵架要就事论事，不要“翻旧账”，也不要无限扩大。不要随便给对方上纲上线地扣帽子，否则，小事就会变大事。另外，对事情也切忌扩大化，如果从这件事又提及以前的事，从对配偶不满又牵扯到配偶的父母兄弟姐妹身上去，就会把事情搞得越来越复杂。

5.主动和解

夫妻之间吵架难免，关键是吵架之后还要和解。夫妻之间吵架没有输赢之分，吵赢一场架，但是却输了一个家，值得吗？所以吵完了，冷静下来之后，就要考虑和解。一边要观察对方动静，一边在必要的时机表达出你在寻求和他(她)的和解。我始终认为夫妻之间的地位是平等的，没有理由要求哪一方先“低头和解”。任何一方只要和解的积极情绪渐渐上升，就可以向对方释放出和解的信号。我想，此时爱会在双方心中溢满，“化干戈为玉帛”自然不成问题。因为你们是最亲密的家人！

如果伴侣之间吵架后不能正确处理，矛盾积少成多，长此以往则可能产生即便不分开也当对方不存在的局面。婚姻中的男女请记住：千万别让爱在冷战中死去。

无声的战斗比刀光剑影之战更加残酷。虽然所有的窗户都是敞开的，但屋内的空气仍然像凝固了一样，让人喘不过气来，安静得让人想歇斯底里。婚姻就像一条河，有平静，有波涛，也有暗流。夫妻“冷暴力”就是婚姻河的一条暗流，常使家庭这条船触礁。“冷暴力”作为一种隐性的暴力形式，给夫妻双方的伤害往往比显性暴力更大。肉体上的创伤可以治疗，心灵上的创伤却难以愈合。

其实夫妻之间的小打小闹，可能并不是什么原则性的问题，有时还有许多甜蜜在里面。但夫妻吵架之后进入冷战状态，尽管表面上“相敬如宾”，但双方心底的冷漠，其实标志着夫妻关系的死亡，婚姻走到这一步，就可怕又可悲。

如果不想让自己的家庭陷入“冷暴力”的困境，就要时时处处小心呵护家庭生活的环境与氛围，让“冷暴力”消失在萌芽状态。有时候，一个低姿态的示爱，一个温柔的电话，也可以一起晚饭后去散散步，一边走一边聊，好多问题都能随时解决。这既是解决矛盾的办法,也是化解冷战的良药。其实说到底,就是需要夫妇双方共同努力学习沟通的艺术,彼此尊重互相珍惜,用爱去沟通,相信没有化解不了的矛盾。

二、亲子沟通,让孩子健康快乐地成长

沟通,是维系亲子关系的基础。有效的亲子沟通,能让孩子健康快乐地成长。做爸爸妈妈的一旦具有了亲子沟通的教育智慧,把亲子沟通的教育精髓付诸行动,就能轻松愉快地让孩子成长为一个睿智、有德、进取、负责、有强大竞争力的人。

在说亲子沟通之前,家长们先问自己以下几个问题:

1.孩子最喜欢父母为自己做什么?

2.谁是孩子心目中的英雄?

3.孩子在学校里有绰号吗?

4.孩子最感兴趣的事物是什么?

5.孩子最喜欢的读物是哪一本?

6.孩子长大想干什么?

7.孩子喜欢哪些老师,不喜欢哪些老师,为什么?

8.家庭之外谁对孩子最有影响?

9.孩子和同学相处愉快吗?

10.孩子最宝贵的占有物是什么?

对以上问题,作为家长的你能回答出八个或八个以上,那么恭喜你,这说明你与孩子间的沟通不错。你若是看到这些问题,一半以上都不能清楚回答的话,那么你就该开始反思了。

同事孩子所在的一所中学初二某班的一个学生在课间跳楼自杀,外显的原因是一次测验成绩不理想。据说这个学生成绩一直很优秀,仅仅一次成绩不理想就无法接受,选择自杀结束自己正在盛放的生命。我进一步了解得知,这个孩子的父母平时忙于生意很少过问孩子的学习和在校的情况,而孩子在父母不过问的情况下能够自觉管理好自己的学习,父母也很高兴很放心。然而孩子却用令人意外的自杀给父母带去了永远的悲痛。家长和老师都承认这个学生的性格非常内向,整天蒙头学习,不爱说话不爱交朋友。问题可能就是出在这里。

我想,如果这个学生的父母能够了解自己孩子的性格特点,能够及时地为孩子分担心里的压力,及时疏导不良情绪,悲剧也许就会避免。如果家长能仔细观察到这个孩子自杀前有一些不良征兆而给予足够的重视,与孩子有良好的沟通,那么这

一悲剧就可避免。

父母能否和孩子进行良好、有效的沟通，对孩子的成长至关重要。亲子沟通能在父母与孩子之间搭起一座情感的桥梁，使彼此相互了解，相互尊重。父母和孩子之间形成融洽、轻松、和谐的亲子关系，有利于孩子形成健康的性格品质，让孩子健康成长。

沟通是做父母的必须学会的学问。孩子在不同的年龄阶段，都需要父母用心采用合适的沟通方式与其交流，没有一个孩子不希望父母关心自己，对自己尽心地教育。有时之所以表现出不喜欢，是因为教育沟通的方式有问题。在孩子的意识里，他们希望父母既是长辈，也是老师，又是朋友。这样多重的角色对于父母来说，能够都做好，实属不易。

许多父母对于孩子就读于哪所学校、遇到的是什么样的老师，都会非常在意关注，把孩子的未来寄托在学校的教育上。可是再重要的老师都不能替代父母。一个班级几十个孩子，老师的精力是有限的，难以对每个孩子的关注都达到细致入微的程度。孩子求学经历中会有许多的老师，遇到什么样的老师，家长无法左右。可是父母完全可以左右自己成为什么样的家长，与其希望孩子遇到十位好老师，还不如保证自己成为好爸爸好妈妈。

孩子在学校里被一个同学故意绊倒，膝盖摔破了，他去报告了老师。老师询问那个同学，那个同学说不是故意的，之后老师就没有再说什么了。孩子觉得很委屈，见到妈妈忍不住掉眼泪。在妈妈的询问下，孩子把事情的经过详细地说了一遍，并且说那个同学一直喜欢欺负同学，事后还不承认，家长也袒护，老师也没有办法。妈妈对那个同学的情况也有耳闻，知道孩子说的是实情，就首先把孩子膝盖上的伤口处理好，然后怜爱地说："妈妈知道你委屈了，弄伤别人起码应该说声'对不起'，不能勇于承认错误的孩子是不受欢迎的。老师的事情很多，不能把精力都用来处理一个同学的事，也是正常的。关键是我们自己要有防备和保护自己的意识，防止再出现这样的事。好了，我们是勇敢的男子汉，吃点东西跟妈妈出去打羽毛球吧。"

孩子在学校里受了委屈，回到家里最需要的就是父母能够懂得他的委屈。父母要用及时的理解和抚慰来化解他心中的委屈，让他不要因为一次事件影响了他对同学对老师的信任。

（一）给孩子温馨和谐的家庭氛围

家是我们每一个人平静温馨的港湾，是情感的归宿，对于成人是如此，对于孩子更是如此。孩子更加需要温暖的家庭氛围，因为那是他心智和身体健康成长的土壤。父母如果能够给予孩子成长所需的纯净的无污染的营养，小树苗自然就会茁壮成长。

建设家庭环境是父母的责任。我们的一言一行都可能会对孩子形成影响。没有一个孩子喜欢家庭气氛紧张，如果父母经常在家里争吵，孩子内心会产生惧怕紧张，情绪会压抑，长期如此，还会影响孩子性格的完善。如果父母之间关系冷漠，家庭情感淡漠，孩子也会疏于与人交流。而如果家庭气氛温馨和谐，父母之间互相关心尊重，对待孩子充满关爱，能够给孩子一个安静祥和的学习环境，孩子的情感就会很积极热情，思想很轻松。孩子成长的精神营养来自于父母亲创造的家庭氛围，它对孩子形成的影响不仅体现在生活、健康、学习等方面，还体现在情感、性格、品德等方面。所以，爸爸妈妈们，你不一定要为孩子创造多好的物质条件，但是有责任为你的孩子创造一个温馨和谐的家庭氛围。

爸爸工作很忙，经常不回家吃饭，陪家人的时间有限，妈妈对此很有意见，常常在爸爸很晚回来时和爸爸发生激烈的争吵。孩子的劝阻无人去理会，于是每一次大人吵架时，孩子就一个人躲到卧室里，关起房门哭泣。妈妈因为和爸爸有矛盾，情绪很不好，经常对孩子表现出不耐烦，莫名其妙地发火。孩子每次看到其他小朋友和爸爸妈妈在一起玩闹，眼神里都流露出羡慕。

不知你有没有注意到孩子比我们大人要敏感。比如你在同孩子交谈时所用的语调，孩子会非常敏感，有时会问："妈妈，您是不是生气了？"你绷着脸说："没有。"然而你脸上的表情和语调表示出你在生气。孩子是非常敏感的，他们能很快地分辨出，你在讲话中所要传达的真正意思和态度。做父母的，不能只顾及自己的感受，要用巧妙的方式处理大人之间的摩擦，不要在孩子面前发泄自己的不良情绪，要尽可能把成人之间的矛盾对孩子产生的影响降低到最小。在家庭战争中，最受伤的就是未成年的孩子。关心下一代的成长是全社会的责任，更何况对待自己的孩子？如果你在孩子面前都不能表现出你的涵养，你在社会交往中的涵养又有多少是真实的？

（二）完善自己的行为习惯

我们在跟孩子沟通的时候，如何才能让自己具有说服力？首先，我们要有正面的影响力。父母会看到孩子的问题，却不会"反观自省"地知道孩子的一些问题其实就是家长自身问题的反映。

苏联著名教育家马卡连柯曾说："不要以为只有你们同儿童谈话，或教导儿童、吩咐儿童的时候，才教育着儿童。在你们生活的每一瞬间甚至当你们不在家的时候都教育着儿童。你们怎样穿衣服，怎样跟别人谈话，怎样谈论其他的人，你们怎样表示欢欣和不快，怎样对待朋友和仇敌，怎样笑，怎样读报……所有这一切对儿童都有很大意义。”言传加身教是最积极有效的教育方式。

俗话说：“言传不如身教。”大家都知道这句老话，现实中人们都是怎样想的，又是怎样做的呢？真实的情况是，很多家长虽然苦口婆心地说教，却没有以身作则。比如，孩子在玩游戏机，爸爸在玩手机，妈妈在玩电脑游戏。“写作业去！”妈妈一边看着电脑一边提醒孩子去写作业。“我作业都写完了。”“作业写完了去看看别的书，玩游戏对眼睛不好。”“既然看电视对眼睛不好，那你们为什么还玩？”“大人的事不需要小孩子管！”“你们大人自己都不以身作则，还管我呢！”

古语说：“其身正，不令而行；其身不正，虽令不从。”如果我们平时就给孩子做好榜样，那么在与孩子进行沟通教育的时候，我们的话就会让孩子信服，沟通才会愉快有效。

（三）爸爸多与孩子沟通

家庭教育不只是妈妈的责任，孩子的爸爸在家庭教育中扮演着不容忽视的角色。与母亲相比，父亲在教育男孩时，往往不会把焦点放在细枝末节上，而是让孩子在规定的制度范围内自主成长。这种“大框架”式的教育方式，会迫使孩子发挥自己的智慧和能力独立解决问题。由此，孩子的意志品质和解决困难的能力就会得到充分锻炼。

父亲对孩子的智力、性格、体格和情感的发展都会产生影响，缺乏父爱的孩子容易焦虑、怯懦。父亲对孩子的教育作用不可替代，妈妈要邀请孩子的爸爸参与到与孩子的沟通教育中来，让爸爸把他特有的独立、果断、勇敢、坚强等特质传递给孩子，让孩子远离“缺少父爱综合征”，成为一个情感、性格都完善的孩子。同时要注意，妈妈和爸爸是教育孩子的合作伙伴，不要当着孩子的面互相数落对方的不是。在合作中，要经常沟通，达成共识，保持教育的一致性。

（四）倾听孩子的心声

倾听，是进行有效沟通的前提，和孩子的沟通也一样。“倾听”可以给孩子以积极的心理暗示，向孩子表明你是在尊重和关心他（她）。如果孩子感到，他（她）能够自由地对任何事物提出自己的意见，而他（她）的认识又没有受到轻视，就会促使他（她）说出心中所想，同时也有助于他（她）勇敢正视和处理各种事情。父母应改变那种“我们说，孩子听”的方式，与其做一个高明的诉说者，不如做一个高明的倾听者，要善于倾听孩子的心声，走进孩子的心里。

“妈妈，今天老师在班级里说了一个笑话……”

“行了，别说话了，快写作业！”

这样的情景也许经常发生在一些家长的生活中，孩子一句话还没说完，你就断然阻止孩子说下去。可是，慢慢地，孩子什么都不对你说的时候，你又会很担心。你不给孩子倾诉的机会，孩子就会真的跟你无言以对。

英国教育家赫伯特·斯宾塞说：“给孩子诉说的机会，认真倾听孩子的话语。这样父母能更多地了解孩子，并对孩子不正确的思想与做法及时进行纠正与引导，使孩子一直走在健康快乐的身心成长之路上。”

孩子和同学发生了摩擦，回到家后，他生气地向妈妈诉说。妈妈什么也没有说，只是坐在孩子身边，关注耐心地听孩子说。不一会儿，孩子情绪在倾诉中恢复了平静，说着说着突然想起了什么，他一边吃巧克力一边拿着遥控车，对妈妈说：“我和同学约好了在楼下玩的，我去找同学了。”然后就像什么不愉快的事都没发生过一样，高兴地出去玩了。

其实很多时候，孩子向你倾诉的时候，并不是需要你帮助他解决什么事情，而是需要自己最亲的人做自己耐心的听众，给自己精神上的支持。

有一次，美国知名主持人林克莱特访问一名小朋友，问他：“长大后想要当什么？”小朋友天真地回答：“嗯……我要当飞机驾驶员！”林克莱特接着问：“如果有一天，你的飞机飞到太平洋时所有引擎都灭了，你会怎么办？”小朋友想了想：“我会先告诉坐在飞机上的人绑好安全带，然后我挂上我的降落伞跳出去。”听到小孩的话，大家都笑了起来。可就在现场的观众笑得东倒西歪时，林克莱特继续注视着这孩子，想看他是不是自作聪明的家伙。没想到，他看到孩子的两行热泪盈眶而出，这才使林克莱特发觉这孩子的答案远非如此简单。于是林克莱特问他说：“为什么要这么做？”小孩的答案透露出一个孩子真挚的想法：“我要去拿燃料，我还要回来！我还要回来！”

生活中，很多父母都跟那些大笑的观众一样，总是不愿耐心地听孩子把话说完，就按自己心里所想来“误解”孩子的意思，导致亲子沟通不畅，孩子的心灵受到伤害，影响到孩子的成长。

父母在倾听孩子说话的过程中，要注意以下几个问题：

1.饶有兴趣地听

如果你对孩子以及孩子的活动表现出真实的兴趣，你和孩子之间不但打开了通路，而且会使他们感到自己是重要的。父母对孩子表示关心、照顾，让他们谈论有关自己的事，孩子便会感到与父母在一起很亲密。

2.专心地听

一个好的聆听者，必须集中注意力，选择一天不忙的时间和安静的地点，听孩子说话。在这个时间，不要做饭、洗衣服或是做别的一些家务活，用眼睛亲切地注视孩子，真心地去接触孩子的心灵。

3.耐心地鼓励孩子和自己交流

为了使孩子的谈话持续下去，要用一些鼓励的词，如“爸爸懂了”“妈妈知道”，也可以提一些简单的问题进一步引导孩子。在结束谈话之前，不要打断孩子的话，让孩子详述某一问题的情景，尽量描述它的细节。

4.注意肢体语言

许多父母并不知道怎样利用自己的肢体语言向孩子表示“我在听着呢，我感兴趣，我在注意”。有几种主要信号可以表示对孩子的注意：一是面向孩子；二是与孩子紧挨着坐；三是身体竖直或向孩子倾斜；四是眼睛互相接触；五是用慈爱的目光注视着孩子。此外，应当避免紧张，面部表情和声调都是和蔼的。

我们在前文中已提到过，美国一位语言学家通过研究发现，沟通的总效果=7%的语言+38%的音调+55%的肢体语言。因此，我们应该掌握孩子的心理，学会用肢体语言的沟通方式与孩子进行沟通。比如经常给孩子灿烂的微笑，温暖的拥抱，关心信任的眼神，轻轻的拍肩等等。

5.及时配合

倾听的过程，也是及时帮助孩子表达和弄明白自己想表达的意思、内心活动和感受，进行深入理解的过程。在此过程中，通过你的词语对孩子的叙述加以解释和说明，可以帮助他们弄清楚自己所表示的意思。在解释时，尽可能帮助孩子把自己想说的话准确、清楚地表达出来。

（五）平等的尊重

如果父母总是以自己的思想去体会孩子的心情，那就是“以大人之心，度孩子之腹”。很少或者是很难客观地站在孩子的角度，用孩子的眼睛观察这个世界，用孩子的心理思考这个世界。这对于孩子来说是不公平的。这样的话，不管你付出了多少，结果都不会如你所愿。

1.换位思考

成人之间的沟通都知道要能换位思考，尊重理解对方，孩子更需要我们如此。忽视孩子渴望平等尊重获得理解的要求，就是大人对孩子犯下的自以为是的错误。所以幼儿园的老师们上课时、午餐时都是坐在很矮的凳子上，力求与孩子们“平起平坐”;与孩子说话时,都是蹲下来平视着孩子。

劳技课上老师教学生制作贺卡,当时正好赶上“三八”妇女节。孩子心想,妈妈照顾自己很辛苦,于是回到家,便开始找来卡纸和画笔。忙了半天,颇费心思地制作了一个很精美很有创意的贺卡,还在上面写上了悄悄话,想当成“三八”妇女节的礼物送给妈妈。

妈妈下班回家,一进门便问:“作业写完了吗?”

“还没有呢。”

妈妈一听孩子说作业没写完,一下子就来了气,质问道:“放学到家,你干什么了?”“妈妈,作业我等会儿马上去写,今天是‘三八’妇女节,我给你做了个礼物。”说着拿出自己做好的贺卡。孩子满以为妈妈会高兴,可没想到,妈妈不但没有什么惊喜,反而一手抓过贺卡扔在一边说:“就知道弄这些玩意儿,还不赶快去写作业!”

孩子心里委屈极了,本想借贺卡表达一下对妈妈的关心,可是妈妈的反应却让他对妈妈的爱一下子转成了怨恨,他在心里对妈妈说:“我恨你!”

就这样,一件本来很好的事情,却因为妈妈的不尊重而给亲子感情带来了伤害。沟通是思想与情感的交流,是信息与意见的交换。没有平等的尊重,家长与孩子之间就会产生很深的代沟,孩子是不会让家长走进自己的心灵的。

美国教育家塞勒·赛维若说过这样的话:“每个人观察、认识问题,都会有自己的视角和立足点。身份、地位不同,所得出的结论就不同。父母与子女间的年龄悬殊、身份各异是影响相互沟通的重要原因。若父母能站在孩子的立场上思考,一切将迎刃而解。”

除着年龄的增长,孩子的心理逐渐发育成熟,他们需要得到的精神满足就是:希望父母能够正视自己的成长,能够平等地和自己对话。这是一种高层次的精神需要。孩子主动和家长谈到自己的事情,是对家长的信任和依赖,是想从家长那里得到解答和安慰。这时,如果家长拒绝从孩子的这种高层次的精神需求角度与他平等交谈,不能耐心地让孩子说下去,就无法了解孩子的想法。因此,父母与孩子沟通、交流时应多站在孩子的角度看问题,给孩子以尊重和理解。

2.向孩子敞开自己的心扉

我们都希望走进孩子的心里,这就需要我们也要向孩子敞开自己的心扉,这样我们才能与孩子互相表达自己的想法和感情,建立亲密的亲子沟通关系。

我们总把自己摆在一个高高在上的位置,不愿意向孩子表露内心世界,却要求孩子对我们坦承一切,显然是不公平的,这是亲子沟通的障碍。

我们让孩子适当地了解大人的一些信息，与孩子讲述自己童年的经历，有选择地分享自己的心情，都是不错的亲子交流。

3.勇于向孩子承认错误

孩子与父母一起外出游玩，妈妈在车上喝了一瓶矿泉水，下车后要把空瓶子扔掉，可是找不到垃圾桶，于是妈妈就把空瓶子随手扔在一个角落。孩子看到了，立即大声批评妈妈："妈妈，你怎么可以乱扔垃圾？我们小朋友都懂得垃圾不能随手乱扔，你这么大的人了怎么连这个道理都不知道？"妈妈听后，立即捡起空瓶子，微笑着对孩子说："妈妈不应该这样，现在妈妈把它拿在手里，等找到垃圾箱再把它放进去。谢谢你，乖儿子，妈妈以后再不这样做了。只是以后在公共场合，妈妈做错事情的时候，请你小声一点批评妈妈，给妈妈留点面子，好不好？"

孩子对大人指出错误，是有勇气的，同时也说明他们能判断是非。因此我们要允许孩子指出自己的错误，虚心接受孩子的批评，勇于向孩子承认错误或道歉。当然，也注意引导孩子具有正确的"劝谏"方法和态度。

（六）掌握批评、鼓励与赞美的艺术

1.批评孩子的艺术

人生在世，犯错是难免的。孩子犯了错，你会怎么说？批评不仅是一种手段，更是一种艺术，是一种智慧。不怕孩子犯错，怕的是家长处理不当，反而引起更多的问题。批评要把握分寸，注意场合。我们在前文阐述了批评与赞美的技巧。在此，在针对与孩子沟通的问题上，我还想特别强调我们在批评孩子时要避免以下问题：

（1）批评情绪化。

孩子有了过失时，家长的表现通常是情绪激动，声音高，语速快，犹如一阵狂风暴雨，甚至是眼到、口到、手也到了，等到骂完了打完了，好像自己心里也痛快了。然后很有成就感地问："你听明白没有？"孩子马上说："听明白了！""记住了没有？""记住了！""以后还犯不犯？""不犯了！"这时候如此痛快敷衍的话只是为了早点结束这场暴风雨。但是你认为孩子真听明白了吗？

（2）批评泛滥化。

有时候，家长在批评孩子时，思维跳跃，联想丰富。如本来就是个磨蹭迟到的事情，就能从这件事扯到看电视、玩游戏等，总之，只要能想起来的事就可以像电影镜头一样重放。这样的新账旧账一起算，只会让孩子觉得头晕。

（3）批评无原则。

很多时候，孩子犯错后，家长的表现往往是该批评的时候不批评，不该批评的时候乱批评。其实没有必要为一些无关紧要的事情而对孩子进行难听的定论，但是原则性的问题绝对不能放过，而且要与孩子深入分析原因，把道理讲透彻。

(4)批评公开化。

有的家长错误地认为，只有在别人面前批评孩子，才能让孩子长记性。实际上这样做只会伤害孩子的自尊心，妨碍孩子的成长。美国一位教育家说："在他人面前揭露孩子短处的父母，不配做父母。"

2.鼓励和赞美孩子的艺术

适当的批评是插曲，而鼓励和赞美则是主调。每个孩子都需要鼓励，每个孩子都值得赞美。鼓励与赞美是孩子成长的"润滑剂"。俗话说"数子十过，不如奖子一长"，对孩子多点鼓励肯定，少点埋怨指责，能帮助孩子建立自尊、自信，树立良好的积极的生活理念，发现自己的优势，更好地成长。

美国有一个家庭，母亲是俄罗斯移民，根本看不懂儿子的作业，可是每次儿子把作业拿回来给她看时，她都会说："棒极了！"然后小心翼翼地挂在客厅的墙壁上。客人来了，她总要很自豪地对客人说孩子写得多棒！其实儿子写得并不好，可客人见主人这么说，便连连点头附和："不错，不错，真是不错。"儿子受到鼓励，心想："我明天还要比今天写得更好。"于是他的作业一天比一天写得好，学习成绩也一天比一天提高，后来终于成为一名优秀学生，成长为一个杰出人物。

这就是孩子，你说他行，他就行，不行也行；你说他不行，他就不行，即使行也可能不行。你为他喝彩，他会给你一个又一个惊喜；你说他不如别人，他会用行动证明他真的很笨。

在家里得到赞赏的孩子，比起那些得不到赞赏的孩子，他们的自我感觉会更好，更乐于接受生活的挑战，也更愿意为自己设立较高的目标。

所以，爸爸妈妈们，请相信每一个孩子都是值得赞美的。别拿你的孩子跟别的孩子比，而你所要做的是，发现孩子的"美"，然后大声地为孩子喝彩！

那么，应该如何赞美孩子呢？

首先，家长要对孩子良好的行为表现给予经常的关注和及时的赞扬。每一个孩子都渴望自己的行为能够引起他人的关注，得到赞许。如果他们积极的行为不能达到目的，就会采取消极的行为。假如你有赞扬孩子的习惯，不妨现在就试一试，留心孩子在做什么，如果他现在的表现让你感到满意，就马上加以赞扬。在你不断的赞扬声中，孩子的行为将发生奇迹般的变化，积极的表现会越来越多，消极的行为随之减少。赞扬的力量是巨大的。

其次,赞扬要具体明确,要让孩子知道究竟哪一种行为受到了赞扬。赞扬越具体明确,孩子就越容易理解,并且会重复这一行为。空洞的赞扬是不能激起孩子积极的情绪的,因为他认为大人是在敷衍他或是欺骗他。

让孩子在你赞赏和鼓励的目光中自信快乐地成长!

第二节 朋友沟通让友谊天长地久

生活中不能少了朋友,所以朋友总是和亲人连在一起称为“亲友”。肝胆相照的朋友是挚友,彼此亲如兄弟,甚至比亲人还亲。一生中能够有几个挚友,是一种福气。亲人之情,朋友之义,恋人之爱,都是我们一生不可或缺的幸福。

朋友之间必然有交往有互动。因为沟通不成功而使朋友之间慢慢疏离甚至反目成仇,并非是什么新鲜事,所以朋友之间要善用沟通的艺术,让友谊天长地久。

一、朋友间说话注意分寸

“直言直语”是人性中一种很可爱、很值得大家珍惜的特质,因为惟有这种直言直语的人,才能让是非得以分明,让正义邪恶得以分明,让美和丑得以分明,让人的优缺点得以分明。只是在人际交往中,“直言直语”却会给这种性格的人以致命的伤害。

喜欢“直言直语”的人说话时常常只看到现象或问题,也时常只考虑到自己的“不吐不快”,而不去考虑旁人的立场、观点、性格。他的话有可能是一派胡言,也有可能鞭辟入里;一派胡言的“直言直语”,对方虽然明知,却又不好发作,只好闷在心里;鞭辟入里的“直言直语”则直指核心,让当事人不得不启动自卫系统,若招架不住,恐怕就会怀恨在心。因此,直言直语不论是对人或对事都会让人受不了。

喜欢直言直语的人一般都具有“正义倾向”的性格,言语的爆发力、杀伤力很大,所以有时候这种人会变成别人利用的对象,鼓动你去揭发某事的不法,去攻击某人的不公。不管成效如何,这样的人都可能成为牺牲品,或是成为别人的眼中钉。

《呻吟语》中说:“指责他人之过,需要稍作保留。不要直接地攻击,最好采用委婉暗示的比喻,使对方自然地领悟,切忌露骨直言。”“即使是父子关系,有时挨了父亲的骂,也会无法忍受而顶嘴,更何况是别人呢!”父子有血缘关系,无论如何不能割舍,但无血缘的朋友就不是这样,过激的言辞很可能会断送朋友之间的关系。

朋友之间往往会说“忠言逆耳利于行”。其实这不是真理。仅有为别人着想的良好愿望还不够,指出朋友的问题还需要技巧。

其实,生活中很多的劝告、提醒和批评不一定要通过"直揭其短"才能达到效果,真正的劝解批评,能激发一个人灵魂深处的自省和自救。我们只有巧妙地运用沟通技巧,才能打开犯错者紧闭的心扉,使之幡然悔悟,自行纠正。

关于批评的技巧,我们在前文已经有所阐述。这里,对于朋友间的沟通,我想再强调以下几方面:

(一)照顾对方的情绪,取得对方的信任

这是使批评达到预期效果的第一步。"心直口快"作为人的一种性格来说,在某些方面的确可体现出它的优点,但在批评他人时,"心直口快"者往往不能体谅对方的情绪,图一时"嘴痛快",随口而出,过后又把说过的话忘了,而被批评者的心里却已经因此蒙上了一层阴影。所以要试着从对方的角度来看问题,设身处地地站在对方的立场考虑一下,自己是否能接受得了这种批评。对朋友的批评一定要注意措辞,要注意场合,注意为对方保留颜面。

(二)诚恳而友好的态度

批评是一个敏感的话题,哪怕是轻微的批评,都不会像赞扬那样使人感到舒畅。被批评的对象一般总是用挑剔或敌对的态度来对待批评者。所以,如果批评者态度不诚恳,或居高临下,或冷峻生硬,反而会引发矛盾,产生对立情绪,使批评陷入僵局。

因此,批评者必须注意态度,诚恳而友好的态度就像一种润滑剂,往往能使摩擦减少,距离拉近,从而使批评达到预期效果。

(三)用含蓄的批评来激励对方

英国18世纪著名评论家约瑟·亚迪森曾说:"真正懂得批评的人看重的是'正',而不是'误'。"这里所说的"正",实际上就是隐恶扬善,从正面来加以鼓励,也就是一种含蓄的批评,能使批评对象有意识地改正自己的错误和缺点。从正面鼓励对方改正缺点、错误的间接批评方法,比直接批评效果会更快、更好。因为这种批评方法更易于被对方所接受,从而产生良好的效果。

在与朋友的交往中不能伤害朋友的自尊,这是维护彼此关系的底线。人都是有自尊心和荣誉感的,一旦你伤害到了朋友的自尊,那么你即使搬出所有柏拉图或康德的逻辑也无济于事。一个蔑视的眼神、一种不满的语调、一个不耐烦的手势……都有可能带来难堪的后果。你以为傲视可以迫使对方同意你所指出的问题吗?不,绝对不会,因为你否定了对方的智慧,打击了他的自尊心,伤害了他的感情。

总之，无论你的意见多么正确，想法多么高尚，都要以体谅之心来对待有错误和缺点的朋友。体谅并不等于你同意朋友的一切意见，你还是会表达是非界线。只有这样，你才能与人接近，你的态度才能像和风细雨一样，滋润朋友的心田，洗净对方的眼睛，启迪对方的心灵。

二、如何应对朋友间的分歧？

朋友相处，时间久了总难免有些磕磕绊绊，每个人都有自己的脾气，分歧偶尔光顾一下，并不是坏事。在某个具体的问题上各持己见，争执不下，不仅不会造成当事人的敌对，反而有利于问题的解决。

然而，现实中分歧发生时，却很难理性地分析和对待。有了分歧的人往往会怨愤难平，有的放在脸上，见了对方形同陌路甚至仇视；有的虽然表面上平静，其实却耿耿于怀。怨恨的情绪就如同一颗种子，经过相当长时间的潜伏，遇到适当的气候，就会发芽……

可以说，朋友之间有了分歧若处理不好，就会造成友情断绝，甚至反目成仇。但若处理及时妥善，就会尽释前嫌，和好如初。那么，朋友间有了分歧时该如何做才能不伤和气，达到“度尽劫波兄弟在，相逢一笑泯恩仇”呢？

（一）与朋友发生争论时

与朋友发生争论时，正确的态度应该是“求同存异”。马克思和恩格斯争论问题就是这样。当时法国科学家比·特雷莫写了一本书，马克思认为“很好”。恩格斯却认为“没有任何价值”。通过反复、尖锐而又友好的争论，马克思终于接受了恩格斯的看法；而对另外一些问题，则持保留态度。求同存异，使各自的意见都向真理前进了一步。

无论怎样都不要正面冲突，要使争论以缓和方式进行。正面冲突容易让双方都下不来台，由争论变为争吵，甚至升级为打骂也是有可能的。

如果朋友间出现争论，必须持这样的态度：原则问题可以争论，细枝末节的东西则不必争个“你死我活”。这样，在你和朋友间出现争论的机会就少得多。

（二）与朋友发生分歧时

朋友之间有时见解迥异，甚至对立，这也是很正常的事情，观点不是义气，观点可以争辩，但义气是容不得争辩的。所以，朋友间发生分歧时，观点不同了，感情却不能受影响。

1.继续保持忠诚和信任

不要因为双方存在分歧而诋毁朋友,在某些场合依然还要维护朋友的名誉、观点,不要轻易怀疑朋友的优良品质。

2.暂时拉开距离

无法当时消除分歧,可以使双方的分歧暂时处在一个“冷冻”状态,和缓气氛,让时间和事实来证明谁是正确的,谁是错误的,避免分歧继续扩大。这也是处理各类分歧常用的策略。

3.保持平等和尊重

朋友之间没有高低之分。如果你的态度傲慢,即使对方的确错了,他也会感觉你对他不够尊重而产生逆反心理,“错了又怎么着?”“错了你就可以用这样的态度对我?”这是对方很自然的反应。

4.积极寻求解决之道

不要让分歧一直成为屏障隔在两人之间,要积极地想办法来消除分歧,达成共识。双方都要有共同的诉求:分歧在,友情一样在。

(三)与朋友关系闹僵时

“千里难寻是朋友,朋友多了路好走。”不能因为一点小矛盾,就破坏朋友关系。能够很好地处理矛盾,说明彼此之间的友情能经得起风雨考验。与朋友闹僵时,可采取以下一些对策:

1.保持冷静

让自己激动的情绪稳定下来。只有冷静才有可能理智,才有可能客观地、实事求是地解决问题。如果在气头上,就要暂时回避一下,不要冲动行事。

2.自我反省

实事求是地分析和对待自己在朋友关系上的责任,对的坚持,错的改正。特别是对自己的缺点、错误和失误不要宽容和纵容。

3.不翻老账

不论闹僵的原因是什么,都要予以谅解,不可在细节小事上争个你输我赢。不翻老账,不揭人短,要有“过去的事情就让它过去吧”的气概和度量。

4.积极修好

一般说来闹僵的责任往往是双方的,自己应当主动承认错误,与朋友和好。在朋友之间采取主动,不但不会失面子,反而会显得更为大度和宽容。同时,主动会使朋友感动,更加有利于对成见的消除,继而扪心自问或自责,使重修旧好立见成效。

(四)与朋友发生经济纠纷时

一般说来,与朋友间特别是要好的朋友间尽量少些经济上的往来,比如向朋友借钱,当还不了或不按约定时间还款时,肯定会影响今后的长期交往。因此有朋友向自己借一万元钱时,一些人宁肯给对方二千元,不用归还了,也不愿意借一万元给朋友。一些通过经济往来业务而建立的朋友关系,就可能出现经济纠纷,要慎之又慎。发生纠纷时要注意:

1.对症下药

把产生纠纷的原因弄清楚,是朋友误会了还是自己弄错了。"亲兄弟,明算账",要把经济往来的账目全部向朋友交代清楚,让他相信你并没有隐瞒什么。

2.坚决按约定或合同办事

因为这是事先商定好的条件,坚持按此来解决纠纷,理性客观。

3.共商解决办法

朋友之间的纠纷,如果双方坦诚相待,达成一致的解决办法还是能找到的,真正的朋友遇事是好商量的,不存在欺诈和恶意使坏。

4.请求仲裁

当然,当双方实在无法达成解决意见时,只能诉诸仲裁机构或法院来按有关程序解决,这是不得已而为之。

三、朋友间玩笑有度

生活中需要笑声,朋友在一起时免不了要开玩笑。健康的玩笑,是可以把工作和生活中的所见所闻用风趣的语言和巧妙的方式说出来,让大家皆大欢喜。但开玩笑没有度,则会造成双方的难堪。

你的朋友带着妻子参加朋友聚会,你见面后开玩笑说:"呀,魅力真是不可阻挡,上次聚会你带的就是一大美女,今天又有美女相伴呀。"朋友知道你在开玩笑,赶紧说:"就会瞎掰!我以前什么时候带过美女?今天第一次带我妻子出来参加聚会。开玩笑口没遮拦。"你说:"哈哈,开个玩笑嘛,别介意。"可是试问,朋友的妻子能不介意吗?她能不想你到底是不是开玩笑?试想,如果朋友的妻子说什么也不信你说的是玩笑话,你将给朋友的夫妻关系带去怎样的影响?你怎样做才能弥补?

熟悉的朋友之间常常会相互取乐,说话也不拘小节,开起玩笑来也没个度,结果造成对方的反感,甚至引起仇恨,也不是没有可能。就像这个故事中的玩笑,由于没有把握好分寸,不仅没有达到"笑果",还可能因此而使得彼此间的关系僵化。其实玩笑就像是调味料一般,如果滥用,味道过重,就会让人难以下咽。因此,我们在“幽朋友一默”的时候,也得有分寸。

那么在开玩笑时,我们应该遵守哪些原则呢?

(一)内容要高雅

笑料的内容取决于开玩笑者的思想情趣与文化修养。内容健康、格调高雅的笑料,不仅给对方启迪和精神的享受,而且是对自己美好形象的有力塑造。钢琴家波奇在一次演出时,发现全场有一半座位空着,他幽默地对听众说:“朋友们,我发现这个城市的人们都很有钱,我看到你们每个人都买了二三个座的票。”于是这半屋子听众放声大笑,波奇无伤大雅的玩笑使他吸引了更多的观众。

(二)态度要友善

与人为善,是开玩笑的一个原则。开玩笑的过程,是感情互相交流传递的过程,如果借着开玩笑对别人冷嘲热讽,发泄内心厌恶、不满的情绪,那么除非是傻瓜才识不破。也许有些人不如你口齿伶俐,表面上你占到上风,但别人会认为你没有素养,不懂得尊重他人,就会不愿与你交往。

(三)行为要适度

开玩笑除了可借助语言外,有时也可以通过行为动作来逗别人发笑。一对朋友感情向来不错,而且在一起时总有开不完的玩笑。一天,两人在湖边散步时,又说笑起来,一位笑说道:“哎,再捉弄我,我就把你推到湖里凉快凉快。”另一位笑着回道:“你敢!我看你敢?”话音刚落,便突然被朋友一把推到了湖里。尽管湖水不是很深,但由于朋友不谙水性,等到救上来时,早已没了呼吸。玩笑千万不能开过度。

(四)对象要区别

同样一个玩笑,能对甲开,不一定能对乙开。人的身份、性格、心情不同,对玩笑的承受能力也不同。一般来说,对方性格外向,能宽容忍耐,玩笑稍微过大也能得到谅解。对方性格内向,喜欢琢磨言外之意,开玩笑就应慎重。对方尽管平时生性开朗,但正好碰上不愉快或伤心事,就不能随便与之开玩笑。相反,对方性格内向,但正好喜事临门,此时与他开个玩笑,效果可能会出乎意料的好。

总之,与人沟通,开个得体的玩笑,可以放松心情,活跃气氛,创造出一个适于交流的轻松愉快的氛围,所以诙谐的人常能受到人们的欢迎与喜爱。但是,开玩笑一定要掌握好分寸,如果开过了火,就会适得其反,伤害感情。不是所有人都可以成为开任何玩笑的对象的。

四、勇于道歉，友谊长存

朋友相处难免会说错话，做错事。人非圣贤，孰能无过。倘若发现自己错了，能真诚地向对方道歉，友谊之树则会常青；倘若明知自己有错，却千方百计地为自己找借口辩解，或者是为了面子不愿向朋友道歉，那一定不会得到对方的谅解和尊重，而友谊也会因此而难以持久。

其实，道歉的必要性贯穿于所有的人类关系中。生活、学习与工作中，有错都需要道歉。没有道歉，愤怒就会积聚。我们常看到当公正不能唾手可得时，有人会选择私下处理，对冒犯自己的人进行报复。愤怒因此而升级到不可收场。

道歉是真挚和诚意的表现，它不仅可以弥补朋友间感情上的裂缝，而且还可以增进友情。陈毅同志就曾写过这样一首诗："难得是诤友，当面敢批评。有时难忍耐，猝然发雷霆。继思不太妥，道歉亲上门。于是又合作，相谅心气平。"诗意虽然直接易懂，却意义深远。

不要一厢情愿地认为"真正的朋友之间无须道歉"，一句道歉能让朋友感到对他的尊重，可以加深友谊。道歉就是要为我们的行为负责，并对被冒犯者做出补偿。真正的道歉能够实现宽恕与和解，继续发展双方的关系；没有道歉，隔阂横在中间，就会损害双方的关系。道歉、宽恕与和解，是保持友好关系的重要法宝。

美国公关专家苏珊亚曾说："学会道歉是一个重要的社会技能，真诚的道歉将会使人们感受到人与人之间最美好的情感。"关于敢于承认自己的过错，卡耐基说过："向别人道歉是件比较容易的事，只要你向别人真诚地道歉，那么同样可以运用交际口才，得到朋友的依赖和他人的尊重。"所以，我们要学会真诚地向别人道歉。但是怎样才能做到？以下几点可供参考：

（一）态度要端正

只有态度诚恳，人们才会接受你的道歉。如果你只是迫不得已，敷衍了事，那么道歉就不会起到好的作用。语气一定要真挚，在道歉的时候，一定要用真挚的语气、诚挚的态度。只有这样，才能够得到别人的谅解。

道歉是一种光明正大的事情，所以没必要躲躲闪闪，羞羞答答。但是也没必要夸大其词，一味往自己脸上抹黑，这样别人不仅感受不到你的真诚，反而会觉得你很虚伪。

（二）道歉要及时

即使不能够马上道歉，日后也要找准时机及时表示自己的歉意。及时道歉，可以在很大程度上弥补自己言行不当而带来的不良后果。

道歉,是要向对方表达出自己内心深处真诚的歉意。歉意的表达并不是仅仅一句“对不起”就能了结的,你必须是真诚的,而且要有承担责任的诚心和勇气。真诚的道歉,不仅不是一件丢脸的事情,反而能体现一个人良好的品质与修养。

五、沟通要有度,距离产生美

成为好朋友,只说明你们在某些方面具有共同的目标、爱好或见解以及心灵的沟通,但并不能说明你们之间是毫无间隙、融为一体的。距离是人际关系的自然属性, 有着亲密关系的两个好朋友也不例外。朋友之间的共性是友谊的纽带和润滑剂,而个性和距离则是永久保持友谊生命力的根本所在。

我们一直说“金无足赤,人无完人”,过深的了解使你发现对方人性中自私的一面,于是,瑕斑影子在你心里冲突。于是,被欺骗感和不忠实感使你对友谊产生了怀疑,友谊根基出现动摇,再难恢复其原来的面貌。这时你会懊恼:为什么没有保持相互间的距离美和朦胧美?

每个人都需要拥有自己的空间,拥有一些不希望别人知道的隐私,但是这些在太过亲密的朋友面前却会暴露无遗。朋友之间一旦觉得自己的安全区域受到了侵犯,肯定就会渐渐地疏远对方。

人与人之间过于接近,彼此的缺点就会暴露,摩擦也会增多。所以朋友之间也需要保持一定的距离,如果你越过了这个距离,非但不能增进彼此的友谊,反而可能破坏友情,因为毫无间隙的距离往往会忽略对彼此的尊重。

那么与朋友相交,怎样才算是合适的距离呢? 要避免哪些伤害朋友感情的做法呢?

(一)别拿爱情的标准衡量友谊

你不要希望你的朋友像妻子一样专属于你,爱情是越专一就越甜蜜,而朋友却是越多越容易办事。我们生活在大千世界里,你的友谊不会专属于某一人,朋友少了苦恼会多。你是这样,你的朋友也是这样。

健全的和不健全的友谊之间有一条细微的模糊不清的界线。有些人对朋友的关系感到失望或不满,往往是因为无法区分健全的和不健全的友谊。过分的依赖会损害你和朋友的关系。

有人说夫妻要“相敬如宾”,如此就可以琴瑟和谐,但因为夫妻太过接近,要彼此相敬如宾实在很不容易。而朋友之间却可以做到,“保持距离”便是“相敬如宾”最好的方法。

（二）控制朋友的想法是愚蠢的

亲密的友谊，是在理解和赞扬声中不断成长的，是需要两个人共同维护、共同认可的。有些人在与朋友的交往中，总喜欢朋友按照自己的意愿去做，为此甚至不照顾朋友的面子和感情。作为朋友，大家都是平等的，如果是被某种心理上的压力所迫、被控制去做某事，就感觉很不舒服、很不愉快，哪怕他（她）得到过你许多次的帮助。一旦有一天无法忍受，你们的友谊就会中断。

（三）与好友相处浓淡相宜

人际交往需要把握好彼此之间的社交距离，而距离就在淡与浓之间。与朋友交往该淡则淡，该浓则浓，这才是交友的真谛。

当朋友有难，及时出现给予帮助，可以让朋友感觉到温暖，但是平时则是无须天天聚在一起。朋友相交，重要的是双方在思想上的相互理解和遇到困难时的互相帮助，而不是要做到无微不至的关怀。“保持距离”就会产生“礼”，互相尊重。

（四）异性朋友相处更需注意分寸

朋友有同性有异性，同性朋友可以是“好哥们儿”，那么异性朋友是否也可以是忘记性别的“哥们儿”呢？

有人说异性之间不存在“哥们”一样的朋友，因为异性朋友关心过度、距离过近，就可能发生质变。正如网络上流传的话：“千万别让你的妻子成为别人的‘红颜知己’，否则红着红着你就绿了；千万别让你的丈夫成为别人的‘蓝颜知己’，否则蓝着蓝着你就黄了。”

其实这种担心不无道理，但是说到底还是距离和分寸能否把握好的问题。只要能够注意交往局限于友情，而不是亲密交流，那么朋友就是朋友。

与异性交往本身就需注意保持距离，异性朋友之间相处更需把握好分寸，尤其是当大家已经有了恋人的时候。不论是说话的内容还是交流的神情、肢体语言，都不能随心所欲，帮助对方更是要有礼有节。这样才能够让每一个人都在既定的轨道上正常前进。

六、朋友沟通有禁忌

与朋友相处，很多人会有这样的想法：朋友之间无须什么繁文缛节，想怎么来就怎么来，想说什么就说什么。其实，再亲密的朋友，也不能过于随便，如果过于随便，就会引起对方的不快，导致朋友关系疏远，友谊破坏。

正确地与朋友沟通，是加深友谊的方法。友谊是牢固的，也是脆弱的，经不起太多的风雨，需要精心的呵护。要想与朋友保持牢固的友谊，需要记住以下禁忌事项：

（一）锋芒毕露，显示优越感

也许你的才学、相貌、家庭、前途等等令人羡慕，高出你朋友一头，但是如果你不分场合，尤其与朋友在一起时，锋芒毕露，流露出强烈的优越感，会使朋友感到你在居高临下对他说话，他的自尊心受到挫伤，会产生敬而远之的念头。所以，在与朋友交往时，要谦卑有礼，把自己放在与人平等的地位，注意时时想到对方的感受。

（二）不分彼此，过于随意

朋友之间最不注意的是对朋友的物品处理不慎，常以为“朋友间何分彼此”，对朋友之物，不经许可便擅自拿用，不加爱惜，有时迟还或不还。一次两次碍于情面，朋友不好意思指责，久而久之会使朋友认为你过于放肆，产生防范心理。所以应该把珍重朋友之物看作如珍重友情一样重要。

（三）乘人不备，强行索求

事先不通知，临时登门提出要求，或不顾朋友是否愿意，强行拉他与你同去参加某项活动，这都会使朋友感到左右为难。他如果已有活动安排，不便改变，就更难堪。若答应则打乱自己的计划，若拒绝又在情面上过意不去。他心中肯定会认为你太不讲道理。当朋友还有自己的家人需要照顾时，更加要考虑朋友的处境。所以，对朋友有求时，必须事先告知，采取商量口吻讲话，要记住：己所不欲，勿施于人。

（四）不识时务，反应迟缓

当你上朋友家拜访时，若遇上朋友正在读书学习，或正在接待客人，或正和恋人相会，或准备外出等，你一点不识趣，不看朋友脸色，一坐半天，夸夸其谈，不管人家早已如坐针毡，极不耐烦。朋友一定会认为你教养欠佳，不识时务，以后就会想方设法躲避你，害怕你再打扰他的私生活。此时，你一定要反应迅速，稍稍寒暄几句就知趣告辞。

（五）言语尖刻，乱寻开心

假如你在大庭广众面前，为显示自己博学多才，或为哗众取宠逗人一乐，或为表示与朋友之“亲密”，乱用尖刻词语，挖苦、嘲笑、讽刺朋友或旁人，大出其洋相以博人一笑，获取一时快意，竟不知会大伤和气，使朋友感到人格受辱，认为你可恨可恶，后悔和你交朋友。所以，朋友相处，尤其在众人面前，应和蔼相待，互敬互慕互尊，切勿乱开玩笑，用恶语伤人。

（六）动辄争论，爱争输赢

两个人想法不一样，是正常的。即使是再亲密的朋友，思想观点也会有差别。所以偶有观点争论不稀奇，但与朋友不宜动辄争个高低，不能任性地把争论当成一种习惯，即便你赢得了一场辩论，却可能输掉一个朋友。

我一直说争辩场上没有赢家，即便你表面上争论胜利了，那么对方失败的懊恼情绪将会使你失去友谊，甚至会让你遭到嫉恨报复；而如果你输了，你一样也是觉得没有面子，自尊心受到伤害，产生负面情绪。所以，强烈的争辩在朋友之间毫无意义。

（七）口无遮拦，披露隐私

有时候好朋友之间会彼此暴露一些个人隐私，这是一种信任。你需要维护朋友的这种信任，切忌把朋友的隐私当众曝光，那样既让朋友难堪，也辜负了朋友的信任，以后谁还敢和你做真心朋友？

（八）自私小气，斤斤计较

如果你在和朋友的交往中，经济上不出分文，唯恐吃亏；对朋友的馈赠欣然接受，自己却一毛不拔，这会使朋友感到你视金如命，自私小气。所以朋友之交，注重礼尚往来，过于拮据显得吝啬小气，而慷慨大方则显得豪爽大度，会使友情更加的牢固。

第三节　职场沟通让事业精彩成功

职场是工作的舞台，你的演出是否精彩成功，与你的沟通能力有着极大的关系。在这里，你需要与各种身份的人进行交往，任何一种关系处理不好，都可能对你的职场生涯带来冲击。

求职应聘需要沟通来获得一份工作；同事之间、上下级之间需要沟通来开展工作，需要沟通来形成良好的工作氛围；团队之间需要沟通来实现分工合作；与外部公众需要沟通来为组织获得利益……比如当你和领导有意见分歧时，当你和下级谈话有障碍时，当你和同事出现矛盾时，当你和客户不能达成共识时，你知道该怎样解决这些矛盾吗？沟通是处世的艺术，是事业成功必备的能力。

一、求职沟通，推销自己

一个人求职应聘的过程实际上就是自我推销的过程。戴尔·卡耐基在《如何推销你自己》一文中曾指出："生活是一连串的推销。我们推销货品、推销一项计划，我们也推销自己。推销自己是一种才华、一种艺术。当你学会推销自己，你几乎就可以推销任何有价值的东西。并不是每个人都懂得如何推销自己，但这是可以学习的。”

推销自己是现代社会中一种重要的生活技能。在求职沟通中，你首先需要做好的前提工作之一就是外在形象的塑造。

外在形象主要指一个人的仪表仪态，即相貌、形体、服饰、体态、表情、风度等，这将决定招聘者对你的第一印象。我们在前文中已经说得很详细。在这里，我就针对求职中的形象设计提出几点建议，希望求职者能够开好头，营造“首因效应”。

（一）相貌、形体、服饰

一个人的相貌、形体是受遗传因素影响的，是与生俱来的、先天的、难以改变的。尽管现代医学技术可以通过整形、美容来修正容貌，但整容毕竟是大多数人所不愿尝试的，况且还有风险。其实，以自己朴实、纯真、自然的形象和身材，加上适当的化妆打扮，展示自己的本色，同样能赢得他人的好感。适时的装扮是必要的。求职应聘时，打扮要得体，打扮是为了满足求职需要，要有利于求职，因此，打扮要尽量贴近、符合所求职业的要求。

女生可借助化妆来修饰、美化自己，但一定要以自然、协调、美观、大方为原则，切忌浓妆艳抹、珠光宝气、香味刺鼻。脸部化妆要注意与发型、服装、饰物等相配，形成协调一致的整体美，以充分体现出你的热情、活泼、质朴、清纯、聪慧等个性特征。恰如其分的化妆不仅能使自己显得更美、更具魅力，而且能振奋精神，表达一种热爱生活的积极心态，同时也是尊人敬业的表现。

男生要注重面部清洁、个人卫生。蓬头垢面、衣着不整的形象只会引起招聘单位的反感。正如一位经理所说的，他在招聘人员时遵循这样的原则：在面试时，一个人的穿着要得体，因为主考人员拥有求职人员所需要的东西，那就是工作。如果应试者在求职时都不能以得体的装束来迎接面试，公司怎能寄希望于他受聘后会变得更赏心悦目呢？他的话代表了一部分招聘者的心声。

服饰是不容忽视的，它往往折射出一个人的文化修养和品位。服装一般分为便装、事业装、学生装、社交装、礼宴装等。女生在求职应聘时最好身着适合自己气质特点的事业装或学生装，体现出年轻的知识女性的独特魅力。事业装突出端庄稳重、大方成熟。学生装则显出淳朴、朝气、谦诚，透着文化人的气息。服装色彩、样式、搭配等要讲究艺术性、合理性、协调性，这能体现一个人的审美修养。同时，对不理想的体型也能起到掩盖和修饰的作用。

注重仪表，穿着整洁、合体、庄重不一定保证能找到工作，但有助于求职的成功。而不注重仪表，不修边幅、邋邋遢遢则难以找到工作。服饰对于现代人来说，它的功能早已不局限于御寒、遮羞了，而是大大地扩充了，如展现体形、显示性格、反应心情、区别职业、区分性别和年龄、烘托气氛等。通过服饰可以传递诸如经济状况、审美水平、个性特征、兴趣爱好、文化品位等种种信息。从这个意义上说，服饰是一种文化、一种文明。我们应根据求职应聘的需要及自己的身份、性别、年龄、形体需要选择合适的衣着。

（二）体态、表情、风度

体态、表情、风度均为后天习得和养成的，是可以改变的。在求职应聘时，体态、表情、风度都会不同程度地向招聘者传递各种信息，这些信息或多或少地会成为影响录用的因素。

求职应聘要讲究仪态，站有站相，坐有坐相，举止稳重大方，神情亲切自然，风度潇洒自如，才能给招聘者或主考官留下好印象。对于面试而言，仪表仪态、语言表达可说是测试重点。

面试时，首先神态要显得轻松自然，过于紧张就会出现体态变形、手足无措、语无伦次的状况，最终难免失败。神情要大方，走进面试场所前可先深深吸一口气，慢慢呼出，使紧张的心情平静、放松一些。如面试场所的门是关着的，则应先轻轻敲门，待对方允许进去后再进去，不要贸然闯进去。门要轻开轻关，然后大方、自然、从容地站到主考人面前，视当时具体情况，或微笑致意问好，或握手问好。经对方让座后再落座。落座时声音要轻，动作要缓，坐姿要正确。上身正直，稍向前倾，不要贴靠在椅背上。双手自然地放在大腿上，而不要放在衣袋里或交叉抱在胸前。表情要自然，神情专注，目光注视着考官而不要左顾右盼、东张西望，要显出谦恭倾听的样子。回答考官提问时，切忌挠腮抓耳、抠头、吐舌头或抠鼻子、掏耳朵等，这样既不雅观，也不礼貌。

遇到难以对答的问题时，要冷静思考，既不要唯唯诺诺、结结巴巴，也不要显出浮躁不安或趾高气扬、不屑一顾的样子。应始终保持沉着稳重、机灵坦诚、不卑不亢的神态和风度。

应聘面试过程中，表情要真诚自然，不要矫揉造作。表情可以传递信息，一个人的喜、怒、哀、乐、悲、苦、愁、烦都可以通过表情反映出来。表情礼仪要求的关键是“微笑”。“微笑”是一种良好心情的表露，是乐观开朗的表现。微笑向对方传达一种友好、亲和、热情、尊重的信息；微笑对自己则透露一种自信、善良、积极、敬业的个性。有人说“微笑是一份永恒的介绍信”，“是通向五大洲的护照”。微笑也是自我推销的法宝，是美好动人的无声语言。

与外在形象相对应的,是内在的气质与修养。一个人内在的气质与修养虽不像外在形象那么直观,那么一目了然,但仍然是可感知的。许多招聘广告中有一条常见的要求:应聘者要有修养,形象、气质俱佳……气质与修养并不是看不见的,它通过人的举止言谈、态度、情绪、脾气等反映出来。大学生在学校应努力培养良好的气质,不断提高文化修养。在求职应聘中尽量显现出脱俗不凡的气质和良好的修养,这将有利于求职的成功。

1.气质

气质是指人的相对稳定的个性特征、心理特征,是高级神经活动在人们行动上的表现。它表现为人的心理活动的动力方面的特点,如心理过程中的强度(强弱)、速度(快慢)、表现的隐显、动作的灵敏或迟钝、语言的速度和节奏、思维进行的性质、意志行动的性质等。

气质本身虽不能决定一个人事业成功与否，因为每一种气质类型都有成功者和失败者,但气质对事业成功与否的影响力是巨大的、不容忽视的。大学生在依据气质类型的特征分析判断出自己的气质倾向的同时，就应在社会生活实践中对自己的气质加以“调控和管理”,充分发挥积极的一面,尽量控制、改变消极的一面,克服缺点,发扬优点。尽可能地集各种气质类型的优点于一身,塑造高雅、洒脱、热情、稳重、细致、耐心、开朗、机敏、勇敢、刚强的不凡气质。这不仅有利于求职应聘的成功,而且有助于未来事业的成功。

2.修养

修养指理论、知识、艺术、思想等方面的一定水平,一个人养成的待人处世的态度。一个人的修养涉及方方面面,如思想修养、政治修养、道德修养、心理品质修养、知识修养、艺术修养、审美修养、纪律修养、交际修养、爱情修养、行为修养等。

大学生通过学校的素质教育、思想道德教育、专业知识教育、人文社科教育、艺术美学教育等,从情感上、意志上陶冶修养,在日常学习生活中修身养性,不断提高自身修养。求职应聘时,大学生的行为修养显得格外重要,因为其他修养如政治、思想、道德、文化、知识等修养,招聘者是通过简历、推荐表、求职信等文字资料来了解的,而行为修养则可直接观察到。大学生求职应聘时的一举一动、一言一行都会映入招聘者的眼帘,从而产生第一印象。从心理学的角度分析,由于“首因效应”的影响,第一印象往往会左右人们对一个人的总体判断和评价。有这样一则例子:

一位先生登报招聘一名办公室勤杂工。约有50人前来应聘,但这位先生只挑中了一个男孩。他的一位朋友问他:“你为何喜欢那个男孩?他既没带一封介绍信,也没有任何人推荐。""你错了,"这位先生说,"他带来许多介绍信。他在门口蹭掉了脚下带的土,进门后随手关上了门,说明他做事小心仔细。当他看到那位残疾老人时,就立即起身让座,表明他心地善良、体贴别人。进了办公室他先脱去帽子,回答我提问时干脆果断,证明他既懂礼貌又有教养,其他所有人都从我故意放在地板上的那本书上迈过去,而这个男孩却俯身捡起它并放回桌子上。他衣着整洁,头发梳得整整齐齐,指甲修得干干净净。难道你不认为这些就是最好的介绍信吗?"

这一事例充分说明了行为修养在求职应聘中的重要性。

(三)求职应聘中公关语言的运用

求职应聘中交谈、询问、对话或面试是招聘和应聘双方心理沟通的过程,是求职者无法回避的必须面对的考试。对应聘者来说,这是一次自我推销的机会,应紧紧把握这次机会,利用语言交流来加深对方对自己的良好印象,以吸引对方的注意和兴趣。在交流沟通的过程中,公关语言的运用不仅能为自己树立良好的公关形象,而且能促成求职目的的达成。所谓公关语言,是指当你传递语言信息时,会产生这样的效果:引起对方的兴趣;使对方产生愉悦感和认同感;给对方留下良好印象;语言具有感染力,能打动对方;能出奇制胜。

国外曾有这样一个故事:一位盲人在路旁向人们乞讨,在他面前放着一张纸条,上面写着:"我的眼瞎了,请给我几个钱吧!"路上来来往往的行人从他身边走过,很少有人施舍。有一位诗人路过这里,盲人向他乞讨,诗人说:"我今天没有带钱,但可以为您写两句诗。"诗人在盲人的纸上写道:"阳光多么美好,可惜我看不见!"匆匆过往的行人看到这简短的两句诗非常感动,纷纷为盲人解囊。前一张纸条要钱却得不到钱,而后一张纸条没有提钱却让行人主动施舍。这后一种语言就是打动人心的公关语言。这个故事给我们许多启示。

1.礼貌用语贯穿求职应聘始终

求职应聘要注重礼貌用语。礼貌用语不仅反映了应聘者对对方的尊重,而且体现了应聘者本人的修养。不论自己是否被录用,礼貌用语都要贯穿始终。以"您好"开场,以"谢谢!再见"收场,要显现出彬彬有礼的风度。在整个交谈过程中忌说粗话、脏话等,哪怕你觉得现场面试你被故意为难了。因为说粗话、脏话不仅不能表现出一个人的爽直、坦诚、随和,反而恰恰暴露出这个人粗俗、素质低下、修养差。

2.以真诚为原则

真诚是公关的最重要原则,同样真诚又是公关语言的最基本的原则。谈话是否真诚,这不仅能被谈话的任何一方真切地感知,而且是双方都十分看重的。美国心理学家诺尔曼·安德森于1968年曾对信息传播者的个性品质进行了专门研究。他列出了555个描写人的个性品质的形容词，然后让大学生们挑选出他们最喜欢的形容词。研究的结果表明，大学生们评价最高的个性品质是真诚。说话的态度要真诚，这是语言传播沟通的一个基本原则，也是获得对方信任的前提。

3.恰当使用赞美语

在应聘的面谈或面试时，选择适当时机，对招聘单位、招聘者、考官等表达自己对对方的欣赏、赞美之情，不仅会使对方有一个好心情，而且还会给招聘者留下好印象。但赞美一定要发自内心，出自真诚，不要有阿谀奉承之嫌。

4.说话谦恭有礼，讲究艺术性

到用人单位不论是问话还是答话，都要谦恭有礼，要把握分寸，讲究艺术性。假如一到某个单位开口就问："你们单位大学生多吗？""你们单位需要什么人才呀？"言下之意自己就是人才，这只会给对方留下你清高、狂妄、傲气的印象。有的大学生到用人单位自我介绍："我是××大学毕业的高才生，我希望能谋得经理级别的职务。"有的学生会说："选择我，你就是正确的。我会给公司带来巨大的效益。"这种话会使对方觉得你既不识时务，也不知天高地厚，其结果是可想而知的。

5.树立自信，把握应答技巧

面谈、面试时一定要充满自信。自信是肯定自己。"高傲之气不可有，自信之心不可无。"如能充满自信地回答考官的提问，意味着在自我推销中迈出了成功的第一步；如面对考官的提问，羞怯害怕、唯唯诺诺、谨小慎微、生怕答错，则说明自己本身有自卑感。自卑是一种不健康的心理现象，是一种认为自己不可能成功的心理状态。自卑感往往会挫败一个人的勇气，夺去自信心，面试时难免失败。

6.善于倾听，提高面试效果

面试时还要善于倾听，集中精力，准确理解考官提问的核心、要点和实质，以便有针对性地做出积极的反应。善于倾听就要做到神情专注，听得认真；积极思考，答得中肯、坦率、巧妙，面试效果就会好。

7.实事求是，"知之为知之，不知为不知"

在面谈或面试时，一定要以实事求是的态度对待。当遇到自己不知、不懂、不会的问题时，采取回避不答、牵强附会或不懂装懂的做法都是不可取的。而"知之为知之，不知为不知"，诚恳坦率地承认自己的不知或不足，反而会赢得考官的信任与好感。

8.语言精练，口齿清楚

在与用人单位交谈或接受主考官面试时，由于时间有限，不宜高谈阔论，切忌重复啰唆、泛泛而谈。而应突出重点，语言简洁精练，吐字清晰。最好用普通话（除非到自己家乡求职），避免方言、土语和口头语等。语言要坦诚、机智、聪慧、幽默。节奏适中，太快太急会使对方听不清；太慢太拖拉，拿腔拿调，慢条斯理会引起对方反感。总之，语速、语气、语调都要适宜，以引起对方对你的兴趣、重视和信任，有助于求职应试的成功。

在求职面试时会问哪些问题？有些问题是你可能事先能料想到的，但是有些问题根本无法预料。你回答问题的准确性并不是最关键的，最关键的是你的应变能力和沟通艺术。

李强、谭大伟是同一宿舍的大学生，所学专业都是市场营销。在毕业前求职期间，他们在学校的食堂前看到了一家外企的招聘启事，便分别寄去了自己的求职材料。后来，他们都顺利地通过了笔试，并同时收到了面试通知。面试时，主考官问了李强一些关于市场营销方面的问题。李强对答如流，并不时提出自己的新见解，受到了主考官的赞赏。在另一个会议室里，谭大伟的面试也进行得很顺利，主考官对他的回答也表示十分满意。在面试就要结束时，主考官向李强、谭大伟分别提出了同样的问题："对不起，我们公司的电脑出了故障，参加面试的名单里没有你，非常抱歉！"胜利在望的李强听到了主考官的话后，马上就变得没有风度，质问主考官为什么会出现这样的事。"我在学校里每次考试都是第一名，为什么居然不能进入面试？这是公司成心在耍我。"主考官对他说："你先别生气。其实，我们的电脑并没有出错，你以第一名的成绩进入了我们的面试名单。刚才的插曲只不过是我们给你出的最后一道题。面对竞争激烈的就业，你感到惶恐和不安是正常的。但是，你的心理应变能力实在太差了，市场营销部是全公司最有可能经历风险的部门，作为这个部门的高级人员，需要有良好的心理素质。我们希望你能找到更合适的工作。"李强愣住了：煮熟的鸭子飞了！没想到这也是一道考题！在另一间会议室，谭大伟在听完了同样的问题之后，面带微笑，十分镇定地说："我对贵公司发生的这个错误十分遗憾，但是我今天既然来了，就说明我和公司有缘分。我想请您再给我一次机会。对公司来说，它或许能够意外地选择一个优秀的员工。"主考官露出满意的神情："你真是一个不错的小伙子！我们愿意给你这个机会。"

一家电视台招聘记者，名额只有3个，而通过笔试进入面试的就多达15人。小樊第二个被叫了进去。小樊回答了几个简单的问题后，主考官又连续问了小樊三个问题。第一个问题是:“你说你有一定的写作功底,也发表了一些文章,可是你在‘自我评价’栏中居然有两项语法错误,现在既没有多余的表格,也不能涂改,你看怎么办?”小樊机智地回答了这个问题后,主考官又问第二个问题:“为了这次招聘的公开、公正、公平性,电台请你做一次随访,你认为采访哪种人才最能让公司信服?”对于这个问题,小樊也巧妙地回答了。接着,主考官又问了第三个问题:“如果你落选了,你会怨恨谁呢?”小樊也机智地回答了这个问题。几天后,小樊接到了电视台的录用通知。

在入职面试的尾声,人力资源部经理询问你的薪金要求时,因为你非常想得到这份令人羡慕的工作,所以你简单地答道:“按公司薪金规定执行即可,本人并没有额外的要求。”这是常见的面试情景再现。这样的回答一定会有两种结果:第一,你将不会被录用,第二,你被录取,但你将领取该职位的最低级别的薪水。

为什么会这样呢?我们用沟通的思维方式来简单分析:你没有被录用,因为你已经通过语言或者表情把内心的想法和目前的心态毫无掩饰地全盘告诉了对方,人事经理了解你目前的状况和需求,掌握了谈判的力量,将会对你进行更深层次的评估与分析,进而对你急于工作的心态和自身的价值产生了质疑,所以淘汰率较高。你被录取但薪金水平一般,因为你没有设立可以接受的最低底线,对方未能了解你的底线标准,自然会抛给你对于他(她)最理想的报价,这时你只有接受或者拒绝这两种选择。

所以面试过程中,一定要随时展现出你沟通的艺术。

(四)应聘礼仪

应聘人员不但要具备招聘单位所需要的思想政治、业务知识、业务技能等方面的综合素质,而且必须掌握应聘中的礼仪规范。掌握应聘礼仪有利于应聘者在应聘过程中展示个人的良好形象、体现个人的综合素质,是成功应聘的必备条件。

1.应聘材料准备

应聘材料是应聘者个人的学历、知识、能力、兴趣、经历等全面情况的基本资料,求职应聘者必须保证应聘材料的真实性、全面性、时效性和权威性。

应聘材料主要包括以下几方面的内容:

(1)自荐书(信)或推荐书(信)。

(2)学校主管部门或原单位出具的,能反映自己专业特色、知识结构、能力状况的各主要课程的学习成绩及对个人工作学习期间综合素质的评价。

(3)毕业证书、学位证书及有关外语、计算机等的达标证书。

(4)所考取的职业资格证书。

(5)个人社会工作经历。

(6)各种荣誉证书。

(7)能证明自己能力、专长的其他相关材料。

应聘者要精心准备上述材料。在准备这些材料前,应聘者要充分了解相关的政策、了解人才需求动态和用人单位的基本情况,充分认识自己,以便使自己的优点、特长、爱好在应聘中能得到充分的展示。

此外,应聘材料必须书写整洁,字迹工整,语句通顺,文字流畅,不能有错字、别字、漏字,也不能涂改。应聘材料的内容要突出重点,体现自己的优点、个性,能引起招聘单位的兴趣。

2.自荐书的撰写要求

用人单位的每一次招聘活动都可能接触到一大批求职者。自荐书就会成为决定求职者是否入围进入面试关的主要依据。在面试过程中,直接录用或拒绝均不多。聘用与否,用人单位还要在面试后进行斟酌,此时自荐书亦是主要参考资料。因此,写好自荐书,做好书面沟通工作,是成功应聘的首要环节。

(1)自荐书的内容。

① 个人简历。简历通常由个人基本情况(即姓名、性别、籍贯、年龄、政治面貌)、资历(指学习经历、实践经历或工作经历)和特长(个人对自己所具备的技能的概括和评价)几部分构成。

② 求职意向。要写清自己所适合的有意应聘的职业和岗位。注意不要过多,给人一种定位不准、缺乏专长的感觉;也不宜过于详细,使自己落入求职范围过窄的被动局面。

③ 证明材料的复印件。在自荐书的后面应附上荣誉证书、外语和计算机达标证书以及职业资格证书等相关证明材料,以佐证你的专长和应聘实力。

(2)自荐书的格式及写作要求。

自荐书一般包括标题、称谓、开头、正文、结尾和附件六部分。

① 标题。自荐书三个字写在首行中间,字号较正文大一些,字体与正文有所区别。

② 称谓。在第二行顶格写称谓。如果对应聘单位比较了解,可以直接写给应聘单位领导;如果不了解应聘单位的情况,最好写上“人事部负责人”。

③ 正文。正文开头一般写问候、寒暄之语,然后介绍自己的身份。接下来是写应

聘理由、应聘的职务与岗位、自身应聘的条件和能力。这是自荐信的核心部分,一定要注意措辞,同时还要突出个性,重点放在对特长、优势、能力的介绍上,但要符合实际,并与应聘岗位相吻合,给对方以自信而不自大的感觉。

④ 结尾。结尾一般要强调想获得应聘职位的热切愿望和心情。右下角署上自己的姓名及日期。

⑤ 附件。附件的内容主要是相关证明材料的复印件,注意宜精不宜多。

3.应聘的基本礼仪要求

(1)到达应聘地点的时机选择。

遵守时间,是商务活动中最起码的礼貌。时间观念是面试的主要内容之一,参加应聘应特别注意守时。应聘者一般提前5分钟至10分钟到达应试地点,既表示求职的诚意,也能给对方以信任感,还可以在面试前调整自己的心态,并做一些简单的礼节准备,稳定自己的情绪。应聘者一定要牢记面试的时间、地点,有条件的应聘者最好能提前考察一下招聘地点及路线,以便熟悉环境,掌握路途往返时间,以免因一时找不到地方或途中延时而迟到。

(2)进入应聘现场的礼仪。

进入应聘室之前,应聘者应关掉通讯工具(如手机),然后有节奏地轻轻敲门,得到允许后才能进入。入室应整个身体一同进去,入室后,背对招聘者将门关上,然后缓慢转身面对招聘者。关门动作宜轻,要从容、自然。见面时要向招聘者主动打招呼,问候致意或鞠躬致意,同时说声"您好""各位好""早上好"等问候语,然后主动进行自我介绍,并双手将个人的应聘材料递给招聘主管,同时说声"这是我的应聘材料,请多关照"。在招聘者没说请坐时,不要急于落座。请你坐下时应说声"谢谢",然后轻稳地坐下,等待询问。

(3)应聘过程中应保持的姿态。

坐姿。坐姿要端正,胸部挺直,脚踏在本人座位下,两膝并拢,将手放在膝上。两腿不要任意伸直,切忌跷二郎腿或不停抖动,两臂不要交叉在胸前,更不能把手放在邻座椅背上,否则会给别人一种轻浮傲慢有失庄重的印象。

面部表情。应聘者应始终面带微笑,谦虚和气,有问必答,切忌板起面孔,爱理不理,以眼瞟人。尤其是在对方有意怠慢、提刁钻问题时要特别注意。无缘无故地皱眉头或毫无表情、抓耳挠腮都会使人反感。眼睛是心灵的窗口,应聘过程中最好把目光集中在招聘人的额头上且眼神自然,以传达应聘者对别人的诚意和尊重,切忌左顾右盼,东张西望。

4.求职面试的禁忌

应聘者在参加面试时,为增加成功的机会,应特别注意以下几个方面:

(1)忌迟到缺席。

谁都不会喜欢没有时间观念的人,无论什么原因和理由,迟到是绝对不可原谅的行为,不能让招聘者等你。你在答应面谈的时间后,应做好充分的时间安排,准时或提前到达。如果确实因病或其他不可抗拒的因素而无法赴试,应事先通知对方,以便及时调整时间或另行安排时间面试。

(2)忌自高自大。

面谈或许要讲到自己的能力和抱负,讲些自己过去的成就。在这个过程中,不要夸大自己的能力,不要给招聘者产生“唯我独尊”的感觉,认为你妄自尊大。

(3)忌随心所欲。

面试前要随时做好应试的思想准备,遇到每一个人都应有礼貌。注意对招聘者的称呼要适当、准确,不能使用错误的称呼。对男性称先生或称职务,对女性称小姐、夫人还是女士,在进门前最好向秘书或其他工作人员问清楚。总之,不可信口开河,不可随心所欲,还是小心谨慎为好。

(4)忌焦躁不安。

在面谈中,有时为考验一下未来职员的灵活性和耐心,招聘者有意让你坐的椅子不稳固,有些摇摇晃晃;或者让你坐在正朝太阳、日光刺眼的位置;或故意让你久等;或电话不断,使面谈时续时停等。对于这些,应聘者事前未曾想到,也无法做什么准备。此时,你要冷静,控制焦躁,从容不迫,发挥应变能力来解决。比如,可以问一下:“是否可以换把椅子?”“可否移动座位的位置”等。公司本来只想看看你的反应和态度,并不想真为难你。但如果你不注意,因久等了而发牢骚,或随便翻阅桌上文件,都会影响你的面试效果。

(5)忌不适时告退。

结束面谈通常由招聘者决定,应聘者如能自己掌握火候,主动而愉快地告退,那么应切实把握适时。过早告退,事情还未讲清,面谈效果未达到理想的程度;告退过迟又易令人生厌,产生不好的印象。其实,招聘者往往都有“面谈已结束”的暗示,比如对你说“今天就谈到这里”,“和你交谈,感到很愉快”,“感谢你对我们工作的关注”等话语时,你应当敏锐地起身,礼貌地告辞。

(6)忌虎头蛇尾。

应聘者不但要给人以良好的第一印象,还要留下完美的最后印象。不能自以为面谈会一定成功就忘乎所以,甚至想直接问招聘者是否已决定聘用自己了。也不能认为面谈时自己没有发挥好,满脸愁云,无精打采而没有礼貌地匆匆退出。

最后,让我们来看几则求职应聘的小故事,可以从中得到一些启示。

福特的应聘经历

美国福特公司名扬天下,不仅使美国汽车产业在世界占据鳌头,而且改变了整个美国的国民经济状况,可谁又能想到该奇迹的创造者福特当初进入公司的"敲门砖"竟是"捡废纸"这个简单的动作?那时候,福特刚从大学毕业,他到一家汽车公司应聘,一同应聘的几个人学历都比他高,在其他人面试时,福特感到没有希望了。当他敲门走进董事长办公室时,发现门口地上有一张纸,很自然地弯腰把它捡了起来,看了看,原来是一张废纸,就顺手把它扔进了垃圾篓。董事长对这一切都看在眼里。福特刚说了一句话:"我是来应聘的福特。"董事长就发出了邀请:"很好,很好,福特先生,你已经被我们录用了。"

从此以后,福特开始了他的辉煌之路,直到把公司改名,让福特汽车闻名全世界。

在我们的人生历程中一次大胆的尝试,一个灿烂的微笑,一个习惯性的动作,一种积极的态度和真诚的服务,都可以触发生命中意想不到的起点,它能带来的远远不止于一点点喜悦和表面上的报酬。

待遇问题

一次某公司招聘,王先生向主考官介绍完自己的情况和应聘意向后,主考官问王先生还有什么问题要问,王先生立即抓紧机会问了一些有关职位待遇方面的问题:"能否介绍一下这个职位的工作范围?""这个职位向谁负责?职衔是什么?""这一职位是新增加的还是补缺的?""单位为员工提供什么福利?""若入职这一职位薪酬大约多少?""未来几年公司有什么发展大计?"……这些问题有助于了解该公司的基本情况和未来发展规划以及职位的职责、薪酬等。王先生的提问既能达到了解公司职位的目的,又给主考官留下稳重而富于创新的印象。

而李小姐应聘时提问的是:"请问这个职位薪酬大约是多少?""这一职位要做什么具体工作?""升职机会如何?""公司有没有安排住房?"李小姐提的问题的确是很实在,但给主考官的印象却是"功利主义",只顾个人利益,没有集体精神。

从王先生和李小姐的问话中反映了各自关心的利益和追求,由于两个提问的侧重点不同,收到的效果就不一样。因此,面试提问时,应聘者应注意提问的技巧。

应聘绝招:重点突出你的优势

以下是一个毕业生到咨询公司应聘的面试对答，希望大家从中得到启发并举一反三地加以运用。

面试官:你为什么想进本公司?

毕业生:咨询业在国内是一个比较新的行业,发展前景很是广阔的。而且贵公司早在10年前就独具慧眼,在上海建立了分公司,现在已经是最著名的咨询公司之一。如果我有幸加入贵公司,也是对我个人能力的一种肯定。另一方面我也曾经听一位前辈介绍说现在上海的咨询业竞争很激烈,我是一个喜欢接受挑战的人,所以很想进贵公司。

面试官:那么你具体对哪一个工作最感兴趣?

毕业生:我最想进的是咨询服务部,这个部门很富有挑战性,也可以学到很多东西。现在国内很多企业都不是很景气,如果能帮助它们走出困境,也是一件很好的事情。

点评:以上是面试中最常见的两个问题,一定要精心准备。该同学明确地表达了对公司以及具体岗位的兴趣，如果不详细了解公司的情况是无法从容地回答这样的问题的。

面试官:如果其他公司和本公司都录用你时,你怎么办?

毕业生:对我而言,能同时被几家公司录用,是一件让我高兴的事情。我想,对公司而言,希望招聘到优秀的学生,同样对我而言,也希望自己能做出一个正确的选择,我会仔细比较各公司的特点,包括公司的待遇、工作环境等,并结合我的兴趣和专业,努力找到一个最佳结合点,做出最优化的选择。但说实话,这确实是一件比较难办的事情,不知道您能不能给我一点建议。

点评:这个问题是公司在试探你加入的意愿是否很强烈,一定要给出明确的回答。该同学的回答显得玲珑有余而主见不够。

面试官:你觉得你的哪些方面可以在本公司得到发挥?

毕业生:我想每一个求职者都希望能发挥自己的所有潜能,而并不仅仅是使用学校里所学到的专业知识。如果我的潜能得不到发挥的话，对公司而言是一个损失,对我个人也是损失。潜能包括对工作的热情、自信,对现代公司理念的理解和实践,以及人际关系能力、高效率的工作、处理危机的能力等,这是我的理解。就我来讲,如果有幸加入贵公司,会努力争取锻炼自己,发展自己,为公司发展做出贡献。另一方面,也希望公司能提供这样一个环境。我在大学里担任校团委宣传部长,负责过一些大型活动的宣传工作,在公共关系方面积累了一些经验。

面试官:请具体谈一谈。

毕业生:去年我参加了八届全运会组委会与校团委举办的八运志愿者校园招募活动。我们首先利用海报、校园广播做了宣传,然后开了一个情况介绍会,邀请组委会领导和学校领导出席,又由以前的志愿者介绍了经验。效果很好,出色地完成了任务。

点评:以上两个问题是了解你的能力和工作兴趣的问题,应实事求是地回答,注意充分表现自己的信心和能力,但千万不要夸大其词,否则可能自食苦果。

面试官:你准备怎样把大学里学到的知识用到工作中去?

毕业生:大学里学到的知识主要是书本知识,当然也有一部分实践知识,主要是课堂讲述的知识以及自学的知识。这些要用到工作中去,一定要结合公司的实际,每个公司都有它自己的特点,譬如说会计,我相信每个公司都有自己的内部会计制度,所以在工作中也要不断学习。事实上,我自己认为我在大学里学到的书本知识并不是我最大的收获,而是自学能力的培养和分析问题的方法,这个对我很重要,我想在工作中也是如此。

点评:这是个可以自由发挥的问题,阐述自己的看法并以令人信服的理由说明就可以。注意言简意赅,条理清楚。

面试官:一个人工作与团体合作,你喜欢哪一种?

毕业生:这个问题我想没有固定的答案,要看工作的具体内容而定。如果是简单的、一个人可以做的工作,大家一起做的话,反而会增加工作的复杂性,在这种情况下,我倾向于一个人工作。反之,在大多数情况下,我愿意团体合作。这个世界的变化很大、很快也很复杂,而一个人的工作能力有限,团体合作将更有助于有效地实现一个目标。

点评:无论用什么样的方法回答这个问题,一定要记住一点:缺乏团体合作及集体精神的人是不能被企业或公司接受的。

面试官:你以前在学校里有没有团体合作的经历?

毕业生:我曾经在学校里参加过戏剧节里边的一个戏剧的具体节目。一个节目首先要有创意,同时也要由校方提供条件,这就有个协调和合作的过程。我的具体职务就是协调人。创意要由编剧化为剧本,然后有一个挑选演员的过程,进而是角色的分配。这里往往也有矛盾。譬如说谁演主角,谁演配角。只有大家一起团结协作,才能使角色之间达到平衡。编剧和演员之间更要合作,因为每一个人对剧本都有他自己的理解，只有当大家对剧本有一个统一的理解以后，才能把戏真正演好。

面试官：你对自己在出主意、提建议方面有信心吗？

毕业生：一般来说，没有信心我是不会轻易出主意或提建议的，一个人如果对他自己的主意或建议都没有信心的话，是不可以做好这个工作的。我会尽力把主意和建议阐述清楚，同时听取意见。如果是好的会坚持，不好的就放弃。但不好不等于没有信心。

点评：一个有信心的人在竞争中始终是能够占据上风的，但是要注意：自信不等于自大。面试成功与否，归根结底还是取决于一个人的综合素质。面试技巧只能帮助同学们少走弯路，更好地展现自己的优势，以便更顺利地找到适合自己的工作。面试技巧的成功运用是建立在对自己的充分了解和合理定位的基础上的。

二、团队沟通，共成大业

一个组织内部的沟通意义重大，影响到每一个人的工作环境和心情，影响每一个人的工作前程。我认为一个组织内部所有的同事，包括上级、下级、平级的同事，可以被视作共同组建了一个大的团队，这个大的团队里又包括一些小团队。但是不管团队大小，所有的组织员工都是与自己的团队共生共赢的。

一只狮子和几只狐狸合作，众狐狸负责发现食物，狮子负责捕杀猎物，得到的食物大家分享，这样它们就会吃饱了。但过了不久，众狐狸心里就不平衡了："没有我们去发现食物，狮子怎么能得到食物呢？狮子有什么本事要分享那么多。"于是，它们离开了狮子，自己去寻找食物。第二天，狐狸们去羊圈抓羊时，被猎人和猎狗抓住了。这则寓言故事的道理不言而喻。

项羽在推翻秦王朝的战争中起了非常关键的作用，属于实力派人物，其势力远远超出刘邦，而且他"力拔山兮气盖世"，力气极大。若论单打独斗，别说他能以一当十，就是以一当百也不为过。在与刘邦争夺天下的过程中，一开始，只要他亲临战斗，则每战必克，刘邦则临战必败，但结果却是刘邦势力越来越大，而他的势力却越来越小，最终落得个被围垓下、自刎乌江的结局。他至死也没弄明白，他到底失败在哪里，还说："此天亡我也，非战之罪也。"

反观刘邦，不仅本领不如张良、萧何、韩信这"兴汉三杰"，而且还"好酒及色"。但是在与项羽的战争中，却最终打败项羽，夺得天下，胜利还乡，高唱《大风歌》。为什么？刘邦在建汉后的一次庆功会上，曾向群臣解释说："夫运筹帷幄之中，决胜千里之外，吾不如子房(张良)；镇国家，抚百姓，给饷馈，不绝粮道，吾不如萧何；连百万之众,战必胜,攻必取,吾不如韩信。三者皆人杰,吾能用之,此吾之所以取天下者也。项羽有一范增而不能用,此所以为吾擒也。”

事实上,刘邦的胜利是团队的胜利。刘邦建立了一个人才各得其所、才能适得其用的团队;而项羽则仅靠匹夫之勇,孤军作战,所以失败是情理之中的事。

(一)与上司沟通的技巧

每一个员工最希望的可能是有机会与领导沟通, 最惧怕的可能也是与领导沟通。具备良好的沟通能力才能让与上司的关系更顺畅。

在与领导沟通时,不论是“进谏”良策还是拒绝不能接受的要求,都要注意给领导留面子。即使是英明、宽容、随和的领导也很希望下属维护他的面子和尊严。俗话说“人活一张脸,树活一张皮”。有些人对待工作忠心耿耿,可能就是因为无意冲撞了领导而落得“英雄无用武之地”。

在与上司沟通中,需要遵循以下几个基本的原则:

尊重而不吹捧。与上司沟通要尊重上司的权威,自觉维护上司的尊严,积极主动地完成上司交代的任务,切不可阿谀奉承,刻意讨好。

请示而不依赖。作为上司的助手、下级,应该尽可能全面领会上司的意图,如遇到不懂的问题或超出个人职权的问题,应及时请示上级的意见。但是工作中又不可事事时时请示上司,要在自己能力范围和职权范围之内积极发挥自己的能动性,出色地完成任务。

主动而不越权。作为员工,工作要积极主动,懂得主动与上级沟通,不能凡事都等着上司找你。但是更要注意自己的身份,绝对不可以越权,要严格遵守职责分工。

善于灵活变通。不同的领导有不同的性格和风格,所以与上司相处,也不能千篇一律地一个模式一个腔调。应该根据上司的不同情况采用不同的沟通方法。所以你在与上司沟通之前,首先要弄清楚上司的风格。对于专权式的领导和温和型的领导,沟通方式不可能一样。

关键时刻挺身而出。与上级打交道,不能一味地顺从。许多人生怕自己不小心说错话做错事而被领导怪罪,所以对领导通常是“敬而远之”。有些员工在团队会议上,总是挑一个角落的位置安静地坐着,听领导说话很认真,可是当领导征询大家意见的时候,则是把头低着,希望领导永远不要看到自己不要让自己发言。如此,你的事业发展的机会在哪里呢?其实曲高和寡并不是领导喜欢的感觉。我们要勇敢得体地在关键时刻挺身而出,表达你成熟的见解。“沉默并不意味着机会。”得体的表述并不是卖弄自己的智慧。

必要时刻巧妙拒绝。对自己的团队忠诚,并不是说员工就要毫无原则地盲从上司。如果上司的要求对于你来说太强你所难,就要巧妙地拒绝。

不懂拒绝上级、惟命是从的员工并不是好员工。在与上司沟通中,要根据自己的角色、能力等实际情况,来决定是否要拒绝或怎样拒绝上司。有时候,拒绝也是保护自己;有时候,及早拒绝是防止以后更加难以拒绝。

如果上司让你做无理或不恰当的事情,显然你要及时拒绝,对己对人都好;如果领导让你做你无论如何努力都无法做到的事情,也应该及时拒绝。

那么怎样拒绝才能让上司明白你的意思,又不伤大家的和气呢?

1.以委婉的方式表达自己的立场。

你既要明确你的态度,让上司明白你的意思,又要表现出你的无奈和为难。这样你既表明了你的态度,又表现出你对上级的尊重。

2.运用合理的理由来拒绝上司。

在拒绝上司时,要把你不能这么做的原因说出来。当然你最好是既站在领导的立场又站在你自己的立场去陈述理由,这样上司听起来会觉得合情合理,而且还不伤上司的面子。

总之,工作中与领导打交道都需要智慧,需要沟通的艺术。如果你不擅于同领导沟通,事业发展空间可能就会受到限制,勉强去做可能就会把自己弄得心力交瘁。你要通过艺术的交际之道,让领导觉得你是一个有主见又有原则的人,从而更加赏识你。

(二)与同事沟通的技巧

人生充满了矛盾,生活工作都是如此。同事之间难免有人被误解,有人被嫉妒,有人被议论。

同事之间存在着合作与竞争,有对立与统一,因此彼此之间的关系就会变得微妙和复杂。大家都是生存在一个团队里,是坐在一条船上,不能相互冒犯、相互拆台,不能自私自利到不顾及他人的利益。我们需要学会在竞争中合作,实现共生共赢。因此,我们必须学会和同事沟通,让自己拥有愉快的工作环境。

1.顾全大局,相互尊重

同事之间交往频繁,难免出现语言不周。大家要不计较只言片语,非原则问题不要互相顶撞。发生矛盾,也要善于不计前嫌。我们不要以己之长量人之短,更不能在背后对人评头论足。学会宽容与尊重,是与所有人沟通的前提。相关内容我们在前文已经阐述,这里不再赘述。

2.少说多听,求同存异

少说多听,既可以得到很多信息,又有利于保护自己。这也是减少矛盾、处理抱怨的最好办法之一。

与同事之间是正当的竞争关系,更是合作的队友,要像对待朋友关系一样对待同事关系,不要把同事当作对手或者假设为你的对手。在职场里,减少一个敌人的价值大于增加一个朋友的价值。

同事之间对待同一个问题的看法会有分歧,但是要进行理性的争论,不要让个人的情绪带入工作的争论中。要善于理解和欣赏周围的人,这样会让对方心理满足,而自己也可以获得好人缘,并且从对方身上学习到自己没有的优点和经验。

3.谦虚稳重,不伤情面

我们在前文中已经阐述谦虚是一种美德。在职场里,任何人都不能因为得到领导的赏识、经济条件优越、学历高或其他任何原因而炫耀。在同事面前,尤其是在失意者面前炫耀,会尤其使人厌烦。

越是有涵养、稳重的成功人士,态度越谦虚。美国石油大王洛克菲勒曾说:"当我从事的石油事业蒸蒸日上时,我晚上睡前总会拍拍自己的额角说:'如今你的成就还是微乎其微!以后路途仍多险阻,若稍一失足,就会前功尽弃,切勿让自满的意念侵吞你的脑袋,当心!当心!'"

工作中,谦虚稳重的人易得到他人信赖,不会让人觉得构成威胁。从某种意义上说,谦虚就是获胜的力量。

聪明的人在与同事交往的过程中,懂得控制情绪,说话有理有节,不伤情面。与同事聊天要因人而异,多说些赞美之词,因为谁都爱听好听的话。千万不要在同事面前议论是非,说是非者只会损害自己的形象,而且会给自己带来不必要的麻烦。不要去揭同事的短,要维护对方的面子。

在与同事交往中记住:没有人喜欢挨耳光,也没有人会拒好意于千里之外。

(三)正确处理员工的关系

对于一个组织的领导者来说,需要与员工经常交流,共享信息,需要花费很大的时间和精力去和员工沟通,因为只有正确处理好员工关系,才能让一个组织健康发展。优秀的管理者总是致力于在组织内部形成一种富有凝聚力的企业文化,培养组织内部的"家庭式氛围",协调和改善组织内部的人际关系。

组织的领导者除了建立有效的员工激励机制外,还要掌握处理组织内部人际关系的艺术。这些艺术包括:

1.塑造良好的领导形象

领导者形象是领导者的“德、才、学、识”在其下级心目中的综合反映，良好的领导形象能使下级产生信任和佩服的心理，主动自愿接受领导，积极做好工作。心理学研究表明，领导形象与其权力无关，领导形象的好坏取决于领导者的自身素质、政绩、与下属沟通的多少、能否获得员工的信任。领袖的人格魅力是不可替代的。

2.支持并公正评价下级的工作

下级都希望在自己的职责范围内能全权负责，创造性地完成上级交给的工作任务，而不希望领导干预、越权指挥，因此，上级必须尊重下级的愿望。下属工作中遇到困难，领导不能袖手旁观，应尽力为其排忧解难。客观公正评价下属工作业绩，工作表现突出，应给予表扬或晋升；工作成绩欠佳，应帮助查明原因，改进其工作方法。

3.平等相待

上下级在组织中的地位有高低之分，但在人格上却是平等的，上级应和下级真诚相处，平等相待。为了更多地了解员工的呼声，领导者可不定期地登门拜访员工，缩小由于地位不同而造成的社会距离；见面主动与员工打招呼，使员工感觉到领导平易近人，自己被重视。

三、危机沟通，转“危”为机

组织生存的环境是快速变化的，任何组织在成长过程中，都不可避免地会遇到危机，危机的发生是必然的，也是普遍存在的。诚如一位哲人所言：“只有不做事的人，才永远不会犯错误。”对组织而言，也是如此。任何组织都不可能永远正确，也不可能一直一帆风顺地发展。

遭遇挫折，陷入危机，是事物发展的一般规律。这个世界零风险是不存在的；一个没有事故的世界乃是过分自信的世界；事故越少，人们也就越难以接受事故，事故的代价也就变得越不合理。处理危机事件的方式会对企业及其产品的声誉、销售额和信任度带来巨大影响。危机出现后，人们会记住组织对危机所做出的反应，却会忘记危机事件的本身。这就是危机沟通的意义。

美国911事件发生时，当时的总统布什不在纽约，但很快发表了如下声明：

今天，美国发生了一起全国性的悲剧。两架飞机与世界贸易中心相撞，这是一场显而易见的针对美国的恐怖主义事件。我已经同副总统、纽约州州长以及联邦调查局主管等人交换了意见。我还命令联邦政府动员所有的力量去帮助遇难者和他们的家人，并对事件进行全面调查，寻找罪行的策划者。绝对不允许这种针对美国的恐怖主义行径继续下去。现在让我们为死难者默哀。愿上帝保佑遇难者，保佑他们的家人，保佑我们的美国。谢谢！

英国公关学者布莱克教授提出，危机处理须遵循以下原则：立即做出反应，向新闻界提供全部和准确的情况，尽最大可能安抚受害者和他们的家属。英国危机公关专家杰斯特对此提出著名的三“T”原则：以我为主提供情况（Tell your own tale），提供全部情况（Tell it all），尽快提供情况（Tell it fast）。加拿大 Dow 公司制定的危机公关原则的要点是：诚实第一，永远诚实；同情心，人道主义；公开化，坦率；日夜工作；有预见性，不被动应付。

（一）危机沟通的原则

在危机事件的沟通处理中，我们应注意以下主要原则：

1.及时性原则

危机一旦发生，组织须迅速与相关公众主动沟通。只有快速反应，方能把因危机事件造成的损失降到最低程度，在最短的时间内重塑或恢复组织形象。

2.真诚性原则

危机发生后，媒体和公众都想知晓事件的真相。组织就应及时公布事件真相和原因、组织的处理意见和态度、事情的进展和结果，努力获取公众信任，化解危机。

3.冷静性原则

危机爆发后，面对相关公众应沉着、冷静，不能因为头绪繁多、关系复杂而焦灼、急躁、失去理性。只有具有稳定和积极的心态，才能在沟通过程中应付自如，卓有成效。

4.人道性原则

危机总会给相关公众带来一定程度的伤害。在危机沟通中，要表达出关爱，要展现出对公众和社会高度负责的精神，从而赢得社会的谅解与支持，有利于组织重塑或恢复形象。

5.信誉性原则

维护信誉是危机处理的出发点和归宿。组织发生危机后，往往成为媒介和公众关注的焦点。组织必须兑现危机沟通中对公众的承诺。此时的信誉比以往任何宣传、广告都更能影响声誉与形象。

6.善后性原则

危机事件带来的不良社会影响不可能在一朝一夕消失殆尽，因此还要做好危机事件后的善后工作，包括对公众损失的补偿，对社会的歉意，对自身问题的检讨，对员工士气的鼓舞等。

(二)危机沟通方式

危机发生后,要采取相应的沟通方式。这些方式包括:

1.领导亲临现场,进行开放式的沟通

危机管理专家劳伦斯·巴顿说:“人们希望危急时刻见到他们的领导者。”危机事件会造成突然的、大量的信息需求。人们想知道发生了什么事情,怎么发生的,接下来会怎样变化,他们应当如何反应,诸如此类。对于这些问题应该尽可能给予回答。

2.与受害者直接沟通

发生危机后,应认真了解受害者的情况,及时而真诚地与受害者及亲属进行沟通,给他们以深切的同情和安慰,若有必要,组织的最高层领导人要亲自出面。冷静地倾听受害者的意见,了解受害者关于赔偿损失的要求,并实事求是地承担责任,尽可能提供他们所需要的服务,满足他们的要求。避免在事故现场与受害者发生争执,即使受害者有一定的责任,也需在合适场合单独与其商议,有分寸的让步,拒绝不合理要求时应注意方式方法。及早公布受害者及其家属的补偿方法及标准,尽快补偿。

3.对新闻媒介主动沟通,切勿保持沉默

统一认识和口径,注意措辞。实事求是发布信息。隐瞒事实会引起新闻界的猜疑和反感,促使他们千方百计捕捉信息,从各种渠道获取材料,甚至凭主观感觉和推测做出判断,这对组织十分不利。对新闻界应表达支持和合作的态度;对确实不便发表的消息,也不能以简单的“无可奉告”来回答,而应说明理由,求得记者的理解与协作。注意纠正错误信息。组织应密切注意新闻媒介有关事故的报道情况,发现失实处应及时向媒体提出更正要求,并提供事实真相。派遣重要发言人接受采访,表明立场,要求公平处理,但应注意避免产生敌意。

4.对上级主管部门应及时汇报

危机事件发生后,及时汇报。不能文过饰非,更不能歪曲事实。事件处理过程中要定期汇报。经常与上级主管部门取得联系,定期汇报事态发展,求得上级主管部门的指导与帮助。事件处理后,要详细汇报,详细报告事件处理经过、解决方法以及今后的预防措施等。

5.对业务往来单位应及时进行危机信息传递

尽快如实地告知所发生的事件。以书面形式通报组织正在采取的措施。如有必要,应派职员到各业务往来单位当面解释。事件处理后,应用书面的形式表达诚恳的歉意。

消费者是一个组织最重要的外部公众,那么在营销中,该如何应对营销危机?如何应对愤怒的消费者呢?答案只有:摆平理顺,实现“双赢”。

消费者面对企业时总是弱势群体,支持弱势群体是全社会的责任。企图和消费者去“讨个说法”是非常不明智的,因为一个消费者身后是整个消费者群体和社会公众,社会舆论会把你推向风口浪尖,让你在风雨中飘摇,所以一个懂得沟通艺术的人才可以和愤怒的消费者有效沟通。

在和顾客沟通中，也许有的企业要求员工记住的两句话很值得每一个做营销工作的人员借鉴:“第一句话,顾客永远是对的。第二句话,顾客如果错了,请参照第一句话。”

第四节　谈判沟通让需要得以满足

人类的谈判史同人类的文明史一样长久。只要人们为了改变相互关系而交换观点,只要人们为了取得一致而磋商协议,他们就是在进行谈判。每一个要求满足的愿望和每一项寻求满足的需要,都是诱发人们开始谈判的潜在原因。人类世界充满了谈判。

案例 1

“妈妈,今天我在学校里看到有人穿一种夹克皮装,看上去非常帅,你也给我买一件好吗?”孩子向母亲提出要求。

“可以,但是你必须要读好书,这次考试如果每门课都在 80 分以上,我就给你买。”母亲也向孩子提出要求。

“妈妈,现在天气正好适宜穿皮装!考试以后天气变了,今年就没法穿了。”

“啊呀!小孩子,你知道这皮装有多贵吗?”

“我知道,妈妈,你会给我买的,我读书一直很用功,这次一定考好,让你满意!”

最后,母亲同意星期天带他上街去买。

案例 2

“这个东西卖多少钱?”顾客问。

“这是一件艺术品,只卖 215 元。”

“215元？太贵了，我看100元差不多！”

“啊呀！”店员叫起来，“我的成本还不止100元哩！如果你真想买，我把零头去掉，算200元吧。”

“150元，大家不吃亏，怎么样？”

“小姐，你杀价实在太凶了，你总得给我一点利润吧，180元如何？”

“165元，这是最高价了，不卖就算了！”

“小姐，你真会买东西！”店员同意了。

案例3

某移动通讯器材公司向银行融资，双方代表已接触过几次，这次在银行的办公室内作最后洽谈。

公司代表：为了引进设备，我公司以公司大厦作为抵押，要求以4%的利息贷款1亿元，3年后一次性清偿本息。

银行代表提出异议：根据我方估计，这个大楼不足以抵押贷款1亿元。

公司代表：我公司是您行的老客户，一向信誉好，前几次贷款不是都如期归还的吗？这一次因为要引进设备，资金不足，还请您能给予照顾。

银行代表不再坚持地说：只是这次贷款利率太低，时间太长，是否每年还一次，3年还清，利率按8%计算。

公司代表：就按3次偿还，那么利率折中，按6%计算，好吗？

又经过一番具体的讨论，双方终于达成了协议。

谈判追求的是双赢，既要满足自身利益，也要考虑对手需要。因此我们在进行谈判沟通中，要追求与对手携手共赢的结果。

一、谈判者怎样满足己方与对方的需求？

在谈判中，我们要力求做到：第一，必须较好地满足谈判者的生理需要。第二，尽可能地为谈判营造一个安全的氛围。第三，在进行谈判的过程中，要与对手建立起一种信任、融洽的谈判气氛。第四，在谈判时要使用谦和的语言和态度，注意尊重谈判对手，使谈判圆满成功。第五，对于谈判者的最高要求，在不影响满足自我实现需求的同时，也应尽可能地使对方得到满足。

总之，在谈判的整个过程中，要注意到谈判者各个层次的需要。当然，这是要在满足自己需要的前提之下进行的。只有这样，才能使谈判不致陷入僵局，得以顺利进行，为最终的胜利创造良好的环境和条件。

（一）谈判中努力谋求皆大欢喜

杰克·琼斯想为女朋友买一枚戒指。他已攒了大约400英镑，并且每星期还继续攒20英镑。一天，他来到史密斯珠宝店，一下子被一枚标价750英镑的戒指吸引了。但他买不起。琼斯很沮丧，后来他偶尔走进布朗珠宝店，那里有与史密斯店里那枚相似的戒指，每枚标价500英镑。他想买，但还惦记着史密斯店里的那枚750英镑的戒指，希望数星期后这枚戒指还没有卖出去。

很幸运，史密斯店里的戒指不但没有卖出去，价格还降了20%，减为600英镑。琼斯很高兴，但钱还是不够。他把情况向老板说了，老板非常乐意帮助他，再向他提供10%的特别优惠的现金折扣，现为540英镑。这样琼斯少花了210英镑，他的女朋友得到了价值750英镑的戒指，两人都满心欢喜。

当然，史密斯珠宝店也很满意。他们和布朗珠宝店一样，都是以每枚300英镑的价格从批发商那里购进同样的戒指，但史密斯珠宝店获得了240英镑的纯利；而布朗珠宝店的标价虽然一直比史密斯的低，但未吸引住杰克·琼斯。

在上例中，琼斯对这笔交易的评价是，他得到了一枚价值750英镑的戒指，而且那是个仅有的、随时有可能被别人买走的戒指。他为自己聪明地等待了数星期后获得减价的好处而感到愉快，还为经讨价还价后又得到10%的优惠现金折扣而高兴。而史密斯珠宝店在这次谈判中所采取的每一个步骤，都是为了使琼斯得到满足，包括使戒指具有高价感，使他在讨价还价中有优胜感，使他有成交后的获益感等。这些感觉综合起来，使他在心理上得到了满足，同时也为卖方带来了利益。

总之，“皆大欢喜”的谈判方针所使用的方法，应保证对方得到满足，同时又使己方获得预期的利益。双方根据不同的需要、不同的价值观，分割既定的一块蛋糕。但是，如果任何一方所得到的是半个以上的蛋糕，那是不公平的。如果一方的好处在于得到蛋糕中较多的“果料”，而把另一方喜欢吃的那层“糖霜”让与他，那就更好了。这样，每一方都觉得他们吃了最可口的部分，都从这块蛋糕上得到了百分之六十的满足。

（二）知己知彼——谈判准备

美国汽车业“三驾马车”之一的克莱斯勒汽车公司拥有近70亿美元的资金，是美国第十大制造企业，但自进入20世纪70年代以来该公司却屡遭厄运，从1970—1978年的9年内，竟有4年亏损，其中1978年亏损额达2.04亿美元。在此危难之际，艾柯卡出任总经理。为了维持公司最低限度的生产活动，艾柯卡请求政府给予紧急经济援助,提供贷款担保。

但这一请求引起了美国社会的轩然大波,社会舆论几乎众口一词:克莱斯勒赶快倒闭吧。按照企业自由竞争原则,政府绝不应该给予经济援助。最使艾柯卡感到头痛的是国会为此举行了听证会,那简直就是在接受审判。委员会成员坐在半圆形高出地面八尺的会议桌上俯视着证人,而证人必须仰着头去看询问者。参议员、银行业务委员会主席威廉·普洛斯迈质问他:"如果保证贷款案获得通过的话,那么政府对克莱斯勒将介入更深,这对你长久以来鼓吹得十分动听的主张(指自由企业的竞争)来说,不是自相矛盾吗?"

"你说得一点也不错,"艾柯卡回答说,"我这一辈子一直都是自由企业的拥护者,我是极不情愿来到这里的,但我们目前的处境进退维谷,除非我们能取得联邦政府的某种保证贷款,否则我根本没办法去拯救克莱斯勒。"

他接着说:"我这不是在说谎,其实在座的参议员们都比我清楚,克莱斯勒的请求贷款案并非首开先例。事实上,你们的账册上目前已有了 4090 亿元的保证贷款,因此务请你们通融一下,不要到此为止。因为克莱斯勒乃是美国的第十大公司,它关系到 60 万人的工作机会。"

艾柯卡随后指出日本汽车正乘虚而入,如果克莱斯勒倒闭了,它的几十万职员就得成为日本的雇工。根据财政部的调查材料,如果克莱斯勒倒闭的话,国家在第一年里就得为所有失业人口花费 27 亿美元的保险金和福利金。所以他向国会议员们说:"各位眼前有个选择,你们愿意现在就付出 27 亿呢?还是将它一半作为保证贷款,日后并可全数收回?"持反对意见的国会议员无言以对,贷款终获通过。

艾柯卡所引述的材料,参议员们不一定不知道,只是他们没有去认真地分析过这些材料。艾柯卡所做的一切只是将议员知道的一切再告诉他们,并让他们真正明白他们所知道的。成功的奥秘就在这里。

谈判之前进行充分的信息资料的搜集与整理,为正式谈判做好准备,是非常重要的。了解己方与彼方需求和利益,整理好己方佐证的材料,掌握对手的实情和特点,知己知彼,才能百战不殆。我经常会对我的学生说:"谈判是始于准备,而非始于谈判桌前。"

二、谈判的语言沟通

谈判沟通过程中的信息符号,依其性质可分为语言沟通和非语言沟通两种状态。语言沟通是以语言为传播符号的谈判沟通过程。在谈判沟通过程中,谈判者的信息传播、交换一般是将信息转换为语言进行的。谈判过程可以说就是谈判者的语言交换、交流过程。语言沟通对谈判沟通效果有着重要的影响。

谈判的语言沟通过程是借助于听、说、答、写等手段进行的。因此,掌握这些手段和技巧,无论从传递信息、获取信息,还是从建立信任、提高效率等角度来看,对于谈判的语言沟通都是十分必要的。

(一)谈判语言的特征

1.客观性

谈判过程中的语言表述,要尊重事实,反映实情。比如商务谈判中,就供方而言,谈判语言的客观性主要表现在:介绍本企业情况要真实;介绍商品性能、质量要恰如其分,可以出示样品或进行演示,还可以客观介绍一下用户对该商品的评价;报价要适当可行,既要努力谋取已方利益,又要不损害对方利益;确定支付方式要充分考虑到双方都能接受,以达到双方都比较满意的结果。

从需方来说,谈判语言的客观性主要表现在:介绍自己的购买力不要夸大失实;评价对方商品的质量、性能要中肯,不可任意褒贬;还价要充满诚意,如要进行压价,其理由要有充分根据。

谈判语言具有客观性,能使双方自然而然产生“以诚相待”的印象,从而促使双方立场、观点相互接近,为下一步取得谈判成功奠定基础。

2.针对性

谈判语言要始终围绕主题,针对谈判的具体类型、具体内容、不同的谈判对象和谈判对象的不同要求而运用相应的语言。

谈判的类型很多,同一种谈判类型中具体的谈判过程也有很大差别。在进行相关的资料信息收集的过程中,要充分考虑到谈判中要使用的相关语言和行话,保证谈判活动的顺利进行。不同的谈判内容和场合都有差异很大的谈判对象。谈判对象由于性别、年龄、文化程度、职业、性格、兴趣等等的不同,接受语言的能力和习惯使用的谈话方式也完全不同。

比如由于男性与女性的大脑发育特点不同,使得在语言沟通中男性往往表现出较强的逻辑推理能力,女性则表现出细致与情感性;性格直爽的人说话喜欢直截了当,对他们旁敲侧击很难发生作用,而性格内向又比较敏感的人,谈话时喜欢琢磨弦外之音,甚至无中生有地品出话里没有的意思来。因此沟通语言的使用要适应对手的谈判风格。总之,谈判语言要围绕重点,不紧不慢,言简意赅,有的放矢。

3.逻辑性

谈判者的语言要符合思维的规律，表达概念明确，判断要准确，推理要严密，要充分体现其客观性、具体性和历史性，论证要有说服力。

谈判者在谈判前收集的大量资料，经过分析整理后，只有通过符合逻辑规律的语言表达出来，才能被谈判对手认识和理解。在谈判过程中，无论是叙述问题、撰写备忘录，还是提出各种意见、设想或要求，都要注意语言的逻辑性，这是说服谈判对象的基本前提。

4.规范性

谈判过程中的语言表述要文明、清晰、严谨和精确。

首先，谈判语言必须坚持文明礼貌的原则，符合职业道德要求。无论出现何种情况，都不能使用粗鲁、污秽或攻击辱骂的语言，在国际谈判中还要注意避免使用意识形态分歧大的语言。其次，谈判所用语言必须清晰易懂。口音应当标准化，不应使用地方方言或者俗语之类与他人交谈。同时，语调应当注意抑扬顿挫，避免音调过高或过低。最后，谈判语言还应当准确严谨。必须认真思索，谨慎发言，用准确、严谨的语言表述自己的观点和意见，才能通过谈判维护和争取自己的利益。

策动谈判的动力是需要和利益，谈判双方通过谈判说服对方理解、接受己方的观点，最终使双方在需要和利益方面得到协调。所以这是关系到个人和集体利益的重要活动，语言表述上的准确性就显得至关重要了。谈判双方必须准确地把己方的立场、观点、要求传达给对方，帮助对方明了自己的态度。如果谈判者传递的信息不准确，那么对方就不能正确理解己方的态度，势必影响谈判双方的沟通和交流，使谈判朝着不利的方向转化，谈判者的需要便不能得到满足。如果谈判者向对方传递了错误的信息，而对方又将错就错地达成了协议，那么，就会招致巨大的利益损失。

5.灵活性

谈判不能由一个人或一方独立进行，必须至少有两个人或两方来共同参加。谈判过程中谈判双方你问我答，你一言我一语，口耳相传，当面沟通，根本没有从容酝酿、仔细斟酌语言的时间。谈判进程常常是风云变幻，复杂无常，尽管谈判双方在事先都尽最大努力进行了充分的准备，制订了一整套对策，但是，因为谈判对手说的话谁也不能事先知道，所以任何一方都不可能事先设计好谈话中的每句话，具体的言语应对仍需谈判者临场组织，随机应变。

一位优秀的谈判专家在与对手沟通时，既具有绘画的艺术性，又有击剑的灵活性。他(她)能够根据对方的信息输出和反馈，及时找到对方破绽，快速出击，击中对方关键点而得分；同时又能根据现场的变化，在调色板上随时调配出合适的色彩，绘出美丽的图案。

（二）谈判中语言沟通的技巧

1.倾听

谈判中的沟通和交流经常带有多重利益，当谈判者力图站在己方利益的角度去影响谈判对手时，谈判者必须尽力识别和理解对方的真实意图和利益，以免对方感到恼怒和进行防卫。而正确识别和理解的一个重要手段就是倾听。

我们在前文已经多次提到倾听。这里，我想强调积极的“倾听”对于谈判沟通来说，是影响到双方利益的行为，需要加以重视。

谈判者不仅要争取完整而准确地理解对方表达的表面含义和实际意图，而且要善于发现问题、把握机会，与对方共同找到解决问题的方法。但是，要克服倾听的障碍，如精力的限制、个性、知识和语言能力、嘈杂的环境等等。

要实现有效倾听，就要设法克服障碍。事实上，由于人们精力的限制，在整个谈判过程中，谈判者不可能在妥当地回答对方问题的同时，又一字不漏地收集并理解对方表达内容的全部含义，并鼓励对方进一步充分地表达其所面临的问题和其对有关问题的想法。在谈判的过程中，要把握以下一些基本原则：

耐心地听。首先是谈判者在双方沟通过程中必须能够耐心地倾听对方的阐述，不随意打断对方的发言。随意打断对方发言不仅是一种不礼貌的行为，而且不利于对方完整而充分地表达其意图，也不利于己方完整而又准确地理解对方的意图。不要尝试去猜测说话者的意图，当对方说完之后，你自然会知道的。

对对方的发言做出积极回应。谈判者在耐心倾听对方发言的过程中，还要注意避免被动地听。谈判过程中沟通的关键在于要达成相互理解，谈判者不仅要善于做一个有耐心的听众，而且要善于做理解对方的听众。在听的过程中，应当通过适当的面部表情和身体动作，对对方的表达做出回应，鼓励对方就有关问题做进一步的阐述。

主动地听。在谈判过程中，一个积极、有效的谈判者能认识到“少说多听”的重要价值，但少说多听不等于只听不说。在听的过程中，谈判者不仅应当对对方已做出的阐述作某些肯定性的评价，以鼓励对方充分表达其对有关问题的看法，而且要利用适当的问题，加深对对方有关表述的理解，引导对方表述的方向。

做适当的记录。在长时间及比较复杂问题的谈判中，谈判者应对所获得的重要信息做适当记录，作为后续谈判的参考。

结合其他渠道获得的信息，理解所听到的信息。谈判者应当善于把从不同途径、用不同方法获得的信息综合起来进行理解，辨清真伪，判断对方的真实意图。

有效倾听的障碍包括：

有效倾听的障碍

障碍要素	具体表现
懒惰	如果事项复杂或困难就不听。 如果要花太多时间也不听。
思想封闭	拒绝保持一种宽松和协调的环境。 拒绝涉及讲话者的观点并从中受益。
固执己见	公开或不公开地表示与讲话者意见不一致或与讲话者争辩。 当讲话者的观点与自己不同时，变得情绪化或激动。
厌倦	对讲话者的主题缺乏兴趣。 对讲话者不耐烦。

2.提问

提问是了解对方的需要、获取己方所需信息的手段，也是表达谈判者自身情感的一种手段。有效的提问是谈判能力的表现。提问是在谈判中获得信息的基本方式，提出好的问题可以使谈判者获得关于对方观点、支持性论据和真实需求的大量信息。

例如，你想到一家公司担任某一职务，你希望年薪 5 万元，而老板最多只能给你 4 万元。老板如果说“要不要随便你”这句话，就有攻击的意味，你可能扭头就走。而老板不那样说，而是这样跟你说：“给你的薪水，那是非常合理的。不管怎么说，在这个等级里，我只能付给你 3.5 万元到 4 万元，你想要多少？”很明显，你会说“4 万元”，而老板又好像不同意说：“3.6 万元如何？”你继续坚持 4 万元。其结果是老板投降。表面上，你好像占了上风，沾沾自喜，实际上，老板运用了选择式提问技巧，你自己却放弃了争取 5 万元年薪的机会。

就如同卖煎饼的两户商家，一家问顾客：“要不要家鸡蛋？”顾客的回答显然就是“不要”或者是“加一个”；而另一家则是这样问顾客：“加一个鸡蛋还是两个？”多数顾客在这样的“诱导”下往往回答“一个”或“两个”。两家生意会出现怎样的差别？答案不言而喻。

提出的问题大致可以分为两类：易于处理的问题和难于处理的问题。易于处理的问题容易引起听者的注意，并能使其准备好进一步回答问题，如“我可以问你一个问题吗？”提供信息如“这需要多少钱？”和提出观点如“你对改善它有什么建议？”

难于处理的问题会引起麻烦，阻碍信息的提供，如“你不知道我们买不起这个吗？”并会使讨论得出错误的结论，如“你不认为我们已经谈的足够多了吗？”大多数难于处理的问题都可能使谈判者产生对对方的防卫心理和愤怒情绪。虽然这些问题可能会提供信息，但它们也可能使对方感到不愉快，并不愿意再提供任何信息，不利于沟通的继续进行。

在谈判中，我们可以通过对不同问题的运用实现不同的预期效果。但一般来讲，应尽量避免难于回答的问题，使谈判在融洽的气氛中进行。

提问是了解对方的需要，获取所需要信息的手段，也是表达谈判者自己感情的一种手段。有效的提问是谈判沟通能力的体现。提高提问效果的关键是要处理好三个问题，即问什么、何时问及怎样问。

所提问题应与谈判情节相适应，在开场陈述之前，可以用巧妙提问来营造良好的开局谈判气氛。比如"旅途怎么样？""对这里的生活习惯吗？"等等提问，可以表达你对对方的关心。在实质性谈判阶段，提问则应围绕交易条件的磋商展开，这时再提题外的问题既不自然也可能延缓整个谈判的进行。一般来说，谈判中的提问应注意以下几点：

第一，把握提问的时机，注意提问的速度。

在对方对一个问题的回答未结束前，不急于提问。谈判者受情绪的影响在所难免。谈判中，要随时留心对手的心情，在你认为适当的时候提出相应的问题。例如，对方心情好时，常常会轻易地满足你所提出的要求，而且会放松戒备心理，透露一些相关的信息。此时，抓住机会，提出问题，通常会有所收获。

同时要注意的是，提问时说话速度太快，容易使对方感到你是不耐烦，甚至有时会感到你是在用审问的口气对待他，容易引起对方的反感；反之，如果语速太慢，容易使对方感到沉闷、不耐烦，从而降低了你提问的力量。因此，提问的速度应该快慢适中，既使对方听懂你的问题，又不使对方感到拖沓和沉闷。

第二，有准备的提问和随机提问相结合；提问后，给对方以足够的答复时间。

在正式会谈开始前，应进行提问设计，列出自己在谈判中需要提出的主要问题，并对提问时机、人选、方式等做出预先筹划；在谈判过程中，根据自己对对方的观察，总结对方已有的表现，调整提问的内容和方式。

提问的目的是让对方答复，并最终收到令己方满意的效果。因此，在谈判者提问后，应该给对手以足够的时间答复。同时，自己也可利用这段时间，对对手的答复以及下一步的提问进行必要的思考。

第三，合理进行提问的人员分工。

在一个谈判小组内，如果总是由一个人提问而其他人保持沉默，有可能使提问者成为对方攻击的目标。因此，应根据谈判小组各成员的知识结构、性格特点及讨价还价的需要,对提问进行合理分工。如当谈判价格问题时,可由技术人员询问对方的技术指标,以帮助进行讨价还价。

第四,善于追问。

在核实对方资信状况、磋商交易条件时,对对方回答不完整或故意避而不答的问题,要有耐心追问,或交换角度继续提问。

第五,要以诚恳的态度来提问。

当直接提出某一个问题时, 对方或是不感兴趣, 或是态度谨慎而不愿展开回答,我们可以转换一个角度,并且用十分诚恳的态度来问对方,以此来激发对方回答问题的兴趣。时间证明,这样会使对方乐于回答,也有利于谈判者感情上的沟通,有利于谈判的顺利进行。

第六,在谈判中一般不应提出下列问题:

不应提出带有敌意的问题。不应抱着敌对心理进行谈判,应尽量避免那些可能会刺激对方产生敌意的问题。因为一旦问题含有敌意,就会损害双方的关系,最终会影响交易的成功。

不应涉及个人隐私以及敏感性的问题。对于大多数国家和地区的人来讲,个人的收入、家庭情况、女士的年龄等问题都是个人隐私,不应涉及。另外,国家或地区的政治、宗教以及意识形态等方面的问题属于敏感问题,也应避免涉及。

不要直接质疑对方品质和信誉方面的问题。这样做非但无法使对方变得更诚实,反而会引起对方的不满甚至是怨恨,使双方关系恶化。如若真的需要审查对方的诚实,可以通过其他途径委婉地表达,如可以把已经了解和掌握的真实情况陈述给对方等。

不要为了表现自己而故意提问。为了表现自己而故意提问会引起对方的反感,提出不合时宜或者故意卖弄的问题往往会弄巧成拙。

3.答问

谈判中答问的难度在于回答不当,进而容易出现两种不利局面:一是对方将你的回答视为缺乏诚意,不值得信赖;二是你的回答令对方误认为是你的承诺,从而使你在后面的谈判中负担过重,处于不利的地位。避免上述局面出现的有效办法是在遵循针对性、客观性、逻辑性的同时掌握一定的灵活性。

针对对方发问的目的回答是答问的最基本技巧。一般来说,提问者总有一定的目的,回答之前不加分析就贸然作答,有可能使自己陷入被动。反之,如果回答前能快速地分析对方心理,分析其动机、针对其目的、根据其需要有选择地做出与其期望完全相同、不完全相同或完全不同的回答，就可能赢得主动，至少不会陷入被动。如买方询问价格方面的情况，其目的很可能是要从卖方的回答中寻找讨价还价的依据，这时卖方的回答若能从其产品优势出发强调其价格的合理性，即可大大增强价格谈判中的主动性。

基于对对方发问目的的分析，答问的具体方式可分为以下几种，谈判者可从中选择：

第一，正面直接回答。对对方询问的某些问题，在不涉及商业秘密，不至于使谈判者陷于被动的情况下，可以采用这一答问方式。但由于商务谈判的复杂性，对所有问题都进行直截了当的回答不一定是最好的方法。

第二，不完整回答，也称不彻底的回答，即对对方提出的某一问题，在回答时只答其中的某一方面或某几方面，而不作完整回答。如合作一方询问另一方企业状况，另一方可能只回答自己企业比较突出的几个方面，省略了比较落后的方面。

第三，不确切的回答。对对方的某一询问，既不做完全肯定的答复，也不做完全否定的答复。答复模棱两可，富有弹性，不一口回绝对方的某一要求，但同时又不使自己率先承受太多的约束。如买方问："贵方能否在 5 年内提供质量保证？"卖方答曰："对质量保证问题，我们过去是这样做的……"卖方没有对买方的 5 年担保要求做出肯定的承诺，也没有拒绝对方的要求，而是向对方介绍了过去的做法，为质量担保问题的谈判提供了基础，使买方感到有可能实现其愿望，而卖方也有很大的谈判余地。

第四，不回答。如果对对方提问的答复超出了谈判者的权力范围，或是对方的问题很难回答，可以采用这样两种方式不回答：一是转移话题，使双方讨论的热点转移；二是寻找各种借口，如尚需讨论、上级授权有限、需请示等，表明自己目前不能对对方的提问做出答复。

回答问题时还应注意要在回答问题之前给自己留有思考时间。在谈判过程中，绝不是回答问题的速度越快越好。在谈判对方提出问题之后，可通过要求对方再次阐明其所问的问题、喝水、调整一下自己的坐姿、整理一下桌上的资料、翻一翻笔记本等方式来延缓时间，考虑一下对方的问题。这样做既显得自然、得体，又可以减轻或消除对方对己方的错误感觉。同时，还应注意针对提问者的心理答复。谈判者在谈判桌上提出问题的目的往往是多样的，动机也往往是复杂的。如果我们在没有深思熟虑、弄清对方的动机之前就按照常规来做出回答，效果往往不佳。如果经过周密思考，准确判断对方的用意，便可做出一个高水准的回答。

4.辩论

第一,观点要明确,立场要坚定。谈判中的"辩"的目的,就是论证己方观点,反驳对方观点。论辩的过程就是通过摆事实、讲道理,以说明自己的观点和立场。为了能更清晰地论证自己的观点和立场的正确性及公正性,在论辩时要运用客观材料以及所有能够支持己方论点的证据,以增强自己的论辩效果,反驳对方的观点。

第二,辩论要敏捷、严密,逻辑性要强。谈判中辩论往往是双方进行磋商时遇到难解的问题时才发生的,因此,一个优秀辩手,应该是头脑冷静、思维敏捷、语言严密且富有逻辑性的人,只有具有这种素质的人才能应付各种各样的困难,从而摆脱困境。任何一个成功的论辩,都具有辩路敏捷、逻辑性强的特点,为此,谈判人员应加强这方面的基本功的训练,培养自己的逻辑思维能力,以便在谈判中以不变应万变。特别是在谈判条件相当的情况下,双方谁能在相互辩驳过程中思路敏捷、严密,逻辑性强,谁就能在谈判中立于不败之地。这也就是谈判者能力强的表现。

第三,掌握大的原则,枝节不纠缠。在辩论过程中,要有战略眼光,掌握大的方向、大的前提以及大的原则。辩论过程中要洒脱,不在枝节问题上与对方纠缠不休,但在主要问题上一定要集中精力,把握主动。在反驳对方的错误观点时,要能够切中要害,做到有的放矢。记住:谈判中要把人与事分开,着眼于需求的满足,而不是个人感情的喜恶。

第四,态度要客观公正,措辞要准确犀利。文明的谈判准则要求:不论辩论双方如何针锋相对,争论多么激烈,谈判双方都切忌用侮辱诽谤、尖酸刻薄的语言进行人身攻击。这样做的结果只能是损害自己的形象,降低本方的谈判质量和谈判实力,不会给谈判带来丝毫帮助,反而可能使谈判破裂。

三、谈判的非语言沟通

小张是一家公司人力资源部的主管。他所在公司需要招聘一名文员,要求英语专业的女性。作为一家全国知名公司,招聘消息在网上发布后没多久,就接到了大量的求职信。

经过层层考核,留下了三个实力相当的应征者,小张让这三个人写一篇800字以内的中文作文,一方面考察她们的文字表达能力,更重要的是他要通过分析笔迹来判断谁最合适这个岗位。

A小姐:英语水准和中文表达能力都极其出色,而且由于她看过很多书,谈吐非常得体。在面试时,小张对她的印象很好,已经把她作为第一考虑人选。但通过仔细研究她的笔迹后小张发现，她的字体非常大、棱角过于突出，经常有一些竖笔画划到下一行的现象。通篇有一种不可一世、压倒一切的霸气。经过分析，小张认为她是个很有才气同时又很有野心的女孩，她不会安心于终日做一些琐碎日常的工作。而且由于她自信心极强，她字体反映出的不可一世，让她也不可能很随和地与部门的人相处。而且作为经理，会非常难领导这样的下属。有这样字体的女孩子更适合做行销、业务等能带来高度挑战感的工作。所以小张放弃了她。

B小姐：人长得非常漂亮，口齿伶俐，在面试时的一问一答都反应机灵而敏捷。她的英语口语非常出色。但小张在研究她的笔迹后发现，她的字体非常小而粘连，弱弱娇娇，字没有一点骨架，有很强的讨好别人的谄媚之相。通过研究，小张强烈地感觉这是个心胸很小、娇滴滴的、吃不了一点苦而且虚荣心极强的人。

C小姐：表面看她没有任何优势，她是通过英语自学考试拿到的英语本科文凭，无法与其他人光鲜的大学背景相比。虽然通过考试发现她英语口语和写作都不错，但由于人长得非常不起眼，而且说话很少、声音很轻，刚面试时她没给小张留下什么印象。恰恰是她的字让小张立刻注意了她。她的字写得娟秀清爽整齐，笔压很轻，通篇干干净净，字的大小非常均匀，而且字体中适度的棱角让字体很有个性，但这种棱角又没有咄咄逼人的压迫之气。从她的字可以判断出来她做事非常认真仔细，自律意识很强且安心做日常琐碎的工作。她有自己独立的见解但又不至于没有团队精神。

在笔迹分析的帮助下，小张选择了C小姐作部门文员。半年过去了，事实证实她的性格走向完全与小张当初的判断相符：她敬业且高效，严谨且认真，她将部门的日常工作处理得非常好。

在人际沟通中除了使用语言来传递信息外，还可采用“非语言”的形式来进行沟通。顾名思义，非语言沟通即无须通过语言传送信息，例如人体动作、姿态、表情、谈判中的停顿等等。“非语言”的形式千变万化，内涵极其丰富，无法用言语进行定义，在很多沟通情境中具有语言无可比拟的优越性。

非语言沟通的技能包括两个方面：观察对方的非语言信息，适当地发出自己的非语言信息。就前者而言，如果能敏锐地感受他人发出的信号，并且加以适当的回应，则不论在人际关系、讨论、谈判及销售拜访上，都能占有优势，还可以从中了解对方的情绪和真实意图，以便能适时采取应对措施，引导出想要的结果来。就后者而言，如果能熟练地运用肢体语言，就能在沟通中更多、更快地表达自己的信息用意，轻松地促成沟通目的。

（一）非语言沟通的特性

谈判沟通的过程中，谈判双方之间相当多的信息是通过非语言符号传递的，非语言沟通在谈判沟通中有着不可或缺的作用。在谈判沟通中，语言可以传播任何信息，而非语言符号传播的范围有限，然而，它却可以补充、扩大或否定语言符号传播的信息，这一点是与非语言符号的性质有关的。

1.非语言沟通的连续性与多途径性

非语言沟通的连续性，是指谈判者具有某种特定含义或思想的非语言传递，是要通过若干个存在一定联系的行为和体态连续地完成的。只要谈判双方在一起，沟通行为就持续发生。同时，非语言沟通是通过多种途径进行的，可同时看到、感觉得到。例如，谈判者紧张不安的情绪可能伴随着出汗、抓耳朵、挠头皮、扯上衣等若干个连续性可感知的动作。非语言的信息仅有一个动作表情是无法完成传递的。

2.非语言沟通的模糊性

非语言符号所代表的含义与特定的传播环境和传播背景的关联紧密。脱离了具体的环境或背景，或谈判者对沟通的环境背景的理解有偏差，都会使非语言符号传递的含义变得深不可测、无穷无尽。不同文化在非语言符号方面的差异也使沟通不容易得到正确答案。

3.非语言沟通与语言沟通既存在一致性又存在不一致性

语言和非语言沟通可以用不一致的传播途径来传递含义完全一致的信息，非语言沟通对语言沟通的信息进行补充与扩大，此时体现了语言传播与非语言符号传递的一致性。例如，双方谈判人员见面时在一句问候语之后，相互热烈地握手、拥抱，其所传递的信息往往是言语所没有的。然而，非语言沟通也可以否定语言传播的信息，例如，充满信心的言语却伴以发抖的双手，或者以充满敌视的语调而讲着友好的词句，此时，非语言符号传播的信息与语言所传播的信息显然是不一致的。

4.非语言沟通传递信息的含义往往比语言沟通更为准确

非语言符号尤其是无意识流露出的非语言符号能传递出比语言符号更为准确、丰富的信息，呈现较深的情绪内容。因为人类的传播行为是完整的个人行为，通过非语言方式传递出的信息，有许多来自个体的内心深处，甚至这种非语言行为是难以控制和掩饰的，因而往往是一种真实而丰富的提示。

（二）非语言沟通的作用

人们在进行信息沟通的过程中，常常将注意力放在沟通双方使用的语言上。事实上，信息的语言符号只是整个信息内容的一小部分。我们已经提到过，一个人每天的人际沟通中语言占 7%,语音语调占 38%,面部表情、手势及姿势占 55%。在书面沟通中,选择的词语以及如何组织这些词语是极为重要的。因为信息的内容全凭这些词语来表达。读者可以反复阅读一些段落,可以停下来思考内容,甚至做笔记或划出重要的部分。然而,在面对面的沟通中,使用的词语本身只是整个内容的一小部分,如何组合和表达这些词语,如语调、语速、音调转变、停顿和面部表情等,向接收者提供了信息的大部分内容。有时仅有语言本身还不行,而需要由非语言成分赋予真实意义。

1.非语言沟通可以修饰语言的信息,加强、补充与否定语言信息

非语言沟通可以加强和扩大语言符号传播的信息。在谈判中,伴随着语言的运用而做出的动作或表情会不同程度地起着补充语言传递、增大语言传递效果的作用。弥补语言信息的不足,强调信息内容的重点,使传达的信息含义更完整、准确。另一方面,在谈判沟通中,非语言沟通还可以否定语言符号传播的信息,传递与语言符号含义完全不一致的含义。非语言信息的表达或接收,通常也是一种不自觉和潜意识的过程,当事人可能传达了自己内在的本意却浑然不知。心理学家的实验结果指出:由非语言沟通所传达的信息,才是当事人内心真正的情绪反应,而且当一个人的语言信息与非语言信息不一致或相互矛盾时,多数的受试者都倾向于相信非语言所传达的信息。

2.非语言沟通可以表达意义,代替语言信息的功能

非语言符号在谈判中可以代替语言准确传递某种意图或情绪,转达自己的感受与想法、对他人的看法以及如何看待彼此相互的关系。在一定的情形下,当语言不可以或难以传递谈判者的观点或意图时,非语言的传递往往可以取得非常好的效果。如,不看对方,注视窗外,显然就等于告诉对方你宁可身在他处,根本不值得在这个话题上浪费时间。又如,把身体前倾,也许表示"很感兴趣",接受会谈的人因此受到鼓励,可能会做更进一步说明。

3.非语言沟通可以调整语言沟通的进行,使谈判双方的互动具有规则

商务谈判的交谈过程中,非语言行为也提供了线索,让彼此了解沟通谈判该如何进行或是否需要持续进行,标准化的非语言的活动可以使双方互动能够有规则,可协助完成谈判过程。

(三)非语言沟通的表现形式以及含义

1.面部表情与肢体语言

第一,目光接触或注视。

目光的接触与注视，通常代表善意与兴趣，通常我们的目光会不由自主地去追随喜欢或吸引我们的人，对别人送出的“目光信息”也相当敏感。目光接触除代表喜欢和善意之外，地位高者常会使用“视觉优势行为”来展现他们对于情境的掌握。

两眼平视对方，是一种自然的关注状态，也是一种友好的招呼语；两眼向下不望着什么东西，表示胆怯、自卑；从头到脚将对方上下扫视一遍，是一种不友好的失礼行为，含有挑衅的意味；短时间的注视和短时间的眼光相接也是一种友好的沟通方式；长时间地注视讲话者的脸则是一种倾听、尊重的表示。日常人际交往中，彼此互相凝视代表两人之间的亲密感，但很多工作场合，长时间的注视会使人感到难堪，是一种不礼貌的行为。谈判过程中长时间的目光相接，是一场面对面的心理战，应尽量避免出现这种情况，否则会给目光退让的一方造成心理上失败的感觉，谈判就会失去共赢的基础。

第二，脸部表情。

脸部表情是最能表达个人情绪感受的。喜悦、愤怒、悲哀、恐惧、惊讶及嫌恶这六种基本情绪相当容易辨识，并且在跨文化交流中也是一致的。

谈判的沟通中，微笑是最常见的且最有魅力的表情语言。微笑是一种蕴含着真诚和善意的世界相同的表情。它能缓解紧张气氛，使沟通变得容易，使谈判变得融洽，而且常常还能化解纠纷。在沟通与谈判中即使碰到意见不合，用微笑摇头拒绝就比较婉转，然后微笑着提出不同的想法，将易于为对方理解和接受。

第三，肢体语言。

手势。与人互动交谈时，常会伴随着手势，此时手势有助于说明沟通的内容。手势是非语言沟通中很重要的一环，往往是不为当事人所察觉的沟通反应部分。与聋人用来沟通复杂信息所使用的手语不同的是，手势的功能就像是视觉上的图像，它代表的是单一的含义，而往往这些手势受到文化限制，容易造成尴尬的误解。例如，当新西兰的毛利人对某人伸舌头，这是尊敬的意思。当美国学童作同样的动作时，它表达的意思正好相反。还有，美国人通常用大拇指及食指环绕起一个圆圈表示“没问题”，同样的手势对日本人是“钱”的意思，对法国人是“零”的意思，对巴西人是极低俗的手势。因此，跨文化沟通时必须小心地使用手势。

姿势。身体姿态提供了一种静态的信息，在塑造第一印象上有其特殊的作用。一般认为注重姿态、仪态的人办事比较认真，讲究信誉，自然讨人喜欢。人的姿势丰富多彩，也是一个人的素质和教养的反映。在谈判交流过程中，不同的姿势可以显示出不同的情绪状态、与他人关系的亲密程度以及对所处情境的掌握程度。姿势的变化也会影响谈判的效果。

如身体的倾仰是表示地位和态度：身体后仰有居高临下的傲慢意味；身体倾向对方表示谦恭、热情和兴趣，其程度由倾向度的大小来决定；倾转身子对着对方是一种轻视的表示；弯腰鞠躬则是一种迎送宾客的礼节性姿势。椅子上的坐姿有深坐和浅坐两种：深坐比较放松，常常占有心理优势；浅坐为没有完全靠在椅子上，是一种恭顺的姿态。双手交臂的姿势表示防卫、对抗或拒绝对方，而两肩耸动、摊开双手则表示莫名其妙或无可奈何。

2.说话语调

同样内容的信息或同样的一句话，由于语气、说话速度等的差异，可以传达出不同的意义。这些除语言内容之外，与声音有关的种种其他线索，包括音量大小、说话的速度、频率、语调、音质及语气的停顿等等，均称为声音的线索或类语言。

人说“锣鼓听音，说话听声”。任何声音线索的变化都会直接影响沟通的效果。语调的抑扬顿挫、速度快慢、重音强调、大小音量等调节与变化都有助于谈判沟通时的信息交换。如伴随语言的声调的变化是非常容易感受和理解的。它常常是讲话人心绪的反映，一般柔和的声调表示友好，高亢的声调表示激动，颤抖的声调表示气恼或害怕，拉长延时的声调表示冷淡。例如，“这真是太好了”这句话可以是对具体事情感到喜悦或高兴的真实流露，而在另一方面，这句话如用适当的语调变化说出来，也可以是富有讽刺意味，表示对不合心意的情况的厌恶或轻蔑。在这种情况下，信息源的意图几乎完全要依赖说话时的非语言成分。

3.印象

沟通中的印象系统主要包括服饰、打扮、记号等，其中穿着打扮是重要的非语言沟通途径之一，具有鲜明的个人色彩。前文中已经对服饰有过阐述，这里只是对服饰传递的含义和互动方式做个对比，其他就不再赘述。

第一印象往往具有“首因效应”，在与对手的交往过程中，对方留下的第一个形

每一种服装传递了不同的含义并导致不同的互动方式

分类	含义	互动方式
制服	维护工作场所的社会控制，互动的发生是为了团体或组织的利益，而不是代表穿制服的个人利益。他们仅是团体或组织的代表。	制服排除个人利益想法的侵扰，所以互动方式是正式的、有结构的和可控制的。
职业装	传递组织关系。允许外部团队和组织的规则进入。制服和职业装都表明结构、团体或组织关系。	与顾客或客户的沟通更加便利，将沟通置于亲密的层次上。
休闲服	表示暂离工作、社会流动性、情绪和身份的表达。代表着松散的结构、更大的自主权。休闲服与制服和职业装是相对的，它表明不受工作场所的社会控制。	相互作用在这里是开放的，并且不正式、没有结构和控制。
化装服	标志着以特殊的、自发的行为进行社会关系和安排。着化装服意味着没有传统的社会结构、正式性和控制。	代表了传统的责任和义务形式的废除—传统规则的终止—化装服使沟通的自发性更加便利。

象(气质、风度、谈吐等)常常使人产生深刻的印象,并对今后的谈判活动产生深远的影响。例如,外貌具有吸引力的人通常会被认为是聪明、成功、快乐、适应良好、有自信、高自尊和具有良好的社交技巧的。

4.沟通场合

另一个非语言沟通的因素是空间距离。每一个人都会假想在自己身体四周有一种隐形的盾牌。当有人太靠近时,你会觉得不舒服。而当你不小心撞到别人时,你会觉得非道歉不可。与不同关系的他人进行互动时,所需维持的距离并不相同,有关社交距离的划分,我在前文中已有阐述。

在谈判场合,最常见和最实用的个体空间距离是社交距离,但在谈判间隙所进行的沟通多使用个人距离。应该注意到,个体空间距离的大小还与文化背景和民族差异有关。“接触文化”下的个人,彼此的互动较亲密;“非接触文化”下的个人,人与人之间肢体的接触较少,彼此的距离也较远。例如,在闲谈时,许多美国人维持着大约3英尺远的距离。也就是说,他们喜欢让彼此保持一只手臂的距离。而相反的是,拥有拉丁文化或是阿拉伯文化背景的人彼此站得很近,常常互相碰触。假如一个来自于这些文化的人在谈话时站得太靠近美国人,那个美国人会觉得不舒服,常会退后一步。

此外,谈判中的空间系统,即沟通时的地理环境,如谈判所选的场地,空间内可移动物品的摆设,室温,照明灯光和颜色,与沟通者的位置、角度变化等都可能影响谈判的沟通以及谈判的效果。

(四)非语言沟通中的障碍

在谈判沟通中,谈判者对非语言符号的解读无法做到像解读语言符号那样迅速、准确。这是因为非语言传播的特性决定了非语言沟通是一个特殊的过程。不仅沟通环境的客观因素对非语言沟通过程有影响,而且人的主观意识也会影响信息的传递以及对接收到的信息的正确理解,这些因素形成了非语言沟通中的障碍,它们会干扰信息的正常传递并引起沟通误差。

1.谈判者的有意识行为

在谈判中,由于礼仪的制约或有目的的驱动,双方都会有意识地做出或避免做出某些动作或姿势,以控制非语言传播行为的倾向。通常有意传出的都是干扰性的信息,从而在一定程度上阻碍了正确读解非语言传播符号。自我监控程度的高低因人而异,高自我监控者有较强的非语言沟通能力,较能体会对方情绪,也能以此为依据来调节自己的表达行为。

2.谈判者的经验

谈判者对非语言符号含义的确定是根据自己的经验得来的，即来自于自己同这个符号接触的经验。经验是有个性差异的，因而个体的经验会产生对符号含义的误读，由此谈判者的经验会成为非语言沟通中的障碍。同时，男性和女性在非语言行为方面也存在差异，有学者发明出非语言信息敏感度量表，用来测量人们对他人非语言行为的解读能力。测验工具为无声的录像带片段，受试者观赏后，必须在实验者提供的两种叙述中选择其中最适合该片段的描述。研究发现女性对人际互动的敏感度较高，也因而发展出较佳的非语言行为的解读能力。

3.思维定式

人们习惯用一种固定的模式去思维，常常不自觉地从谈判对手的某种品质去推断他是否具备另外一些品质。第一印象中的"晕轮效应"就是一种思维定式。如果一个人谈吐不凡、风度优雅，我们往往会从积极的方面去理解他，将一些优良的品质赋予他，比如聪明、机智等。如果谈判对手谈吐平平、形象欠佳，我们就会从消极方面去理解他，将一些不良的品质赋予他，比如迟钝、平庸、软弱等。其实，这些第一印象常常是不准确甚至错误的。再比如，知道某人聪明，就会推断出他富有想象力、机智、认真；知道某人轻率，就会推断出他易怒、好夸口、虚伪等。这种错误的推论常常会导致认识上的失误。此外，人们往往受名片效应左右，崇拜权威。人们常常不假思索地相信某些所谓权威，对其产生崇拜。有些谈判者常常利用人们的这种心理，抬高自己的身份，使人们产生某种敬畏感。一旦为这些威严的光环所蒙蔽，就会形成认识上的偏差。

4.非语言环境

非语言环境，即谈判中非语言行为产生和存在的环境。它包括两部分：一方面是非语言的产生背景，主要由社会、文化和传统等因素构成。谈判者的成长环境、背景、受教育程度不同，对同一事物的理解有时也就会大相径庭，从而造成沟通和理解上的偏差。当商务谈判涉及跨文化的领域时，不同文化中非语言沟通也是文化、风俗、习惯的载体，这种偏差往往会变得十分明显。另一方面是非语言的存在情境，即非语言存在的特定谈判情境。非语言符号常常是与特定的环境或背景联系在一起的，否则，非语言符号会由于缺乏具体的、确定的含义而呈现无穷无尽性，使非语言沟通难以正常进行。这也表明了非语言符号的局限性及环境对非语言沟通过程的障碍性。所以对非语言信息的解读，必须结合多方面信息综合判断。

(五)提高非语言沟通的技巧

进行非语言沟通,首先要注意同时接收来自多重途径的信息,加以综合判断,可以降低误解或被误导的可能。其次,多观察对方在各种不同情境场合中的非语言行为,同时注意非语言沟通所表现出的强烈程度。当人们愈在意、情绪愈强时,非语言行为所展现的强烈程度也愈高。第三,非语言行为在不同的场合或文化中,可能有不同的含义。只有加入对相关情境的考察,才能传送出最恰当的非语言信息,也才能对接收到的信息做最正确的诠释。最后,要加强对欺骗的侦测。一个人在说谎、欺骗时,语言内容是最容易控制、最不易出错的,因此需从非语言行为着手。瞬间即逝的表情、声音线索的变化、目光线索、信息之间的不一致都是欺骗的信号。相对于脸部表情而言,肢体语言或声音的线索更能帮助我们侦测欺骗。综合肢体语言与声音线索所做出的判断结果,远比仅从脸部表情所得到的判断更为准确。

四、谈判沟通说服力的强化

何明的广告公司给一个客户完成了一个策划,效果不错,大家都挺高兴。当何明去客户那里收策划款的时候,意外发生了:对方杨老板不断地谈策划的问题,有时候还显得比较激动,恨不得要把已经付给何明的钱都收回来。这个不对路啊? 何明心想,上一次杨老板也挺满意啊,怎么突然变卦了?他利用自己的关系打听了一下,原来是对方最近财务紧张,杨老板不想再付余款了。何明心中有了数,他拿着摄像机去拜访了杨老板公司的好几个相关人,了解他们对广告的看法和对公司的影响。他还走访了杨老板的几个重要经销商,每次都把场面录了下来。几天后,何明再一次去见杨老板。杨老板是什么人? 他经验丰富,浑身是胆,主要靠欠费出名,一听就知道何明来干啥了。所以,两人一见面,杨老板就开腔了,还是老一套,把何明劈头盖脸数落一顿。何明一直听着没有表态,等杨老板说完了就拿出自己的笔记本电脑,放了几段相关人的采访录像给杨老板看,可杨老板还是不认账。这个时候何明开口了:

"杨老板,这个策划案大家都说好,效果是达到了,结果你也看到了,可你偏偏说不好,是不是还有其他原因? "

"没有,我就是觉得效果不理想! 道理我也跟你讲了。"

"杨老板,我可以理解你的。我也了解到公司最近不太宽裕,大家都是做生意的,虽然好说不好听,但是说出来大家就可以帮你想办法解决了呀。"

"没有啊! 谁说我们财务不宽裕,瞎扯……"

"杨老板,你做生意这么多年了,也是场面上的知名人士了。你的员工你把你当作榜样,处处都在跟你学。如果他们也学会这一套办法,拿这套办法来对付你,你觉得你的结果会怎么样？”

“这……你说的是什么呀？”

“杨老板，我们认识也不是一天两天了，你不付余款对我其实不会有太大影响。不过你想想，下属总是会跟老板学样的，种什么因会得什么果，如果你告诉你下面人这套办法是有用的，那他们很快就会跟你学，然后拿这套办法来对付你。你经验这么丰富，你知道他们一定会这么干的。这是自己给自己挖坑啊！这对你的影响倒会很大，作为朋友我要跟你说心里话。”

……

“哎，何总，你也知道，我不是那种人，我确实听了很多人说这个方案有问题，我呢也没有跟你及时沟通这些问题，所以这里面是有些问题的。不过今天既然你来了，也不能让你何总白跑一趟，我们这种人名声比什么都重要，赖账的事情是不会做的，这点你要对我有信心，呵呵！”

随后，杨老板拨通了财务电话：“是吴主管吗？广告公司何总的策划案尾款付了没有？怎么还没有付啊？……哦，那拿来我签一下。”

在谈判中，会遇到一些障碍或者双方意见不统一的情况，此时，有说服力的沟通就起到至关重要的作用。应该如何根据对方的要求和心理以及表现进行行之有效的沟通呢？

（一）谈判中说服的作用

谈判沟通是一种说服性沟通，是谈判一方有意识地传递有说服力的信息，以期唤起对方产生已方预期的观点或行为，从而试图有效地影响对方的行为与态度。因此，说服是谈判沟通的目的。谈判双方进行沟通的最终目的就是为了说服对方接受已方对某些问题包括对未来形势的判断、对事物性质的分析以及对交易方式和交易条件的安排等看法，进而达成对已方有利的协议。

说服在谈判沟通中具有十分重要的地位与作用。

1.说服是沟通的目的，而且说服的目的是为了达成有利于已方利益的协议

能否有效地说服对方接受自己的观点，对于谈判过程中双方之间的关系以及最终所达成的协议有着重要的影响。大量研究表明，如果谈判者缺乏说服技巧，而又认为自己所坚持的观点十分重要，必须体现在谈判协议中，或是在某一问题上不能取得双方的共识情愿不达成协议时，说服无效的结果就可能是争执乃至威胁，从而导致双方之间的关系恶化，那么，要想说服对方达成有效协议则变得更为困难。

2.强有力的说服技能有助于建立良好的谈判者形象

强有力的说服技巧不仅能为谈判者带来理想的交易条件，而且有助于建立良好的谈判者形象。在谈判过程中，如果谈判人员能够有理有节、客观公正地表明自己的观点，以理服人、以情动人，而不是动辄大动肝火，甚至对对方进行人身攻击，不惜频繁使用威胁手段以实现自身利益，就能够在对方心目中确立起良好的形象，也可以为双方未来的谈判奠定良好的基础。

3.谈判中的说服有助于提高谈判的效率

谈判过程是双方交换信息、试图达成共识的过程。在这一过程中，说服对方，达成有利的谈判协议，是谈判双方的重要任务，也是消耗时间较多的一个环节。有效的说服能够促使对方尽快接受有关意见，并能避免双方在谈判过程中不必要的对抗，大大缩短磋商过程，提高谈判效率。

（二）说服中的障碍与增强说服力的技巧

1.说服中的障碍

说服在谈判中具有十分重要的地位，但在现实的谈判中，如何有效地说服对方，也是众多谈判者面临的难题之一。要破解这一难题，提高说服的效率和效果，谈判者就必须克服有效说服的障碍。在谈判过程中，人们面临的说服障碍是多种多样的，有来自谈判者自身的，也有来自对方和谈判环境的。在面对面磋商之间及磋商中，谈判者除了应注意谈判环境的选择等因素，以避免环境造成的说服障碍外，还应注意克服以下若干障碍：

第一，将对方视为要击败的对手。

很多谈判者倾向于将谈判对手视为必须击败的对象，其谈判的逻辑是要在谈判中获胜，必须将对方设法击败。谈判中所持的这种态度会构成说服过程中的一大障碍。将谈判对方视为必须在谈判桌上要击败的敌人，通常容易引起谈判气氛的紧张和双方之间的对抗，导致双方的互不尊重和互不信任。研究表明，当你试图不尊重对方，或对方认为你的观点对其没有价值时，你对他的影响力将大大下降。谈判双方的关系不是一个成功者和一个失败者之间的关系，谈判并非意味着我要索取尽可能多的价值。谈判中的大多数情形不是简单地分割蛋糕，谈判的目的是相互之间的良好合作，通过合作实现双方各自的利益。有鉴于此，谈判者不应将对方视为要击败的敌人，而应该将对方视为共同解决问题的合作者，寻求以合作的方式解决所面临的问题。这样一来，就能有效地避免由于错误地认识和处理谈判过程中双方的关系而可能导致的对抗，消除由此而给说服带来的障碍。

第二,缺乏充分而有效的说服准备。

要能有效地说服对方,实现谈判的目的,谈判者就必须明确自身谈判的真正目的,较好地理解谈判对手,把握其参与谈判的意图和实际利益之所在。但在现实的谈判中,由于时间限制,人们往往缺乏足够的谈判准备,有些谈判人员甚至缺乏对自身谈判目的的清楚理解,从而为有效说服对方自行设置了障碍,缺乏目的的说服过程就可能变成为说服而说服的过程,不利于自身谈判目标的实现。同样,缺乏对对方状况的充分了解,错误地判断对方的实际利益所在,不清楚哪些是对方尚不同意的,哪些是对方有可能反对的,进而根据这些问题去收集整理大量的资料,就无法提出充分的、有说服力的论据,很难在谈判过程中有效地说服对方。

第三,背后利益集团的影响。

在某些情况下,说服对方的障碍不是参与谈判的代表,而是对方背后的利益集团。人们经常可能面临这种情形,对方的谈判代表不能接受某种意见或方案,但这并不意味着谈判者个人不同意这种意见或方案, 可能是顾虑到背后利益集团的意见而不愿意接受。所谓背后利益集团,即指由谈判者所代表的、对谈判结果的有效性及谈判者个人可能产生重大影响但又不直接参与谈判的若干人或组织。例如,如果谈判对手是某企业推销员,则其背后利益集团的组成者包括该企业最高层领导、企业的销售主管、其他推销员及对该推销员活动可能产生影响的其他部门或个人。有鉴于此,能够说服谈判者个人对你提出的方案或意见已经能够理解或认同,但在没有找到充分的理由能够说服其代表的利益集团之前, 对方谈判者可能仍旧不会接受你的意见。你所提出的方案越是新颖,超出谈判对方在谈判前准备的方案时,对方由于顾及背后利益集团的意见而不愿接受你的新方案的可能性就越大。

第四,沟通障碍。

沟通障碍是说服过程中常见的另一种障碍。如在试图说服对方时,说服者的表述能力欠缺,不能清楚地表达希望对方接受的观点;或是对方的接受能力有限,无法理解说服者的意图; 或者是双方之间由于文化差异而对沟通过程中有关问题的理解缺乏共识,这些都有可能形成说服的障碍。

2.增强说服力的技巧

说服能力与谈判者所拥有的谈判实力有着密切的关系。具备较为丰富的资源能够增强谈判者的说服力,而较强的说服能力也能加强谈判者的实力。但有效的说服并不是力量的炫耀和展示, 而是要帮助对方共同认识到某些力量的存在及其可能产生的影响。说服也不等于威胁。有效的说服是帮助对方认识其尚未认识或未充分认识的威胁与机会,促使其接受某种观点或方案的过程。所以,要能有效地说服对方,谈判者不仅应充分认识说服的障碍,而且应运用说服技巧,增强说服能力,提高说服的效果。

第一,明确说服目标。

要提高说服的效果和效率，谈判者首先必须明确在谈判过程中希望说服的目标,明确有哪些问题有待取得一致意见,必须在目前与双方就哪些问题达成一致,己方希望达成怎样的协议，在哪些问题上即便不能取得一致也不会影响到谈判目标的实现等。

第二,尊重、理解谈判对手。

说服不是让对方屈服,要能有效地说服对方,就必须尊重对方。在促使对方接受某种观点的过程中,首先必须将对方视为与自己一样有感情需要的人,而不是对方企业或组织的抽象代表。特别要注意把人和问题分开。谈判过程中双方在某些问题上不能很快达成一致是正常的,谈判者不应将谈判的不顺利归咎于对方个人,更不应因此而对对方实施人身攻击。

尊重对方最重要的表现是理解对方，但理解对方并不等于成为对方的外向同盟。理解对方是要在尊重对方的同时,理解对方的困难和处境、优势和劣势,发现对方的潜在需要。理解的目的并不是为了改变自己的观点,而是理解对方所存在的问题及其寻求的利益。如果说,通过设身处地地考虑对方的处境,认识到自己原来确定的谈判目标有些是不合理的,而去改变或调整,这并非对自己不利,反而是有利于满足自身实际利益的行为。因为只有能够同时顾及双方的需要,能够同时在一定程度上满足双方利益要求的协议才是可能达成的协议，也只有用这样的方案才能说服对方。况且,对方也同样有可能改变角度看问题,修正自己原先确定的谈判预期。

第三,帮助对方寻找说服背后利益集团的依据。

克服背后利益集团障碍的有效方法，就是帮助对方找到说服背后利益集团的依据。谈判中的外部和内部环境都在不断变化,谈判者在对对方的预期与其在实际谈判中所了解到的对方的状况往往也有相当大的差异。因此,在谈判开始后,谈判者个人在双方充分沟通后所持有的观点与谈判开始前其领导或集体为其所设定的目标可能有所不同。但考虑到背后利益集团的压力,谈判代表仍可能不愿意接受某些观点。在此情况下,有效的说服手段不是迫使对方的谈判人员接受,而应帮助其找到有助于说服其背后利益集团的充分理由。谈判者越是能向对方表明其所提出的主张对对方企业或组织的价值，也就越能帮助对方找到更多的说服其背后压力的依据，那么，有效说服对方的可能性就越大。

第四，树立良好的说服者形象。

传播学认为，只有当信息的传播者及其所传播的信息具有较高的吸引度、可靠度时，才能有效地获得说服对象的信任和认可。因此，谈判者必须注意树立良好的形象，努力给对方留下知识丰富、明辨是非、以理服人的良好印象，而不是强词夺理、以势压人的印象。

谈判中的沟通与说服是共同起作用的。如果有效的说服能帮助谈判者在谈判桌前确定立场，并积累提出要求的可信度，那么，沟通和说服可以帮助谈判者发掘谈判利益所在，调整谈判者之间的关系，从而帮助谈判者创造性地完成交易。

（三）说服的基本方式

1.逻辑推理

人们在说服他人时频频运用逻辑推理。有的人在逻辑推理方面更胜一筹，经过专门训练的人则更善于运用逻辑推理，也容易被逻辑推理所说服。

比如在一个讨价还价的谈判中，逻辑推理的说服方式就是进行成本分析。在事故赔偿的谈判中，双方关注的焦点将集中在过错方导致的损失究竟有多少。然而，理性推理并非对所有人都能奏效，甚至有些受过高等教育和逻辑训练的人，也会表现得歇斯底里而出现没有理性的言行。

如果谈判的一方拥有绝对权力，例如居于垄断地位的供应商或是政府权威机构，那逻辑多半没什么力量。逻辑推理并非总是令人心悦诚服。人们时常质疑逻辑推理的事实或假设，挑战其数据或结论，双方甚至剑拔弩张、气氛极其紧张。

一个成功的谈判者应当懂得如何运用逻辑推理的力量来说服他人，但也需要注意观察场合和时机，倘若不合时宜，恐怕只会造成适得其反的结果。

2.强权与压力

谈判过程中经常有这样的情形：苦口婆心、耐心细致地讲了半天道理，对方却似乎根本没有听进去。于是你变得烦躁不安，说话语调也逐渐变高，而且还不时怒气冲冲，不满与愤怒溢于言表。

事实上，人们并不只是在不满和愤怒的时候才行使强权和压力，对于有些个人或企业来说，强权和压力是他们固有的谈判风格，他们甚至根本不屑与人讲道理。许多知名的跨国公司在谈判采购事宜时通常就是这样。这类公司的员工耳濡目染，习惯于在谈判中颐指气使。不过强权不失为一种有效的说服手段，尤其是在短期内迫使对方妥协。但就长期而言,一味使用强权难免会让自己变成孤家寡人。强权是柄双刃剑。谈判一方通过施加压力一时占了上风,但转而很容易受到对方报复。这并非说谈判者不要自信和果断，许多谈判者在交流会或研讨会上谈到他们遇到的最难对付的对手时都说,那些无视市场对自己不利的事实、固执己见的人往往能够最终获胜。因此,坚持不懈、自信果断也是摆脱谈判困境的有效手段。

如果你确实拥有谈判权力,并且试图在谈判中加以运用,那你一定切记要让对方心悦诚服地接受,而非迫不得已地屈从。你不要威胁对方将采取哪些行动,而是告诉对方如何避免令人不悦的后果。例如，不要说:“你不答应的话，我就另寻买家。”而最好说:“我恐怕不得不寻找别的合作伙伴。你看我们怎样才能挽回局面呢？”

在1965年,一个名叫史坦利的心理学大师做了一个实验,看看大家在权威面前会有多服从。他搞了一个名字叫“帮你提高记忆力”的游戏,把参加的人分两拨,一拨做“学生”,一拨当“老师”。所有的“老师”手里都有一个放电开关,只要“学生”犯了记忆错误,“老师”马上就放电惩罚他。开关上都标清楚了,电压从最小的15伏到最高的450伏(实际上里面根本没有电)。史坦利大师告诉“老师”们,惩罚从最低电压开始,然后逐步加大。当电压到150伏的时候,很多“老师”干不下去了,他们站起来跟大师讲道理。这个时候,大师告诉他们“这样的电刺激不会致命,反倒对记忆很有帮助！继续下去对学生很有好处,接着干吧！”很多人犹豫了一下又回到座位上,继续电人。有多少人会真的坚持到最后而用450伏的电压去惩罚“学生”呢？大家估计10个人里面不会有1个吧！你会说:只有那些虐待狂才会坚持到最后,因为他们都是疯子！好了,现在看看真实的结果:第一次实验,40个“老师”里面有25个坚持到了最后,用450伏足以要人命的电压去惩罚学生;第二次实验,42个“老师”里面有26个坚持到了最后。大多数人对史坦利大师表现得绝对服从。

为什么这些“老师”会这么服从而变得这么残酷呢？史坦利大师搞明白了:服从权威、遵守规范是一般人从小养成的习惯。打破这种服从会付出代价,这个事很多人从小到大都体验过,他们有一个固定的念头:“不服从权威和规范是要吃亏的！”对权威的服从实际上已经成为一种习惯性依赖。

3.优势互补的退让

双方优势互补的退让是指谈判中的任何一方所做的退让，对自己都无伤大雅却能给对方带来莫大好处。怎样才能取得互补性的退让呢？最好事先有所准备。例如,先确定价格的接受范围,在这个范围内,如果对方能够在订货量、付款方式或送货灵活性方面给予适当的优惠，己方就可以降低价格。可以事先列个清单，看看自己在哪些方面可以让步、成本多大、孰先孰后，然后以这些小的代价来获得对方更大的让步。还可以故意提出一些你并非真的想要的条件，然后在谈判时就这些条件妥协，以换取你真正想要的回报。

4.巧用感情因素

有很强的证据表明，恰当激发对方的情感共鸣，更能轻易地说服对方。谈判者如果能恰当运用情感因素，如愤怒、恐惧、希望、内疚、焦虑、骄傲等，便能在谈判中占据优势地位。经过这方面训练的销售员往往能够轻易说服那些不明就里的顾客，就是这个原因。电视广告就是个很典型的例子。分析和归纳一下电视广告中推销商品的说服方式，很难总结说逻辑推理是他们的唯一方式。事实上，很多电视广告都善于运用多方面的情感因素或是幽默效果来增强广告的影响力。还有，销售中某种商品短缺时，顾客急于抢购和囤积该商品的主要原因就是担心和恐惧，而非出于真的需要。

人在好的心情下也更容易被说服。例如：饭后丈夫让妻子去洗碗，妻子一般是不大情愿的，但是饭后丈夫给妻子讲个笑话，让妻子喷饭，这时候再让妻子去洗碗就容易多了。我要问一个问题：作为老板，你要召开一个部门经理会议，会上你要谈的事有两件，一件是要奖励他们的，还有一件是对他们提一个更高的工作要求。你准备先说哪一个呢？如果你先谈更高的要求，再给他们奖励，那么这个会议效果最多就是一般，奖励会被大家看成“补偿”的安慰工作，奖励的效果也不会太好；那么换个程序，先奖励大家，就会搞得大家开开心心激动万分。

5.理解对方真正的目标与动机

“移情”在心理学上指理解对方何以坚持某种特定观点但却不必认同的能力。通过理解对方的所思所想，有可能引导对方的思想向自己靠拢。

在谈判中，要善于理解对方何以固执己见的原因尤其是对方试图解决的真正问题，这样才能够有效地说服对方。但千万注意的一点是：是“移情”，而非“同情”。

谈判者如能表现出主动解决对方问题的姿态，往往能够得到对方的认同和积极反馈。实际上，我们抓住对方心理、迅速建立良好关系的最佳途径就是谈论对方关心的问题、利益和观点。我们总是对“知己”热情有加，也常常容易被他们所激励和诱导。当然，这并非鼓吹大家屈从或同情自己的对手，而是在主动解决对方问题的同时达成自己的目标。因此，移情正是双赢谈判的精髓所在。

参考文献

1.韦　宏:《公关·礼仪·谈判》,北京大学出版社 2011 年版
2.王涛:《规矩和爱》,北京理工大学出版社 2012 年版
3.鲁鹏程:《好妈妈不吼不叫》,机械工业出版社 2012 年版
4.王金玲、王艳府:《图说礼仪——礼仪之邦的礼乐全典》,重庆出版社 2008 年版
5.张自慧:《礼文化的价值与反思》,学林出版社 2008 年版
6.林友华:《社交礼仪》,高等教育出版社 2009 年版
7.姜桂娟:《公关与商务礼仪》,北京大学出版社 2005 年版
8.陈福明:《公共关系理论与实务》,交通大学出版社 2010 年版
9.宋倩华:《沟通技巧》,机械工业出版社 2012 年版
10.苗杰:《商务沟通技巧》,中国物资出版社 2012 年版
11.马银春:《沟通的艺术》,金城出版社 2012 年版
12.陈福明:《商务谈判》,北京大学出版社 2012 年版
13.Tim Ang 姜旭平:《我的双赢谈判课堂》,上海交通大学出版社 2008 年版
14.方明亮、刘华:《商务谈判与礼仪》,科学出版社 2006 年版
15.贯　越:《谈判的艺术》,京华出版社 2006 年版
16.姚凤云、苑成存、朱光:《商务谈判与管理沟通》,清华大学出版社 2011 年版